中观课程视域下的统编小学语文教材
单元语文要素落实策略

主　编　高　献
副主编　王东菊　杨　斌

中国石油大学出版社
CHINA UNIVERSITY OF PETROLEUM PRESS

山东·青岛

图书在版编目（CIP）数据

中观课程视域下的统编小学语文教材单元语文要素落实策略/高献主编. --青岛: 中国石油大学出版社,
2022.11
ISBN 978-7-5636-7683-5

Ⅰ．①中… Ⅱ．①高… Ⅲ．①小学语文课—教学研究
Ⅳ．①G623.202

中国版本图书馆CIP数据核字(2022)第212443号

书　　名：中观课程视域下的统编小学语文教材单元语文要素落实策略
　　　　　ZHONGGUAN KECHENG SHIYU XIA DE TONGBIAN XIAOXUE YUWEN JIAOCAI DANYUAN YUWEN YAOSU LUOSHI CELÜE
主　　编：高　献
副 主 编：王东菊　杨　斌

责任编辑：袁超红（电话 0532-86981532）
封面设计：赵志勇

出 版 者：中国石油大学出版社
　　　　　（地址：山东省青岛市黄岛区长江西路66号　邮编：266580）
网　　址：http://cbs.upc.edu.cn
电子邮箱：shiyoujiaoyu@126.com
排 版 者：九天设计
印 刷 者：济南圣德宝印业有限公司
发 行 者：中国石油大学出版社（电话 0532-86981532，86983437）
开　　本：710 mm×1 000 mm　1/16
印　　张：17.5
字　　数：240千字
版 印 次：2022年11月第1版　2022年11月第1次印刷
书　　号：ISBN 978-7-5636-7683-5
定　　价：46.00元

本书编委会

主　编　高　献

副主编　王东菊　杨　斌

编　委　彭洪欣　高文婧　许双双

　　　　潘　雯　史先芬　张连玉

　　　　郝廷廷

前言

  2012 年，华东师范大学教育管理硕士、中学高级教师徐谊在《中观课程设计：提升课程领导力的新视角》一文中，根据美国著名课程论专家古德莱德的课程层级论提出了中观课程的概念。中观课程是指基于教师视角，相对于宏观的学科课程，指向某一课程（主题）单元的一系列教学计划。它包括教与学的目标、相关要点介绍、知识逻辑结构图、学习内容的组织与选择、学习活动的实施方法与课堂策略、学习计划的时间安排、学生活动方案、学习工具、评价方案。

  2016 年，作为试用学校之一，统编小学语文教材开始在济南市历下区盛景小学使用；2017 年，全国大部分地区使用了统编小学语文教材；2018 年，全国统一使用统编小学语文教材。这套教材的编写围绕"人文主题"和"语文要素"，双线组织阅读单元，每个单元语文学习的目标都十分清晰。以人文主题组织单元教学内容，以语文要素落实单元训练，难度适宜，梯度合理，衔接自然。每一学段、年级，甚至一个学期的前、中、后期，都根据单元语文要素的安排，依照深浅程度形成一条螺旋式上升的线索。

  2021 年，上海市教育科学研究院普通教育研究所杨四耕教授等出版了"学校课程发展精品丛书"，其中的《中观课程设计与学科课程发展》提出：如果说学校为培养人才而制定的培养方案和整体规划为宏观课程，教师个人的课程设计加上课堂生成即微观课程，那么居于二者之间，站在学科系统的高度，整合各个学科课程的单元目标、内容、实施和评价方式，形成一套师生可运作的、统整性的课程即中观课程。中观课程上通宏观课程，下达微观课程。

  综上所述，统编小学语文教材的编写意图和教学要求与中观课程理念相一致，是基于教师视角的，以主题单元设计的语文教学计划、目标、内容、实施与评价。基于以上认识,济南市历下区盛景小学积极开展了"中观课程视域下的统编小学语文教材单元语文要素落实策略"研究,并于 2019 年 7 月成功立项了山东省教育科学"十三五"规划课题"部编版小学语文教材'语文要素'落实策略研究"(课题批准号:YC2019344)。

经过 3 年的深入研究,课题取得了一定的研究成果,并于 2021 年 9 月顺利结题。同时,济南市历下区盛景小学聘请杨四耕教授为中观课程研究的指导专家,在专家的指导下将研究成果加以梳理和提炼,建构了统编小学语文教材语文要素"八个指向维度"框架体系,形成了"语文能力训练体系"下的语文要素序列化体系,提炼了"九大语文能力训练体系"单元语文要素落实策略,研究了 57 节优秀课堂教学课例。基于这些成果,我们编写形成了本书。

全书内容主要基于中观课程视域下的统编小学语文教材九大单元体系,先进行单元语文要素解读,再提供一节优秀课例教案模型,后附该课例的教学设计意图与解析。其中"课例与评析"部分的课文以 2019 年使用的统编小学语文教材为蓝本。

我们期待本书能给广大语文教师研究统编小学语文教材提供一定的指导,帮助语文教师准确把握小学语文单元教学目标,制定单元教学计划,设计单元教学任务,有效落实单元双线主题,落实单元语文要素训练。

我们也期待能和广大语文教师一起,在《义务教育语文课程标准(2022 年版)》出台之际,扎根课堂,深入研究新课标、教材,不断深化中观课程视域下的单元主题、语文要素的研究,为小学语文教学改革贡献绵薄之力。

编 者

目录

第一章
中观课程与语文学科发展
研究概述

一、中观课程的概念

美国当代教育改革家约翰·I.古德莱德（John I. Goodlad）提出了课程层级论思想，将课程分为如下五个层级：

（1）理想的课程（ideological curriculum），是由研究机构、学术团体和课程专家倡导的、以纯粹形式呈现的课程形态。这类课程是否产生实际影响，主要看其是否为官方所采纳。

（2）正式的课程（formal curriculum），是获得州和地方学校委员会同意，由学校和教师采用的课程，也就是列入学校课程表的课程。

（3）领悟的课程（perceived curriculum），是头脑中领悟的、理解的课程，被官方采纳的正式的课程会以学科形式呈现，经教师理解和领悟而进入实施状态。

（4）实施的课程（instructional curriculum），是教师根据具体的教育情境，对"领悟的课程"作出调整，使之成为"实施的课程"，进入课堂教学。

（5）经验的课程（experiential curriculum），是学生实际体验到的课程。虽经历了同样的课程与学习，但不同学生会获得不同的学习体验。该层次的课程是对整个课程组织流转的最终检验和落实。

上海市教育科学研究院课程建设专家杨四耕提出：按照古德莱德课程层级论思想，课程改革从区域布局到学生学习整个自上而下的"课程链"有五个层级。

（1）区域层面。代表国家，推行"理想的课程"。

（2）学校层面。基于本校，规划"正式的课程"。

（3）科组层面。立足学科，设计"领悟的课程"。

（4）教师层面。深耕课堂，创生"实施的课程"。

（5）学生层面。聚焦学习，获得"经验的课程"。

这是自上而下的价值传导过程，是立德树人价值观念通过区域、学校和教师逐步落实到学生心里的个体社会化过程。其中，教师层面的"深耕课堂，创生'实施的课程'"是指"教师即课程"，教师的课程理解决定着教师的教学行为。教师创生课程是专业自主权发挥的体现，是个性化教学生成的重要标志。

"教师即课程"的内涵有两个方面：一方面，教师是课程的内在要素，是课程的有机组成部分；另一方面，教师是课程的创造者，创造课程是教师的责任。立足课堂教学，教师创生着最现实、最富有实践感的课程，也就是"实施的课程"，其中包含师生关系在内的隐性课程、学科知识的经验再现课程以及拓展延伸的生成性课程等表现形态。

教师是学生成长的引路人与铸魂者。立德树人根本任务的落实，关键在发挥教师的积极性和创造性。在塑造灵魂、培育新人的伟大实践中，给学生心灵种下真善美的种子，是教师的崇高使命和历史担当。课堂教学中的价值传导要具有明确的靶向性与一贯性，要体现立德树人价值传导的主体性、引领性、扎根性和创造性。倡导教师从四个方面激活课程：一是培育课程敏感意识，让教师在课堂教学中富有学科育人意识，有迅速捕捉课程资源的机智，充分发展课程的意义。二是提出教学主张，让教师把握学科本质，深化课程理解。对学科课程的理解，在一定意义上就是对学科本质的探寻。三是立足学生成长，让课堂洋溢生命感，让课程成为帮助学生心灵成长的最重要的礼物，成为支持学生的创造和生长的资源。四是激活课程创生,在鲜活的教育情境中创生课程,践行"教师即课程"的美好追求。从静态知识观到生成课程观,从知识的预设到课程的创生,教师在课堂教学中充分发挥课程实施的主体创造性,实现对课程的情景性理解和把握,全面增值课程的育人价值,这就是"深耕课堂"的意涵,也就创生了"实施的课程"。

综上所述,区域课程改革是镶嵌于上述五个课程层级中的若干不同主体、不同事件和活动构成的系统运作过程,由上至下构成了一个瀑布式课程推进模型。瀑布的上方有一个储水池,水流源源不断地往储水池注水,当池面水位达到一定高度时就会从水池边沿溢出,水流一泻而下,形成壮观的瀑布场景。水流倾泻到瀑布底端后,又流进另一个储水池,当池面水位达到一定高度后又会溢出而流入下一个储水池。如此一层层往下流动,形成连续的瀑布场景。区域课程改革过程也如同这样的瀑布流,在每一个课程层级都需要经历"储能"的过程,就像水流入每一个储水池都需要时间积累和增值,当水位达到一定高度才发生溢出效应。从深层次看,区域课程改革瀑布模型是课程政策由外部向内部、由宏观到中观再到微观、由理念构建向实践创新转换的过程。

课程层级论思想真正将课程看成层次化、系统化和生态化的复杂系统。这使我们既看到课程的宏观层面,又看到课程的微观层面;既关注原理的探究,又关注实践的落实。同时,还使我们清晰地看到课程的主体与对象(如政府、专家、学校、教师和学生)在课程开发、建设与实施等环节的不同作用和可能的操作办法。

根据以上理论研究背景,如果以教师为视角的宏观课程是其任教的学科,包括总体学科目标、总体学科内容、总体学科组织等,以此类推,中观课程就是单元目标、单元内容、单元组织,而微观课程则是课时目标、课时内容、教学实施(包括评价)。这就形成了以教师实践为基点的另一种意义上的课程——教师视角的课程,即中观课程。中观课程是相对于宏观的学科课程,指向某一课程(主题)单元的一系列教学计划,包括教与学的目标、相关要点介绍(与学科内知识间的联系及与生活经验的联系等)、知识逻辑结构图、学习内容的组织与选择、学习活动的实施方法与教学策略、学习计划的时间安排、学生活动方案、学习工具、评价方案。由于中观课程在类型、内容、目标指向等方面的不同,其中的模块可以有不同的结构组合或增删,但必须内含最核心的四个要素,即目标、内容、过程与评价。从中观课程的组成结构可以看出,它既体现了一种系统化的教学设计思想,又包含了课程设计的要求与要素。

中观课程赋予基层学校和一线教师更大的空间来建设课程,要求教师从"学科视野"走向"课程视野"。长期以来,我国课程改革和课程设计研究主要在宏观层面并以专家为主体,学校和教师只是课程的被动实施者,紧盯考纲,并依靠教材与教学参考书实施教学,从而导致教师在目标制定、内容组织、活动方案设计、评价方式运用、资源开发等方面的能力普遍不足,缺乏基本的课程意识和能力。中观课程提出从"课程"入手,从教师所能理解的课程单元入手,把"课程"与"教学"紧密联系在一起,以有效提高教师的课程意识,避免教学中"见树木不见森林"的弊端,从而在更好地把握学科教学规律的同时,也能更好地贯彻落实新课改提出的课程目标。

中观课程设计的核心框架搭建在"目标、内容、过程与评价"之上,是在对当前教师实施新课程中遇到的最大障碍或者说普遍能力不足的现状进行分析的基础上确定的。但是,每一个核心模块都需要以一定的理论作为支撑和引领。例如,目标的制定需要以"教育目标分类学"为依据,要求教师在掌握教育目标分类基本原理的基础上,对新课程的学科课程内容和学生学习水平界定有清晰了解,只有这样才能将课程目标转化为课时教学目标。又如,内容组织(或课程资源开发)、过程设计与实施也需要以教学设计或教学模式为依据,要掌握教育技术学的基本原理,并对学科知识组织与学生认知规律有比较清醒的认识,只有这样才能使内容组织(或课程资源开发)、过程设计与实施符合教学规律,从而提高课堂教学实效。因此,中观课程设计与实践对基层学校或一线教师来说是一个系统工程,需要校本培训来提升教师的理论水平,需要校本研修来提高教师的理性思考,需要教学实践来实验研究的方案,需要教学评价来检验探索的成效。正是这样的一种系统操作和系统推进,使教师专业发展既成为一种可能,也成为一种必然。

有效的教与学是目标,更是行动。中观课程的设计与实施基于对以下问题的思考:

- "我们现在在哪里"——分析、评估旧有的实践;
- "我们的目标是什么"——认识有效教、学的内涵;
- "我们可以做什么"——制定改进的内容和着力点;
- "我们应该怎样去做"——明确实施的策略程序;
- "我们是否在达成我们的目标"——持续性地评价改进行为。

因此,学校课程教学的改进是一个科学分析、细致规划、整体推进、持续评价的系统工程,将问题的回答转化为具体操作——目标、内容、过程与评价,从而使教师课堂教学的品质和学生学习的品质有效改善,提高实践的效率、效益和效能。

中观课程下的语文学科课程研究,其关键点是构建以教师视角研发的,基于单元主题的语文学科教学计划。

二、语文学科发展中的单元语文要素

语文学科关键能力的培养一直是我国语文教学领域不断思考与研究的重点。早在 20 世纪 40 年代,叶圣陶先生就指出阅读理解能力和写作能力是语文学科关键能力。然而,学生的语文能力发展状况却并不令人满意。我国著名语言学家吕叔湘先生在《当前语文教学中两个迫切问题》(《人民日报》1978 年 3 月 16 日)一文中指出中小学语文教学"少、慢、差、费"的严重问题。随着现代教育的发展,特别是国家基础教育课程改革以来,"热爱国家通用语言文字"和"正确、规范运用语言文字"已然成为本土化小学语文学业质量检测的重要核心内容。叶圣陶先生指出:教师的教要"致力于导",把教的立足点放在引导学生的学上,使其达到"自能读书,不待老师讲;自能作文,不待老师改"的美好境界。

学会自学的本领,养成自学的习惯。将来离开学校,才能在工作和生活中不断地自我充实、自我修养,成为有益于人民的人、有益于社会的人。必于教学之际培养起自动性,终臻不待教师指导而自能领会之境,于是可以阅读书籍报刊而悉明其旨矣。此则阅读教学最后之目的也。

《义务教育语文课程标准(2022年版)》(下文简称2022版课标)关于语文课程的本质属性、课程理念、课程目标的相关界定、表述为:

"语文课程是一门学习国家通用语言文字运用的综合性、实践性课程。工具性与人文性的统一,是语文课程的基本特点。

"语文课程应引导学生热爱国家通用语言文字,在真实的语言运用情境中,通过积极的语言实践,积累语言经验,体会语言文字的特点和运用规律,培养语言文字运用能力;同时,发展思维能力,提升思维品质,形成自觉的审美意识,培养高雅的审美情趣,积淀丰厚的文化底蕴,继承和弘扬中华优秀传统文化、革命文化、社会主义先进文化,增强对习近平新时代中国特色社会主义思想的理解和认识,全面提升核心素养。

"语文课程致力于全体学生核心素养的形成与发展,为学生学好其他课程打下基础;为学生形成正确的世界观、人生观、价值观,形成良好个性和健全人格打下基础;为培养学生求真创新的精神、实践能力和合作交流能力,促进德智体美劳全面发展及学生的终身发展打下基础。"

义务教育语文课程应"立足学生核心素养发展,充分发挥语文课程育人功能""构建语文学习任务群,注重课程的阶段性与发展性""突出课程内容的时代性和典范性,加强课程内容整合""增强课程实施的情境性和实践性,促进学习方式变革""倡导课程评价的过程性和整体性,重视评价的导向作用"。

"新基础教育"关于"长程两段"教学策略的论述为:"长程两段"教学策略旨在将每个单元的教学分为"教结构"和"用结构"两段,从而体现知识的结构性和学习的方法性。知识结构、能力发展告别"碎片化",实现"序列化"。特别强调提高课堂开放度,让课堂焕发生机;强调提升互动有效性,让学生有效学习;强调提升评价专业性,让师生共同成长；强调认识总结的重要性,使教学不断发展。

2017 年 9 月,随着统编小学语文教材的全面推广使用,对语文教学的方向提出了语文核心素养的新目标。统编小学语文教材执行主编陈先云在《谈小学语文核心素养》一文中指出:对于小学语文教学来说,语文教学需要培养的语文核心素养是"理解""运用""思维""审美"等四个维度,也就是"语言理解能力、语言运用能力、思维能力、初步的审美能力"。他同时提出了语文核心素养培养的实施途径:核心素养是后天形成的,是习得、悟得的过程。它不是一蹴而就、一次完成的,是多次培养、反复训练的结果。具体的教学实践中需要思考的是"什么是训练""训练什么""怎么训练"的问题。语言首先是一种能力,其次才是知识。语言的理解运用处于最基础的部分,语言的发展与思维的发展是相辅相成的,思维、审美能力的培养是以语用能力为基础,是在语言的理解和运用过程中实现的。阅读、表达是最终呈现的能力,听说读写是实现路径。一般来说,听、读属于理解范畴,说、写属于运用语言范畴。

核心素养是当前教育深化改革的大方向。如何培养学生的核心素养?如何落实学生核心素养与教科书单元语文要素的内在连接?如何以单元教学策略的途径加以实施落地?根据统编小学语文教材的单元主题式编排特点,单元教学策略再次成为专家和一线教师关注和研究的焦点。我们以语文核心素养、语文要素、统编教科书、语文学科能力等为关键词组合检索文献资料,发现相关研究成果主要集中在以下方面:

(一)语文核心素养

综合从中国知网上搜索的关于小学语文核心素养的论文并进行分析,发现相关研究主要集中在两个方面:一是理论研究,将已有的关于"语文核心素养"的研究成果与 2022 版课标相结合,准确把握、深刻解读义务教育语文课程核心素养的内涵;二是结合一线教学实践进行研究,这些研究既有调查实践研究也有结合教育教学研究。整体比较来看,从单元语文要素落实角度分析学生语文核心素养发展的研究偏少。

1.语文核心素养与语文能力

任桂平和倪文锦综合 20 世纪 80 年代国内外关于语文能力的研究发现,语文能力是学生在进行语文学习过程中表现出来的个性心理特征,主要包含听、说、读、写。随后,全球对语文学科能力的研究不再仅限于听、说、读写四种能力。各种语文能力是相互关联的,趋向综合发展,也为语文核心素养的提出奠定了基础。

在心理学上,语文能力是完成一项任务所表现出来的素质,在语文学科中至关重要,也称为外部能力。素养则是后天形成训练而获得的一种语文学科的修养。语文素养和语文能力之间既有关联又有不同。首先,语文素养强调的是学生多方面的学习方法、学习习惯、写字能力、阅读能力、理解能力和口语交际能力的综合,而语文能力更多是指听、说、读、写的能力四要素。其次,两者的实质不同,语文素养表现出来的语文学习方面是比较稳定的、基本的、适应时代发展要求的,而语文能力更侧重心理学意义上的表达。最后,语文素养更强调人文性和工具性的统一,而语文能力在学生的发展过程中是不断递进的。

有学者认为,语文素养更强调的是学生所具备的适应终身发展和社会发展所需要的必备品格和能力,它更多地包含了语文能力。

综上所述,语文素养涵盖语文能力的高低,直接体现学生的语文能力,而语文素养是也是一种以语文能力为核心的综合素养。

2.语文核心素养的内涵

经济合作与发展组织认为,核心素养是最根本、最关键的素养。该组织提出核心素养能帮助学生把所学到的知识、技能整合起来,从而更好地顺应工作和社会。当前国际教育发展趋势都要求注重学生的核心素养。北京师范大学发布了《中国学生发展核心素养基本框架》,语文核心素养也已逐渐转变我国语文教育领域聚焦的主导性研究。

当前国内文献普遍认为,语文核心素养既体现核心素养的语文学科特性,又是语文素养的核心。

有观点认为,各种语文素养中最核心、最重要的部分是语文核心素养,具体指学生通过语文课程学习,能有效解决特殊情景下学生必要的真切、有时效的思维品质。

程先国认为,语文核心素养的外延很宽,包含着语文知识体系中的知识、能力、态度,并是此三维目标中最核心的内容。

杨若男认为,语文核心素养的培养必须在分析语文教育目的发展的基础上,厘清素质教育、核心素养与知识、能力、态度三维目标之间的关系,指出核心素养的进步性、持续性和必需性。

有学者依据《义务教育语文课程标准(2011年版)》(下文简称2011版课标)对语文核心素养进行阐释,认为要从三个维度分析语文核心素养,并认定知识和能力是语文素养中的核心组成部分。杨通知、田海洋也认可语文要素的内涵应包括语言文字的表达与应用、语言情趣思维以及语文基础知识与技能等内容。

在《普通高中语文课程标准》修订后,广大学者普遍认可课程标准修订组组长王宁教授对"语文核心素养"的界定。其以"语文课程特质"和"语文课程功能"为基础,强调"语文学科核心素养是学生在积极的语言实践中积累和建构的语言能力和素质,是学生学习过程中形成的解决问题时的行为表现、情感态度、价值观目标"。在内涵解读上,王宁教授进行了全面诠释,他认为:积累与语感、整合与语理、交流与语境是在语言建构和运用中的提升;直觉与灵感、联想与想象、实证与推理、批判与发现是对思维发展和提升的提炼;体验与感悟、欣赏与评价、表现与创新是在审美鉴赏与创造中进行的提炼;而意识与态度、选择与继承、包容与借鉴、关注与参与是在文化传承和理解中进行的提炼融合。

倪文锦基于经济合作与发展组织最初在《核心素养促进成功生活与健全社会》中提出的核心精神,认为语文核心素养是通过学习所逐步形成的必需焦点素养。

2022年4月21日,教育部发布《义务教育课程方案》和2022版课标。新课标在"课程目标"中明确指出语文核心素养的内涵是:学生通过课程学习逐步形成的正确价值观、必备品格和关键能力,是课程育人价值的集中体现。义务教育语文课程培养的核心素养,是学生在积极的语文实践活动中积累、建构并在真实的语言运用情境中表现出来的,是文化自信和语言运用、思维能力、审美创造的综合体现。

文化自信是指学生认同中华文化,对中华文化的生命力有坚定信心。通过语文学习,热爱国家通用语言文字,热爱中华文化,继承和弘扬中华优秀传统文化、革命文化、社会主义先进文化,关注和参与当代文化生活,初步了解和借鉴人类文明优秀成果,具有比较开阔的文化视野和一定的文化底蕴。

语言运用是指学生在丰富的语言实践中,通过主动积累、梳理和整合,初步具有良好语感;了解国家通用语言文字的特点和运用规律,形成个体语言经验;具有正确、规范运用语言文字的意识和能力,能在具体语言情境中有效交流沟通;感受语言文字的丰富内涵,对国家通用语言文字具有深厚感情。

思维能力是指学生在语文学习过程中的联想想象、分析比较、归纳判断等认知表现,主要包括直觉思维、形象思维、逻辑思维、辩证思维和创造思维。思维具有一定的敏捷性、灵活性、深刻性、独创性、批判性。思维能力也表现在有好奇心、求知欲,崇尚真知,勇于探索创新,养成积极思考的习惯。

审美创造是指学生通过感受、理解、欣赏、评价语言文字及作品,获得较为丰富的审美经验,具有初步的感受美、发现美和运用语言文字表现美、创造美的能力;涵养高雅情趣,具备健康的审美意识和正确的审美观念。

核心素养的四个方面是一个整体。语言是重要的交际工具和思维工具,语言发展的过程也是思维发展的过程,二者相互促进。语言文字及作品是重要的审美对象,语言学习与运用也是培养审美能力和提升审美品位的重要途径。语言文字既是文化的载体,又是文化的重要组成部分,学习语言文字的过程也是学生文化积淀与发展的过程。在语文课程中,学生的思维能力、审美创造、文化自信等都以语言运用为基础,并在学生个体语言经验发展过程中得以实现。

（二）统编小学语文教科书

2016 年 9 月统编小学语文教科书普遍使用后,受到了相关学者与广大一线教师的普遍关注。以"统编教科书"一词在中国知网搜索,并对中国知网上统编小学语文教科书与人教版、苏教版语文教科书比较研究的相关文献进行梳理,发现近年来不少专家学者和一线教师从不同角度对统编小学语文教科书做了一系列研究,主要取得的成果如下:

1.统编小学语文教科书的概念界定

统编教材亦称"通用教材"或"部编教材",是由国家教育行政部门统一组织、编辑的,适用于全国各地的教材。统编义务教育教科书小学语文指的是 2016 年 9 月开始在全国大部分地区统一使用的统编小学语文教科书。

温儒敏、王本华阐释了统编小学语文教科书的主要特色:双线组织的单元结构,重视阅读能力、阅读兴趣,构建三位一体的阅读教学体系,重视写作能力的发展,建构多层次自主学习助学系统,重视语文能力的获得等。

2.关于统编小学语文教科书内容的研究

统编小学语文教科书在编排和内容方面发生了较多的改变。当前统编小学语文教科书与其他版本的教科书相比,涉猎范围比较广,编写思路也很开阔。

汪明华基于对统编小学语文一年级上册汉语拼音内容的解析,认为教材汉语拼音的编排特点是识字在先、拼音在后,遵循了学生的发展认知规律。同时,教材实现了多元素重合,强化实践运用,聚焦重点、突破难点,提高了学习的实效。

袁俊欢在对统编小学语文一年级教科书的编写理念、体例和选文系统的适合性展开研究的基础上,提出了编写与使用的建议。

对于统编小学语文教科书的课后题,俞晓云认为,统编小学语文教科书的课后题呈现了明显的特征:一是语言表述的改变使教学目的指向更明确；二是整体的编写架构促使学生核心能力发展更具有阶梯性；三是以支架式教学使语文学科核心素养的提升更有路径。

李林、郭艳春基于对统编小学语文教科书的研究综述整理发现，统编小学语文教科书在编排上主要体现了语文要素和人文精神的结合、继承、创新和统一，更凸显教育目的、意识等特点。通过比较，他们发现统编小学语文教科书在整体单元结构及下设的栏目上有不同程度的变化，正如温儒敏教授所阐述的统编小学语文教科书按照主题组织单元，每个单元下的课题内容都是围绕同一主题形成一条线索，并以语文要素的各种基本因素由浅入深组成另外一条以单元语文要素为主线的学习线索。他们通过对统编小学语文教科书和之前的人教版语文教材对比，发现在汉语拼音部分、识字与写字部分、课文阅读部分和口语交际部分，统编小学语文教科书的编排与意图都发生了很大的变化，较好地体现了国家对当前语文教学和人才培养的思考。

刘楠楠通过研究认为，传统文化在统编小学语文教科书中得到了大量呈现。同时，吴思梦、吕沙东研究发现统编小学语文教科书中对古诗词选文的大量增加能体现国家对传承优良文化内涵的要求。王涛、赵光辉基于对统编小学语文教科书的研究发现，教科书中随处可见对中华传优秀传统文化的渗透。

温小军基于对中华优秀传统文化的分析，发现统编小学语文教科书在传承中华优秀传统文化中体现了很多特征，如立志高远、具有广博性、彰显学科特征等，并对如何在语文教学中落实传统文化提出了三点意见。

可见，在对统编小学语文教科书编写内容的研究方面，学者们聚焦更多的是对教科书各部分内容特点的解读上。当前学界更认可的是新改编的统编小学语文教科书更侧重对学生传统文化的熏陶培养，重视学生人文精神的培养。

3.关于统编小学语文教科书教学应用的研究

统编小学语文教科书的内容极具特色，这对教师的教学实践提出了更高的要求。当前一线教师和学者们提出了许多应用于统编小学语文教科书的教学策略。

针对不同的编写模块,学者们提出了具体看法。林乐珍基于核心素养对统编小学语文教科书的教学策略进行了总结。其认为,要充分连点成线,将统编语文教材的学习内容有机联系,发挥课堂优化效应;连线成面,将课文串成课程;连面成体,将单层、平面的课程逐步向多元、立体的课程进行塑造。纪美松则从五个方面创新拼音教学策略,以更好地增强教师专业素养,引导学生感知融合生活与学习,让学生在反馈中有效学习,改进有效的评价方式,构建科学的激励体系。

对使用过程中的反馈,部分教师也展开了研究。王昭文在研究统编小学语文教科书编写特色的基础上,采用访谈法来了解学生、教师使用统编小学语文教科书的现状和存在的问题,对问题进行了归纳分析,并提出了相应的使用建议。

综上所述,统编小学语文教科书较好地体现了时代赋予教材和课程的思考,当前关于统编小学语文教科书的研究颇多,研究内容和研究深度不断拓展,取得了一定的成果。但对小学语文教科书的研究大多停留在小学低段语文教科书的研究上,对小学语文整体体系开展的研究更是凤毛麟角。因此,从语文核心素养的角度出发对小学语文整体系统的研究更值得推敲和实践。

(三)语文要素

从字面意义上讲,语文要素是指构成语言文字、文章或文化的必要因素。统编小学语文教科书执行主编陈先云提出了语文要素的定义:语文要素主要是指语文训练的基本成分。

1.语文要素的内涵与作用

张敏华在谈统编教材语文老师的落实时,认为语文要素是学生在语文学习中必须掌握的基本要素,主要包括四方面内容,即语文知识、语文能力、学习策略和学习习惯。

刘荣华聚焦统编教材的编排分析并指出,从三年级开始,每个单元的单元导语是由人文主题和语文要素组成的。

有学者为深入理解语文要素的内涵与目标要求,依照布鲁姆的知识分类和认知维度对语文要素进行梳理后发现,小学中高年级语文要素具有的特点为:从知识分类看,主要以事实性知识、概念性知识和程序性知识为主,主要表现在阅读策略单元;从认知角度看,理解应用维度占较大比例。

2.语文要素的内容梳理

关于"语文要素的单元统领",曹鸿飞在《统编教材中语文要素的理解与教学应对》一文中指出,当前所有语文要素在单元中一般起到统领作用,尤其是在阅读策略单元、习作单元中更为明显,由此可以推断出在阅读策略单元中,单元语文要素起着极其重要的统领作用。还有研究发现,即便是相同单元的不同课文的单元语文要素,其所承载的价值和定位也不尽相同。教学时要做到在理清语文要素的层次性、关注学段的基础上,将解读的视角具体化到单元课文中,并理清具体课文与单元要素之间的关联。

关于"语文要素的螺旋关联",陈先云指出,语文要素在统编小学语文教材的单元内部之间、同一册不同单元之间、不同年级不同册之间是密切关联的。

可以看到,语文教学须以明确的单元语文要素为抓手,针对不同的课文、不同的内容来明晰语文要素的训练要求,从而真正服务于学生的语文核心素养和能力的培养。

3.语文要素的教学实践

张敏华认为,教师要在课堂中采取有效的教学策略,引导学生独立思考、合作学习,掌握基本的语文要素,提升学生的语文素养,打造生长型课堂。

陈培达指出,统编小学语文教材课文泡泡语、课后习题、阅读链接、阅读课文等导学、助学系统都是围绕单元语文要素的落实进行编排的。因此,在进行教学时要做到聚焦课文语文要素,深度提炼导入,打破课时主义,形成主题,探索表达拓展的整体学习链条,联系单元内容模块中的语文要素,构建深入导入的整体链。

顾丽萍依托课例进行研究,认为对于语文要素的教学,应做到深入挖掘语文要素,确立科学教学目标;结合要素,依托目标开展课堂教学活动;语文要素要联系活动,落实语文课堂上学生的生长;继续落实语文要素,创造良好的学习气氛;使用有效的教学手段,激发学生的兴趣。

随着统编小学语文教材的全面推广以及对语文要素研究的深入,当前对于语文要素,无论是理论研究还是实践探索,都不应局限于一篇课文,而要建构在单元语文要素的落实层面上,让学生深入学习的过程中,关注单元内落实语文要素中的策略研究,为培养学生的核心素养、发展能力奠定基础。

对于具体落实到语文教学中,我们应该如何来"操作"课程,以实现"课程"与"课堂"的无缝链接呢?

随着统编小学语文教材的使用与深入研究,"语文要素"已经成为语文教学的高频词语。但是在教学实践中,"有效落实单元语文要素"仍是广大教师普遍缺少研究、难于突破的难点。这具体表现在:

- 对小学语文教材中语文要素的具体内容、前后联系缺少整体把握;
- 对语文要素的内涵与外延解读不准确、不深刻;
- 对同一语文能力体系下语文要素的发展变化缺少系统梳理;
- 有的教师甚至将"单元语文要素"作为一个知识目标要求学生识记;

……

以上问题,不仅使学习目标的确立缺位、越位或失位,更造成了单元语文要素落实策略的普遍低效,甚至无效。

"要素"是指构成事物的必要因素。"单元语文要素"是统编小学语文教材的一个核心概念,应该理解为"语文学习要素、语文能力要素"。简单地说,语文要素包含语文"学什么"和"怎么学"的内容。

陈先云认为,语文要素包括必需的语文知识、基本的语文能力、适当的学习策略和学习习惯等。福建省小学语文教研员,著名特级教师黄国才认为:"所谓'语文要素',就是课程标准的学段目标(语文知识、语文能力、学习方法以及习惯等）的分解细化，然后将其一一落实到每册教材每个单元。"单元语文要素是语文核心素养、语文关键能力的分解细化和具体表现。借助图 1-1，可以直观而清晰地把握学科核心素养、学科关键能力与语文要素之间的逻辑关系。也可以理解为：单元语文要素是语文学科宏观课程目标下的中观课程目标分级细化，而语文要素落实策略起到了向上承接宏观课程目标、向下连接微观教学目标的作用。

在研究中，以"单元语文要素"为关键词在中国知网检索，资源数量为 406 条，而以"语文要素落实策略"为关键词的资源数量仅为 24 条，可见以语文能力训练体系为框架的语文要素落实策略研究较为匮乏。

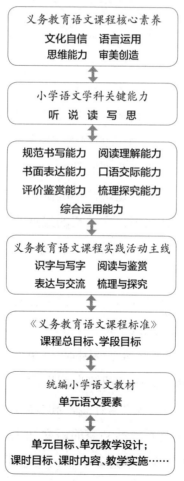

图 1-1　学科核心素养、学科关键能力、学段目标与语文要素关系图

在国家宏观课程的统领下,在落实"立德树人"根本任务与"促进学生核心素养发展"的大背景下,统编小学语文教材语文要素具体包括哪些方面?其背后有着怎样的规律?形成了怎样的序列化体系?可采取哪些有效的单元教学策略?随之而来的微观课堂又应该如何变革?

可见,从中观课程层面,全面准确地梳理、界定语文要素,系统挖掘教材中语文要素落实的资源,清晰提炼语文要素的落实策略,对于促进学生核心素养的形成与发展,培养学生正确、规范运用语言文字的意识和能力,推进小学语文课堂教学精准改革,促进教研组建设以及教师专业化发展具有重要意义。

三、项目的研究与实施

济南市历下区盛景小学于2019年7月立项山东省教育科学"十三五"规划课题"部编版小学语文教材'语文要素'落实策略研究"(课题批准号:YC2019344),并于2021年9月顺利结题。同时,作为该课题研究成果的应用、推广与延伸,济南市历下区盛景小学又于2021年12月成功申报2021年度济南市基础教育教学改革项目"中观课程设计与学科课程发展研究"。

(一)研究问题

重点研究基于中观课程设计理念的统编小学语文教材语文要素的落实策略,依据语文学科关键能力系统化、序列化,梳理、把握教材中语文要素的编排结构,并提炼九个语文能力训练体系,即把握文章主要内容训练体系、复述故事训练体系、阅读策略单元训练体系、积累语言训练体系、文体单元训练体系、体会情感训练体系、朗读训练体系、阅读方法训练体系、领会表达训练体系下的语文要素落实策略,有效落实语文课程语言学习和能力培养的重点,提升课堂教学效度,提升学生语文核心素养,促进教师的专业化发展。

(二)研究目标

研究目标包括:

（1）依据中观课程设计理念,通过基础理论研究和实践研究,重点梳理统编小学语文教材语文要素的具体构成、发展变化,从八个维度(语文知识、理解内容、体会情感、积累语言、领会表达、阅读方法、阅读策略、语文能力)系统梳理统编小学语文教材语文要素的构成体系、发展变化,形成维度框架图,抽取、提炼语文能力训练体系图,为实现知识教学与能力培养的融合统一奠定基础。

（2）依托具体课例,紧紧围绕"学习理解—巩固运用—迁移创新"的学科能力活动,探寻八个维度下九个能力训练体系的单元语文要素落实策略。

（3）通过理论学习、研究实践、成果提炼,促进教师成为课程的设计者、参与者、建设者、传递者,推动教师专业化发展;助力教研组建设,推动课堂教学精准改革,促进语文教学方式与语文学科关键能力发展的良性互动。

（4）关注学生的共同学习需求和个体化学习需求,通过设计具有情境性、实践性、综合性的语文学习任务群,促进学生语文能力的发展和语文核心素养的提升。

（三）研究程序

1. 研究设计

按阅读理论文献、制定实施方案、规范实践研究、总结提炼成果的流程开展研究。

（1）规范、优化组织架构,组建课题组。选取学校语文教学经验丰富、研究能力突出的业务领导和骨干教师加入课题组,成为课题核心成员;将学校全体语文教师纳入课题组,将该课题作为学校语文学科教育教学研究的主线。结合课题阶段计划合理分工,明确职责。

（2）加强理论学习,丰厚研究积淀。围绕研究问题与内容,广泛搜集、研读国内外关于学科能力、核心素养、语文要素的基础理论,整理综述国内外语文关键能力培养的相关研究成果。重点深入阅读学校课程建设、中观课程设计等相关领域书籍、报刊,准确把握国家课程改革政策、精神,深刻理解课程从理论形态到实践形态的运动过程,真正把课程看成是层次化、系统化和生态化的复杂系统,关注原理探究,关注实践落实。

（3）梳理要素内容,构建语文能力体系。围绕研究目标,深入教学一线了解教学需求,科学制定方案,明确申报、开题、中期检查、结题的时间节点,确定阶段性研究任务、成果形式等。重点借助教材"人文主题和语文要素"双线编写结构,梳理挖掘教材语文能力训练点,探寻单元教学的相关策略。

（4）加强实践研究,提炼教学策略。以语文能力体系为线索,通过基础理论研究和实践研究,提炼教学策略。将课题研究与学校日常教学研究深度融合,通过日常教研、备课上课、学科评比的全过程,检验、修正、完善研究成果。

2. 研究对象

研究对象为统编小学语文一年级至六年级共 12 册教材中的语文要素及落实策略。

1）依据教材,梳理语文要素的具体构成、发展变化

结合相关理论、文献的学习,以及对 2011 版课标和 2022 版课标、统编小学语文教材的研读,梳理小学各年级教材中"阅读能力"层面语文要素的构成、具体表现,以及同一语文要素在学段之间的层级发展变化。

课题组在每册教材中选择最符合学段特点的几项语文能力以及所在单元的编排构成,以此为研究对象,探寻这些能力形成、影响的因素,梳理相应语文要素的落实策略。

2）依托课例研究,探寻语文要素落实的单元教学策略

遵循"学习理解—巩固运用—迁移创新"的教学模式,以单元中课文、园地、习作、口语交际教学为主线,紧紧围绕某一语文要素的落实,进行教材解读、学情分析、目标制定、重难点把握、环节设计、教学策略的研究,实现对国家宏观课程与教师课堂实施微观课程的上通下达。

3. 研究方法

以行动研究范式为主,基于实际问题,基于实践,聚焦课堂教学和专

业成长,边学习、边实践、边探索、边总结,使理论与实践、成果与应用有机结合起来。在行动实践研究过程中主要采用如下方法:

(1)文献研究和理论研究法。对国内外相关文献进行查阅、分析,为课题的界定与实施提供充分的理论依据和支撑。

(2)案例分析法。以现行教材为载体,以单元编排、使用为依托,进行微观课堂教学实践研究。从课例打磨入手,在备课、上课、观评课、反思全过程中进行单元教学策略的设计、实践与效果评价。

(3)经验总结法。在上级课题管理部门评估、专家指导、自我诊断的基础上,提炼课题研究成果,形成有价值的文本。

4. 技术路线

技术路线依照"学习研究—课题计划—初步实施—实践探索—收集资料—总结调适—构建模式—形成报告—推广应用"的程序进行,并且遵循以下原则:

(1)理论研究与实践研究相结合。将理论学习与课例研究有效结合,做到思考研究有理论支撑,实践探索有教材依据,成果提炼有课例依托。

(2)广泛借鉴与创新发展相结合。在广泛学习国内外相关领域研究成果的基础上,立足统编教材与语文能力体系,立足课堂教学与日常教研,立足学生发展与教师成长,融合创新。

5. 研究过程

1)前期准备阶段(2019 年 1 ～ 4 月)

(1)2019 年 3 月中旬前,完成选题,明确课题研究的理论意义和实践意义,成立课题研究小组,策划课题初步研究的过程。

(2)2019 年 3 月底前,课题组进行文献研究,获取相关信息,并进行分析综合,从中提炼出对课题研究有价值的资料,为下一步研究奠定理论基础;设计较为详细的课题方案,制定详细的课题计划,落实人员分工。

2)初期研究阶段(2019 年 4 ～ 5 月)

(1)完成课题申报。

(2)通过集体备课讨论、研讨课(领航课、成长课等)、经验交流座谈会、质量分析等形式,重点进行教材解读,梳理统编小学语文教材中相关语文要素(语文能力训练点),并结合基础理论把握相关概念界定。

3)全面实施阶段(2019 年 5 月至 2021 年 2 月)

依托统编小学语文教材,借助教研、研讨课(领航课、成长课等)、经验交流等活动,通过教学设计、课堂实践、观课评课、案例反思、论文总结等形式,梳理相关语文能力训练体系培养的单元教学策略。

具体时间节点:

(1)2019 年 5 ～ 7 月:统编小学语文二年级、三年级教材语文要素落实教学策略研究。

(2)2019 年 8 月至 2020 年 1 月:统编小学语文四年级上册、五年级上册教材语文要素落实教学策略研究(其中,2019 年 9 月系统梳理一年级至六年级共 12 册教材中的单元语文要素,建构"语文能力训练体系下的语文要素序列化体系")。

(3)2020 年 2 ～ 6 月:统编小学语文四年级下册、五年级下册教材语文要素落实教学策略研究(其中,2020 年 3 ～ 4 月,在整理一年级至六年级共 12 册教材语文要素框架的基础上,进一步整理教材语文要素的具体呈现,建构统编小学语文一年级至六年级教材语文要素"八个指向维度"框架体系)。

(4)2020 年 7 月至 2021 年 1 月:统编小学语文六年级教材语文要素落实教学策略研究。

(5)2021 年 1 月:提炼"把握文章主要内容训练体系、复述故事训练体系、阅读策略单元训练体系、积累语言训练体系、文体单元训练体系、体会情感训练体系、朗读训练体系、阅读方法训练体系、领会表达训练体系"九个语文能力训练体系的单元语文要素落实策略。

4)结题总结阶段(2021 年 2 ～ 6 月)

整理与课题相关的材料,对课题实施的各种反馈信息和资料进行整理,包括汇集研究成果,撰写结题报告,完成相关论文等;申请结题,提交专家审核评估、鉴定。

5）课题成果进一步迁移、推广阶段（2021年12月至2022年3月）

以"九大语文能力训练体系下的单元语文要素落实策略"为基础，建构学校语文中观课程体系：基于课程标准确立学科课程总目标、学科课程学段目标，进一步确立主题单元学科课程结构、学科课程设置（基础类、拓展类）以及学科课程实施策略与评价标准。

6）课程群建设阶段（2022年3月至2023年8月）

以国家宏观课程为原点，设计基于该学科特色的"1+X"课程群。其中，"1"指教师所教授的国家基础性课程；"X"指教师根据国家课程开展的拓展性课程，这是基础性课程的延伸，是研发的具有学科特色的课程群。

四、研究发现或结论

经过基础理论研究与实践研究，依据"八个指向维度"（语文知识、理解内容、体会情感、积累语言、领会表达、阅读方法、阅读策略、语文能力）严谨、直观、系统地呈现教材中语文要素的构成和编排体例，并据此抽取、提炼、建构小学生语文能力训练体系，有效提高课堂教学的效益度，切实优化教与学的方式，优化教研模式，推动教师的专业化发展与提升。

（1）基础理论研究进一步深化。通过研究，对叶圣陶关于语文能力培养的思想论述、2022版课标理念与目标要求、中观课程理念、"新基础教育"关于"长程两段"教学策略的论述、统编小学语文教材编排理念，以及学科能力构成及其表现研究相关理论有了更深入的体会和思考，并将"学习—实践—创新"的学习活动进行细化，与微观教学实际相结合，创造出"学习理解—巩固运用—迁移创新"的中观教学模式策略。

（2）依据学科核心素养的四个维度，教材语文要素也清晰指向了八个维度，即语文知识、理解内容、体会情感、积累语言、领会表达、阅读方法、阅读策略、语文能力。

各册教材中的语文要素是课程标准学段目标的分解细化和具体呈现，它们集中指向语文核心素养、语文学科关键能力。随着学段的变化，语文要素指向的侧重点也有所不同(表 1-1)。

表 1-1　各学段教材单元语文要素侧重点

学　段	第一学段	第二学段	第三学段
侧重点	语文知识 理解内容 体会情感	理解内容 积累语言 阅读方法	阅读方法 领会表达
	阅读方法、阅读策略、语文能力		

可以看出,第一学段的语文要素侧重于语文知识的学习、对文章内容的理解和对情感的体会,第二学段则侧重于积累语言和阅读方法的渗透,第三学段的侧重点是领会文章的表达特点和效果。三个学段一以贯之的语文要素是阅读方法、阅读策略、语文能力。

(3)语文要素依据语文能力进行序列化、体系化编排,体现出螺旋上升、层级发展变化的特点。

各册、各单元教材的语文要素既相对独立,又前后紧密联系,形成小学生语文能力训练体系。具体包括:

- 把握文章主要内容训练体系
- 复述故事训练体系
- 阅读策略单元训练体系
- 积累语言训练体系
- 文体单元训练体系
- 体会情感训练体系
- 朗读训练体系
- 阅读方法训练体系
- 领会表达训练体系

在设计教学策略时,要兼顾同一语文能力体系下不同学段语文要素的发展变化,准确定位学段目标、单元达成落脚点、课时教学着力点,做到"教什么清清楚楚、教到什么程度清清楚楚",避免盲目教学。

(4)语文要素落实策略需统筹要素内涵、教材编排、学生特点,进行提炼、优化、确立。紧紧围绕一个中心——"语文要素落实",依据概念界定把握要素内涵和外延,依据教材资源把握编排特点,依据学情分析把握目标、重难点,打通单元联系,梳理教学策略。

（5）不同能力体系的语文要素存在共性的落实策略。虽然不同语文要素的具体落实策略不同,但是它们在语文课程属性和语文学习规律的观照下有共性的策略可借鉴,分别是:创设情境,朗读感悟;想象画面,对话补白;拓展实践,丰富积累。

（6）"以课堂教学为核心,以课题研究为引领"的磨课模式(图 1-2)能切实促进教研活动优化,促进教师有效备课,推动教师专业发展。以语文要素的落实策略为备课核心目标,可极大提高教师进行深度备课的指向性,更加明确地聚焦到语言文字学习和能力培养的重点,落实语文课程人文性与工具性的统一。

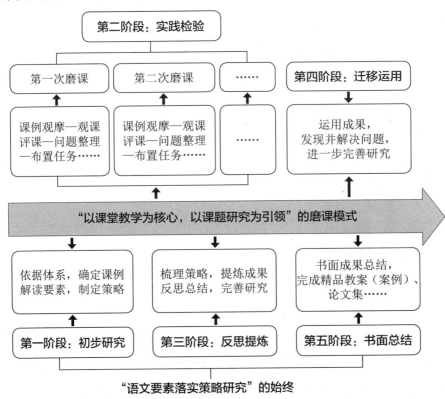

图 1-2 "以课堂教学为核心,以课题研究为引领"的磨课模式

（7）切实提高学生的语文核心素养。在课堂上,学生学习语言文字运用的时间可得到有效保证和落实,丰富听、说、读、写的语文能力实践训练,从而较好地改变传统语文教学"少、慢、差、费"的弊端,有效提升学生语文核心素养。

五、分析和讨论

（1）语文要素落实策略研究能有效提升学生的语文核心素养。语文课程工具性和人文性的统一决定了语文教学必然以生活为基础,以语文实践活动为主线,以学习主题为引领,以学习任务为载体,引导学生通过语文课程学习逐步形成正确价值观、必备品格和关键能力。对语文要素落实策略的研究,在语文能力体系的观照下,能够科学而有效地落实听、说、读、写的语言实践训练,提高课堂教学效益度。

（2）以语文要素落实为核心目标的教学研究成为教师专业发展的有效路径。将语文要素落实策略研究贯穿教师备课、磨课、上课、反思、评价的全过程,有助于教师打通"备—教—评"的横向发展需求,更有助于满足教师"研—思—述"的纵向成长需求。

六、研究成果

（一）建构统编小学语文教材语文要素"八个指向维度"框架体系

在整理小学语文一年级至六年级（共 12 册）教材单元要素的基础上,依据"语言理解能力、语言运用能力、思维能力、初步的审美能力"的学科核心素养四个宏观层面,对照"八个指向维度",即语文知识、理解内容、体会情感、积累语言、领会表达、阅读方法、阅读策略、语文能力,将语文要素进行分类、归纳,梳理编排思路,理清体系结构,建构语文要素"八个指向维度"框架体系（图 1-3 和表 1-2）。

图 1-3　框架体系中三个层面的关系

表1-2 统编小学语文教材语文要素"八个指向维度"框架体系

语文核心素养	指向维度	年级、单元	人文主题（或单元类型）	语文要素
文化自信、语言运用、思维能力、审美创造	语文知识	一上第一单元	识字单元	认识田字格,学习笔画在田字格中的位置、基本笔顺规则。 学习象形字。
		一上第三单元	拼音单元	学习汉语拼音,能借助拼音识字。
		一上第四单元	自然四季	认识自然段。 初步认识反义词。
		一上第五单元	识字单元	初步认识会意字。 继续学习基本笔顺规则。
		一上第六单元	想象	认识逗号、句号。 学习分角色朗读课文。
		一上第八单元	观察	继续学习基本笔顺规则。
		一下第一单元	识字单元	学习形声字。 学习笔顺规则。 学习音序表。
		一下第三单元	伙伴	学习音序查字法查字典。
		一下第四单元	家人	学习笔顺规则。
		一下第五单元	识字单元	继续学习形声字。
		一下第六单元	夏天	学习叹号和问号。
		一下第七单元	好习惯	学习笔顺规则。
		二上第二单元	识字单元	学习部首查字法查字典。
		五下第三单元	综合性学习遨游汉字王国	感受汉字的趣味,了解汉字文化。

续表

语文核心素养	指向维度	年级、单元	人文主题（或单元类型）	语文要素
文化自信、语言运用、思维能力、审美创造	理解内容	一上第七单元	儿童生活	联系生活实际,读懂课文。
		一上第八单元	观　察	读懂课文,找出课文中明显的信息。
		一下第二单元	心　愿	找出课文中明显的信息。
		一下第三单元	伙　伴	联系上下文了解词语的意思。
		一下第六单元	夏　天	联系生活实际了解词语的意思。
		一下第七单元	好习惯	根据课文信息作简单推断。
		一下第八单元	问　号	借助图画阅读。
		二上第一单元	自然的秘密	借助图片,了解课文内容。
		二上第三单元	儿童生活	读课文,能说出自己的感受或想法。 借助字词,尝试讲述课文内容。
		二上第四单元	家　乡	联系上下文和生活经验,了解词句的意思。
		二上第五单元	思维方法	初步体会课文讲述的道理。
		二上第六单元	伟　人	运用多种方法了解词语的意思。 借助词句,了解课文内容。 根据提示,讲故事。
		二上第八单元	相　处	借助提示,复述故事。
		二下第六单元	自　然	提取主要信息,了解课文内容。 联系生活经验,了解课文内容。

续表

语文核心素养	指向维度	年级、单元	人文主题（或单元类型）	语文要素
文化自信、语言运用、思维能力、审美创造	理解内容	二下第七单元	改变	借助提示讲故事。
		三上第二单元	金秋时节	运用多种方法理解难懂的词语。
		三上第六单元	祖国河山	借助关键语句理解一段话的意思。
		三上第八单元	美好品质	学习带着问题默读，理解课文的意思。
		三下第二单元	寓言故事	读寓言故事，明白其中的道理。
		三下第三单元	综合性学习中华传统文化	了解课文是怎么围绕一个意思把一段话写清楚的。
		三下第六单元	多彩童年	运用多种方法理解难懂的句子。
		三下第八单元	有趣的故事	了解故事的主要内容，复述故事。
		四上第四单元	神话故事	了解故事的起因、经过、结果，学习把握文章的主要内容。
		四上第七单元	家国情怀	关注主要人物和事件，学习把握文章的主要内容。
		四上第八单元	古代故事	了解故事情节，简要复述课文。
		四下第六单元	儿童成长	学习把握长文章的主要内容。
		五上第三单元	民间故事	了解课文内容，创造性地复述故事。
		五上第八单元	读书明智	根据要求梳理信息，把握内容要点。

语文核心素养	指向维度	年级、单元	人文主题（或单元类型）	语文要素
文化自信、语言运用、思维能力、审美创造	理解内容	五下第六单元	思维的火花	了解人物的思维过程，加深对课文内容的理解。
		六上第六单元	保护环境	抓住关键句，把握文章的主要观点。
		六上第八单元	走近鲁迅	借助相关资料，理解课文主要内容。
		六下第二单元	外国文学名著	借助作品梗概，了解名著的主要内容。就印象深刻的人物和情节交流感受。
	体会情感	一下第二单元	心　愿	读好带感叹号的句子。
		一下第三单元	伙　伴	读好对话。
		一下第七单元	好习惯	读出疑问句和祈使句的语气。
		一下第八单元	问　号	分角色读好课文。
		二上第五单元	思维方法	初步体会课文讲述的道理。读出不同句子的语气。
		二上第七单元	想　象	展开想象，获得初步的情感体验。
		二下第一单元	春　天	朗读课文，注意语气和重音。
		二下第二单元	关　爱	试着有感情地朗读课文。
		三上第三单元	童话世界	感受童话丰富的想象。
		三下第五单元	习作单元大胆想象	走进想象的世界，感受想象的神奇。

续表

语文核心素养	指向维度	年级、单元	人文主题（或单元类型）	语文要素
文化自信、语言运用、思维能力、审美创造	体会情感	四上第一单元	自然之美	边读边想象画面，感受自然之美。
		四上第四单元	神话故事	感受神话中神奇的想象和鲜明的人物形象。
		四上第六单元	童年生活	通过人物的动作、语言、神态体会人物的心情。
		四下第一单元	乡村生活	抓住关键语句，初步体会课文表达的思想感情。
		四下第三单元	现代诗	初步了解现代诗的一些特点，体会诗歌表达的情感。
		四下第七单元	人物品质	从人物的语言、动作等描写中感受人物的品质。
		四下第八单元	中外经典童话	感受童话的奇妙，体会人物真善美的形象。
		五上第四单元	爱国情怀	结合资料，体会课文表达的思想感情。
		五上第六单元	舐犊情深	体会作者描写的场景、细节中蕴含的感情。
		五下第一单元	童年往事	体会课文表达的思想感情。
		五下第四单元	责任	通过课文中动作、语言、神态的描写，体会人物的内心。
		六上第四单元	小说	读小说，关注情节、环境，感受人物形象。
		六上第七单元	艺术之美	借助语言文字展开想象，体会艺术之美。
		六下第四单元	理想和信念	关注外貌、神态、言行的描写，体会人物品质。

语文核心素养	指向维度	年级、单元	人文主题（或单元类型）	语文要素
文化自信、语言运用、思维能力、审美创造	积累语言	一上第七单元	儿童生活	学习"的"字词语的合理搭配。
		二上第一单元	自然的秘密	积累并运用表示动作的词语。
		二上第四单元	家乡	学习课文的语言表达，积累语言。
		三上第一单元	学校生活	阅读时，关注有新鲜感的词语和句子。
		三上第七单元	我与自然	感受课文生动的语言，积累喜欢的语句。
		三下第一单元	可爱的生灵	体会优美生动的语句。
		五下第八单元	风趣与幽默	感受课文风趣的语言。
	领会表达	二上第四单元	家乡	学习课文的语言表达，积累语言。
		二上第五单元	思维方法	感受和体会课文语言表达的多样性，学习表达。
		二下第四单元	童心	根据课文有关的情境，运用学到的词语把想象的内容写下来。
		二下第五单元	办法	能根据课文内容，说简单的看法。
		三上第三单元	童话世界	感受童话丰富的想象。
		三上第五单元	习作单元 观察	体会作者是怎样留心观察周围事物的。仔细观察，把观察所得写下来。
		三下第三单元	综合性学习 中华传统文化	了解课文是怎么围绕一个意思把一段话写清楚的。

31

语文核心素养	指向维度	年级、单元	人文主题（或单元类型）	语文要素
文化自信、语言运用、思维能力、审美创造	领会表达	三下第五单元	习作单元 大胆想象	走进想象的世界,感受想象的神奇。 发挥想象写故事,创造自己的想象世界。
		三下第四单元	观察与发现	借助关键语句概括一段话的大意。
		三下第七单元	奇妙的世界	了解课文是从哪几个方面把事物写清楚的。
		四上第三单元	留心观察	体会文章准确生动的表达,感受作者连续细致的观察。
		四下第三单元	现代诗	初步了解现代诗的一些特点,体会诗歌表达的情感。
		四下第四单元	作家笔下的动物	体会作家是如何表达对动物的感情的。
		四下第五单元	习作单元 学习按游览的顺序写景物	了解课文按一定顺序写景物的方法。 学习按游览的顺序写景物。
		四下第八单元	中外经典童话	感受童话的奇妙,体会人物真善美的形象。
		五上第一单元	万物有灵	初步了解课文借助具体事物抒发感情的方法。
		五上第五单元	习作单元 介绍一种事物	阅读简单的说明性文章,了解基本的说明方法。 搜集资料,用恰当的说明方法,把某一种事物介绍清楚。
		五上第六单元	舐犊情深	体会作者描写的场景、细节中蕴含的感情。
		五上第七单元	自然之趣	初步体会课文中的静态描写和动态描写。
		五下第四单元	责任	通过课文中动作、语言、神态的描写,体会人物的内心。
		五下第五单元	习作单元 具体地表现一个人的特点	学习描写人物的基本方法。 初步运用描写人物基本方法,具体地表现一个人的特点。

续表

语文核心素养	指向维度	年级、单元	人文主题（或单元类型）	语文要素
文化自信、语言运用、思维能力、审美创造	领会表达	五下第七单元	世界各地	体会静态描写和动态描写的表达效果。
		五下第八单元	风趣与幽默	感受课文风趣的语言。
		六上第二单元	革命岁月	了解文章是怎样点面结合写场面的。
		六上第五单元	习作单元 围绕中心意思写	体会文章是怎样围绕中心意思来写的。从不同方面或选取不同事例，表达中心意思。
		六下第一单元	民风民俗	分清内容的主次，体会作者是如何详写主要部分的。
		六下第三单元	习作单元 表达真情实感	体会作者是怎样表达情感的。选择合适的内容写出真情实感。
		六下第五单元	科学精神	体会文章是怎样用具体事例说明观点的。
	阅读方法	一上第七单元	儿童生活	联系生活实际，读懂课文。
		一下第八单元	问号	借助图画阅读。
		二上第六单元	伟人	运用多种方法了解词语的意思。借助词句，了解课文内容。
		二下第二单元	关爱	读句子，想象画面。
		三上第六单元	祖国河山	借助关键语句理解一段话的意思。
		三上第八单元	美好品质	学习带着问题默读，理解课文的意思。
		三下第一单元	可爱的生灵	试着一边读一边想象画面。

续表

语文核心素养	指向维度	年级、单元	人文主题（或单元类型）	语文要素
文化自信、语言运用、思维能力、审美创造	阅读方法	四上第一单元	自然之美	边读边想象画面,感受自然之美。
		四上第四单元	神话故事	了解故事的起因、经过、结果,学习把握文章的主要内容。
		四上第五单元	习作单元写一件事	了解作者是怎样把事情写清楚的。 写一件事,把事情写清楚。
		四上第六单元	童年生活	学习用批注的方法阅读。 通过人物的动作、语言、神态体会人物的心情。
		四上第七单元	家国情怀	关注主要人物和事件,学习把握文章的主要内容。
		四下第一单元	乡村生活	抓住关键语句,初步体会课文表达的思想感情。
		四下第二单元	科普文	阅读时能提出不懂的问题,并试着解决。
		四下第六单元	儿童成长	学习把握长文章的主要内容。
		四下第七单元	人物品质	从人物的语言、动作等描写中感受人物的品质。
		五上第四单元	爱国情怀	结合资料,体会课文表达的思想感情。
		五下第二单元	走近中国古典名著	初步学习阅读古典名著的方法。
		五下第三单元	综合性学习遨游汉字王国	学习搜集资料的基本方法。
		五下第四单元	责任	通过课文中动作、语言、神态的描写,体会人物的内心。
		六上第一单元	触摸自然	阅读时能从所读的内容想开去。

续表

语文核心素养	指向维度	年级、单元	人文主题（或单元类型）	语文要素
文化自信、语言运用、思维能力、审美创造	阅读方法	六上第四单元	小　说	读小说，关注情节、环境，感受人物形象。
		六上第六单元	保护环境	抓住关键句，把握文章的主要观点。
		六上第七单元	艺术之美	借助语言文字展开想象，体会艺术之美。
		六上第八单元	走近鲁迅	借助相关资料，理解课文主要内容。
		六下第二单元	外国文学名著	借助作品梗概，了解名著的主要内容。 就印象深刻的人物和情节交流感受。
		六下第四单元	理想和信念	关注外貌、神态、言行的描写，体会人物品质。 查阅相关资料，加深对课文的理解。
		六下第六单元	综合性学习难忘小学生活	运用学过的方法整理资料。 策划简单的校园活动，学习策划书。
	阅读策略	三上第四单元	预　测	一边读一边预测，顺着故事情节去猜想。 学习预测的一些基本方法。
		四下第二单元	提出问题	阅读时尝试从不同角度去思考，提出自己的问题。
		五上第二单元	提高阅读速度	学习提高阅读速度的方法。
		六上第三单元	有目的地阅读	根据阅读的目的，选择恰当的阅读方法。
	语文能力	一上第三单元	拼音单元	学习汉语拼音，能借助拼音识字。
		一上第四单元	自然四季	正确、流利地朗读课文，读准字音（音变）。
		一上第六单元	想　象	读好长句子间的停顿。

续表

语文核心素养	指向维度	年级、单元	人文主题（或单元类型）	语文要素
文化自信、语言运用、思维能力、审美创造	语文能力	一上第七单元	儿童生活	联系生活实际，读懂课文。
		一下第二单元	心愿	读好带感叹号的句子。
		一下第三单元	伙伴	读好对话。
		一下第三单元	伙伴	联系上下文了解词语的意思。
		一下第四单元	家人	读好长句子。
		一下第五单元	识字单元	练习用音序查字法查字典。
		一下第六单元	夏天	联系生活实际了解词语的意思。
		一下第七单元	好习惯	读出疑问句和祈使句的语气。
		一下第七单元	好习惯	根据课文信息作简单推断。
		一下第八单元	问号	借助图画阅读。
		一下第八单元	问号	分角色读好课文。运用学过的识字方法猜字。
		二上第一单元	自然的秘密	积累并运用表示动作的词语。借助图片，了解课文内容。根据合体字的结构特点书写。
		二上第三单元	儿童生活	读课文，能说出自己的感受或想法。借助字词，尝试讲述课文内容。
		二上第五单元	思维方法	读出不同句子的语气。

语文核心素养	指向维度	年级、单元	人文主题（或单元类型）	语文要素
文化自信、语言运用、思维能力、审美创造	语文能力	二上第五单元	思维方法	根据合体字的结构特点书写。
		二上第六单元	伟 人	运用多种方法了解词语的意思。 借助词句，了解课文内容。 根据提示，讲故事。
		二上第七单元	想 象	初步学习默读，试着不出声。
		二上第八单元	相 处	借助提示，复述故事。 综合运用多种方法自主识字、自主阅读。 根据合体字的结构特点书写。 学习默读。
		二下第二单元	关 爱	读句子，想象画面。 试着有感情地朗读课文。
		二下第三单元	识字单元	运用形声字特点识字。 练习查字典。
		二下第四单元	童 心	根据课文有关的情境，运用学到的词语把想象的内容写下来。 学习默读课文。
		二下第五单元	办 法	能根据课文内容，说简单的看法。
		二下第六单元	自 然	提取主要信息，了解课文内容。 联系生活经验，了解课文内容。
		二下第七单元	改 变	借助提示讲故事。
		二下第八单元	世界之初	能根据课文内容展开想象。 学习默读，不指读。
		三上第二单元	金秋时节	运用多种方法理解难懂的词语。
		三上第六单元	祖国河山	借助关键语句理解一段话的意思。

续表

语文核心素养	指向维度	年级、单元	人文主题（或单元类型）	语文要素
文化自信、语言运用、思维能力、审美创造	语文能力	三上第八单元	美好品质	学习带着问题默读,理解课文的意思。
		三下第四单元	观察与发现	借助关键语句概括一段话的大意。
		三下第六单元	多彩童年	运用多种方法理解难懂的句子。
		三下第八单元	有趣的故事	了解故事的主要内容,复述故事。
		四上第四单元	神话故事	了解故事的起因、经过、结果,学习把握文章的主要内容。
		四上第六单元	童年生活	学习用批注的方法阅读。
		四上第七单元	家国情怀	关注主要人物和事件,学习把握文章的主要内容。
		四上第八单元	古代故事	了解故事情节,简要复述课文。
		四下第一单元	乡村生活	抓住关键语句,初步体会课文表达的思想感情。
		四下第二单元	科普文	阅读时能提出不懂的问题,并试着解决。
		四下第六单元	儿童成长	学习把握长文章的主要内容。
		五上第三单元	民间故事	了解课文内容,创造性地复述故事。
		五上第四单元	爱国情怀	结合资料,体会课文表达的思想感情。
		五上第六单元	舐犊情深	体会作者描写的场景、细节中蕴含的感情。

续表

语文核心素养	指向维度	年级、单元	人文主题（或单元类型）	语文要素
文化自信、语言运用、思维能力、审美创造	语文能力	五上第八单元	读书明智	根据要求梳理信息，把握内容要点。
		五下第一单元	童年往事	体会课文表达的思想感情。
		五下第四单元	责　任	通过课文中动作、语言、神态的描写，体会人物的内心。
		六上第一单元	触摸自然	阅读时能从所读的内容想开去。
		六上第六单元	保护环境	抓住关键句，把握文章的主要观点。
		六上第七单元	艺术之美	借助语言文字展开想象，体会艺术之美。
		六上第八单元	走近鲁迅	借助相关资料，理解课文主要内容。
		六下第二单元	外国文学名著	借助作品梗概，了解名著的主要内容。 就印象深刻的人物和情节交流感受。
		六下第四单元	理想和信念	关注外貌、神态、言行的描写，体会人物品质。 查阅相关资料，加深对课文的理解。
		六下第六单元	综合性学习难忘小学生活	运用学过的方法整理资料。 策划简单的校园活动，学习策划书。

　　该体系的建构，为教师整体把握教材体系提供了重要的参考与依据，能够有效整体把握教材语文要素的编排体例，准确把握单元、课时的教学目标与重难点，明确着力点，做到"教什么清清楚楚、教到什么程度清清楚楚"，避免盲目教学。

（二）形成"语文能力训练体系"下的语文要素序列化体系

　　在建构统编小学语文教材语文要素"八个指向维度"框架体系的

基础上,依据语文要素对应的语文关键能力,抽取出前后联系比较紧密或特点突出的单元语文要素进行系统梳理,前后勾连,形成"语文能力训练体系"下的语文要素序列化体系。具体包括九大体系(表1-3),即把握文章主要内容训练体系、复述故事训练体系、阅读策略单元训练体系、积累语言训练体系、文体单元训练体系、体会情感训练体系、朗读训练体系、阅读方法训练体系、领会表达训练体系。

表1-3 "语文能力训练体系"下的语文要素序列化体系

年 级	单 元	语文要素
（一）把握文章主要内容训练体系语文要素安排		
一年级上册	第八单元 观察	读懂课文,找出课文中明显的信息。
一年级下册	第二单元 心愿	找出课文中明显的信息。
	第七单元 好习惯	根据课文信息作简单推断。
	第八单元 问号	借助图画阅读。
二年级上册	第一单元 自然的秘密	借助图片,了解课文内容。
	第三单元 儿童生活	读课文,能说出自己的感受或想法。
	第六单元 伟人	借助词句,了解课文内容。
二年级下册	第五单元 办法	能根据课文内容,说简单的看法。
	第六单元 自然	提取主要信息,了解课文内容。 联系生活经验,了解课文内容。

续表

年　级	单　元	语文要素
三年级上册	第六单元 祖国河山	借助关键语句理解一段话的意思。
	第八单元 美好品质	学习带着问题默读,理解课文的意思。
三年级下册	第三单元 综合性学习 中华传统文化	了解课文是怎么围绕一个意思把一段话写清楚的。
	第四单元 观察与发现	借助关键语句概括一段话的大意。
	第七单元 奇妙的世界	了解课文是从哪几个方面把事物写清楚的。
四年级上册	第四单元 神话故事	了解故事的起因、经过、结果,学习把握文章的主要内容。
	第七单元 家国情怀	关注主要人物和事件,学习把握文章的主要内容。
四年级下册	第六单元 儿童成长	学习把握长文章的主要内容。
五年级上册	第八单元 读书明智	根据要求梳理信息,把握内容要点。
五年级下册	第六单元 思维的火花	了解人物的思维过程,加深对课文内容的理解。
六年级上册	第六单元 保护环境	抓住关键句,把握文章的主要观点。
	第八单元 走近鲁迅	借助相关资料,理解课文主要内容。
六年级下册	第二单元 外国文学名著	借助作品梗概,了解名著的主要内容。
(二)复述故事训练体系语文要素安排		
二年级上册	第三单元 儿童生活	借助字词,尝试讲述课文内容。
	第六单元 伟人	根据提示,讲故事。

年　级	单　元	语文要素
二年级上册	第八单元 相处	借助提示,复述课文。
二年级下册	第七单元 改变	借助提示讲故事。
三年级下册	第八单元 有趣的故事	了解故事的主要内容,复述故事。
四年级上册	第八单元 古代故事	了解故事情节,简要复述课文。
五年级上册	第三单元 民间故事	了解课文内容,创造性地复述故事。(兼顾民间故事)
（三）体会情感训练体系语文要素安排		
一年级下册	第二单元 心愿	读好带感叹号的句子。
	第三单元 伙伴	读好对话。
	第七单元 好习惯	读出疑问句和祈使句的语气。
	第八单元 问号	分角色读好课文。
二年级上册	第五单元 思维方法	初步体会课文讲述的道理。 读出不同句子的语气。
	第七单元 想象	展开想象,获得初步的情感体验。
二年级下册	第一单元 春天	朗读课文,注意语气和重音。
	第二单元 关爱	试着有感情地朗读课文。
三年级上册	第三单元 童话世界	感受童话丰富的想象。
三年级下册	第五单元 习作单元 大胆想象	走进想象的世界,感受想象的神奇。

续表

年　级	单　元	语文要素
四年级上册	第一单元 自然之美	边读边想象画面,感受自然之美。
	第四单元 神话故事	感受神话中神奇的想象和鲜明的人物形象。
	第六单元 童年生活	通过人物的动作、语言、神态体会人物的心情。
四年级下册	第一单元 乡村生活	抓住关键语句,初步体会课文表达的思想感情。
	第三单元 现代诗	初步了解现代诗的一些特点,体会诗歌表达的情感。
	第七单元 人物品质	从人物的语言、动作等描写中感受人物的品质。
	第八单元 中外经典童话	感受童话的奇妙,体会人物真善美的形象。
五年级上册	第四单元 爱国情怀	结合资料,体会课文表达的思想感情。
	第六单元 舐犊情深	体会作者描写的场景、细节中蕴含的感情。
五年级下册	第一单元 童年往事	体会课文表达的思想感情。
	第四单元 责任	通过课文中动作、语言、神态的描写,体会人物的内心。
六年级上册	第四单元 小说	读小说,关注情节、环境,感受人物形象。
	第七单元 艺术之美	借助语言文字展开想象,体会艺术之美。
六年级下册	第四单元 理想和信念	关注外貌、神态、言行的描写,体会人物品质。

年 级	单 元	语文要素
（四）积累语言训练体系语文要素安排		
一年级上册	第七单元 儿童生活	学习"的"字词语的合理搭配。
二年级上册	第一单元 自然的秘密	积累并运用表示动作的词语。
	第四单元 家乡	学习课文的语言表达,积累语言。
三年级上册	第一单元 学校生活	阅读时,关注有新鲜感的词语和句子。
	第七单元 我与自然	感受课文生动的语言,积累喜欢的语句。
三年级下册	第一单元 可爱的生灵	体会优美生动的语句。
五年级下册	第八单元 风趣与幽默	感受课文风趣的语言。
（五）朗读训练体系语文要素安排		
一年级上册	第四单元 自然四季	正确、流利地朗读课文,读准字音(音变)。
	第六单元 想象	认识逗号、句号。 学习分角色朗读课文。
一年级下册	第二单元 心愿	读好带感叹号的句子。
	第三单元 伙伴	读好对话。
	第四单元 家人	读好长句子。
	第七单元 好习惯	读出疑问句和祈使句的语气。

年 级	单 元	语文要素
一年级下册	第八单元 问号	分角色读好课文。
二年级上册	第五单元 思维方法	初步体会课文讲述的道理。 读出不同句子的语气。
二年级下册	第一单元 春天	朗读课文,注意语气和重音。
	第二单元 关爱	试着有感情地朗读课文。
（六）领会表达训练体系语文要素安排		
二年级上册	第四单元 家乡	学习课文的语言表达,积累语言。
	第五单元 思维方法	感受和体会课文语言表达的多样性,学习表达。
二年级下册	第四单元 童心	根据课文有关的情境,运用学到的词语把想象的内容写下来。
	第五单元 办法	能根据课文内容,说简单的看法。
三年级上册	第三单元 童话世界	感受童话丰富的想象。
	第五单元 习作单元 观察	体会作者是怎样留心观察周围事物的。 仔细观察,把观察所得写下来。
三年级下册	第三单元 综合性学习 中华传统文化	了解课文是怎么围绕一个意思把一段话写清楚的。
	第四单元 观察与发现	借助关键语句概括一段话的大意。
	第五单元 习作单元 大胆想象	走进想象的世界,感受想象的神奇。 发挥想象写故事,创造自己的想象世界。
	第七单元 奇妙的世界	了解课文是从哪几个方面把事物写清楚的。

年 级	单 元	语文要素
四年级上册	第三单元 留心观察	体会文章准确生动的表达,感受作者连续细致的观察。
四年级下册	第三单元 现代诗	初步了解现代诗的一些特点,体会诗歌表达的情感。
	第四单元 作家笔下的动物	体会作家是如何表达对动物的感情的。
	第五单元 习作单元 学习按游览的顺序 写景物	了解课文按一定顺序写景物的方法。 学习按游览的顺序写景物。
	第八单元 中外经典童话	感受童话的奇妙,体会人物真善美的形象。
五年级上册	第一单元 万物有灵	初步了解课文借助具体事物抒发感情的方法。
	第五单元 习作单元 介绍一种事物	阅读简单的说明性文章,了解基本的说明方法。搜集资料,用恰当的说明方法,把某一种事物介绍清楚。
	第六单元 舐犊情深	体会作者描写的场景、细节中蕴含的感情。
	第七单元 自然之趣	初步体会课文中的静态描写和动态描写。
五年级下册	第四单元 责任	通过课文中动作、语言、神态的描写,体会人物的内心。
	第五单元 习作单元 具体地表现一个人 的特点	学习描写人物的基本方法。 初步运用描写人物基本方法,具体地表现一个人的特点。
	第七单元 世界各地	体会静态描写和动态描写的表达效果。
	第八单元 风趣与幽默	感受课文风趣的语言。
六年级上册	第二单元 革命岁月	了解文章是怎样点面结合写场面的。

年　级	单　元	语文要素
六年级上册	第五单元 习作单元 围绕中心意思写	体会文章是怎样围绕中心意思来写的。 从不同方面或选取不同事例,表达中心意思。
六年级下册	第一单元 民风民俗	分清内容的主次,体会作者是如何详写主要部分的。
	第三单元 习作单元 表达真情实感	体会作者是怎样表达情感的。 选择合适的内容写出真情实感。
	第五单元 科学精神	体会文章是怎样用具体事例说明观点的。
(七) 阅读策略单元训练体系语文要素安排		
三年级上册	第四单元 预测	一边读一边预测,顺着故事情节去猜想。 学习预测的一些基本方法。
四年级上册	第二单元 提出问题	阅读时尝试从不同角度去思考,提出自己的问题。
五年级上册	第二单元 提高阅读速度	学习提高阅读速度的方法。
六年级上册	第三单元 有目的地阅读	根据阅读的目的,选择恰当的阅读方法。
(八) 阅读方法训练体系语文要素安排		
一年级上册	第七单元 儿童生活	联系生活实际,读懂课文。
一年级下册	第八单元 问号	借助图画阅读。
二年级上册	第六单元 伟人	运用多种方法了解词语的意思。 借助词句,了解课文内容。
二年级下册	第二单元 关爱	读句子,想象画面。
三年级上册	第六单元 祖国河山	借助关键语句理解一段话的意思。

年　级	单　元	语文要素
三年级上册	第八单元 美好品质	学习带着问题默读,理解课文的意思。
三年级下册	第一单元 可爱的生灵	试着一边读一边想象画面。
四年级上册	第一单元 自然之美	边读边想象画面,感受自然之美。
	第四单元 神话故事	了解故事的起因、经过、结果,学习把握文章的主要内容。
	第五单元 习作单元 写一件事	了解作者是怎样把事情写清楚的。 写一件事,把事情写清楚。
	第六单元 童年生活	学习用批注的方法阅读。 通过人物的动作、语言、神态体会人物的心情。
	第七单元 家国情怀	关注主要人物和事件,学习把握文章的主要内容。
四年级下册	第一单元 乡村生活	抓住关键语句,初步体会课文表达的思想感情。
	第二单元 科普文	阅读时能提出不懂的问题,并试着解决。
	第六单元 儿童成长	学习把握长文章的主要内容。
	第七单元 人物品质	从人物的语言、动作等描写中感受人物的品质。
五年级上册	第四单元 爱国情怀	结合资料,体会课文表达的思想感情。
五年级下册	第二单元 走近中国 古典名著	初步学习阅读古典名著的方法。
	第三单元 综合性学习 遨游汉字王国	学习搜集资料的基本方法。

续表

年　级	单　元	语文要素
五年级下册	第四单元 责任	通过课文中动作、语言、神态的描写,体会人物的内心。
六年级上册	第一单元 触摸自然	阅读时能从所读的内容想开去。
	第四单元 小说	读小说,关注情节、环境,感受人物形象。
	第六单元 保护环境	抓住关键句,把握文章的主要观点。
	第七单元 艺术之美	借助语言文字展开想象,体会艺术之美。
	第八单元 走近鲁迅	借助相关资料,理解课文主要内容。
六年级下册	第二单元 外国文学名著	借助作品梗概,了解名著的主要内容。 就印象深刻的人物和情节交流感受。
	第四单元 理想和信念	关注外貌、神态、言行的描写,体会人物品质。 查阅相关资料,加深对课文的理解。
	第六单元 综合性学习 难忘小学生活	运用学过的方法整理资料。 策划简单的校园活动,学习策划书。
(九) 文体单元训练体系语文要素安排		
三年级上册	第三单元 童话世界	感受童话丰富的想象。
三年级下册	第二单元 寓言故事	读寓言故事,明白其中的道理。
四年级上册	第四单元 神话故事	感受神话中神奇的想象和鲜明的人物形象。
四年级下册	第三单元 现代诗	初步了解现代诗的一些特点,体会诗歌表达的情感。 根据需要收集资料,初步学习整理资料的方法。
	第八单元 中外经典童话	感受童话的奇妙,体会人物真善美的形象。

续表

年 级	单 元	语文要素
五年级上册	第三单元 民间故事	了解课文内容,创造性地复述故事。
五年级下册	第二单元 古典名著	初步学习阅读古典名著的方法。
六年级上册	第四单元 儿童小说	读小说,关注情节、环境,感受人物形象。
六年级下册	第二单元 外国名著	借助作品梗概,了解名著的主要内容。 就印象深刻的人物和情节交流感受。

　　九大语文能力训练体系的建构,实现了单元语文要素中观层面的归类聚合。在微观教学实践中,教师能够结合该体系全面把握语文要素之间的纵向关联与横向发展,准确定位教学目标,优化单元语文要素的落实策略,促进学生语文能力的序列化发展。

(三)提炼"九大语文能力训练体系"单元语文要素落实策略

　　形成以语文要素落实策略为核心的备课六环节(图1-4),即一个中心——语文要素落实策略;六个环节——要素解读(概念界定、对应学段目标发展变化),教材编排特点(课文资源编排意图、课后题编排意图、交流平台编排意图、词句段运用编排意图、习作或口语交际编排意图),学情分析,单元学习目标、重难点,教学策略与建议(单元教学策略、课时教学策略),重点课文教学流程(拓展阅读篇目)。以此实现磨语文要素系统、磨教材系统、磨单元系

图1-4　以语文要素落实策略为核心的备课六环节

统,引导青年教师紧紧围绕单元语文要素的落实,依据"一个中心六个环节",从概念界定、学段发展变化深入解读其内涵与外延,从教材编排特点、学习目标、重难点、学情分析全面把握语文要素落实的条件和基础,从而提炼单元语文要素落实策略、逐课要素落实策略。

1)把握文章主要内容训练体系单元语文要素落实策略:情境营造,层层递进,有效理解课文内容

(1)关注学段差异,明确目标定位,梳理能力递进序列。全面了解把握文章主要内容能力在各学段、年级的学习训练内容和目标水平标准,从"理解、概括一段话的意思"开始,一步一个脚印,每一阶段都应落实达成该阶段的教学目标,最终达成终结性教学目标,即能"理解、把握文章的中心意思"(图 1-5)。

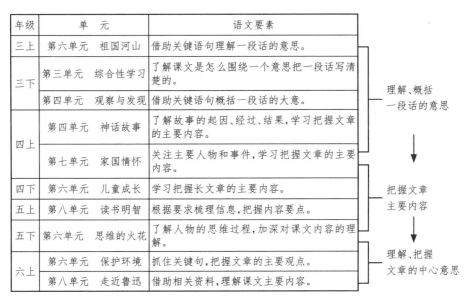

图 1-5 能力递进序列

(2)创设情境,呈现把握文章主要内容的过程。把握文章主要内容的过程涉及理解词句能力、理解句段能力、概括能力的培养习得,涉及思维的训练和思维能力的培养,涉及把话说通顺连贯的表达能力的培养习得。因此,进行把握文章主要内容的教学,不能只要学生把握主要内

容的结果,更要让学生亲历把握文章主要内容的过程:从释题开始,然后粗知文章大意,再到了解课文内容划分的各部分,接着理解各部分内容并概括各部分主要意思,最后把各部分主要意思连起来成为一段通顺连贯的话。通过这样一个阅读理解、概括串联、交流汇报、说理争辩的过程,学生才能得到理解词句能力、理解句段能力、概括能力和表达能力的训练培养,才能得到思维的训练和思维能力的培养,才能实现"学阅读"和"学表达"的目的。

2)复述故事训练体系单元语文要素落实策略:迁移运用,注重思维表达能力训练

(1)准确解析概念,区分复述的不同含义。复述课文就是对所学课文的内容进行完整而连贯的叙述。这是语文基础知识和口头表达能力的综合训练,是让学生在理解课文的基础上,打破原来的知识体系,用新的语言材料,按照一定的要求,通过"口头"或"笔头"把课文内容重新表达出来。它不同于简单地、机械地背诵原文,也不是介绍课文大意。复述不仅可以帮助学生理解课文,还可以帮助学生提高运用语言的能力,是掌握、积累和运用语言材料的一种重要手段。这种创造性的背诵积累方式缩短了所花时间,效果或许更优于背诵。复述一般分为重复性复述和创造性复述两大类,它们有各自的特点和要求。教师要根据教材的内容、学生的特点和训练计划,选择合适的复述方式。前者适合低中年级学生,后者适合高年级学生。

(2)创设任务情境,渗透方法,迁移运用。发挥教材范例作用,挖掘复述的训练点,进行复述练习活动,如"想象补白,扩展补充细节复述""改变结构,变化叙述方式复述""变化体裁,创造性复述""创设情境,角色表演复述"。在此程中再适时渗透复述故事的方法,并通过补充练习进行方法的迁移运用,巩固发展能力。

3)体会情感训练体系单元语文要素的落实策略:走进文本,读悟结合,体会情感

(1)积极营造情境,获得情感体验。情感的发生、体会离不开情境

的营造。情境中的各种因素往往对情感的产生起着综合的作用。在语文教学中,教师可根据教学内容,充分利用音乐、视频图片等途径(即图画再现情景、音乐渲染情境、表演体会情境)创设相应的情境,引导学生身临其境或如临其境,把握其中直观的形象,感受其中浓厚的氛围,参与其中愉快的活动,触"境"生情,引发学生的积极情感体验。

(2)侧重品读词句,体味情感之美。情感体会既依赖于反复诵读,又离不开品词品句,琢磨重点语句,体会作者所要表达的思想。叶圣陶先生指出:阅读要"一字未宜忽,语语悟其神"。细读文本就是沉入词语。在阅读教学中,教师要善于抓住重点词、句、段,引导学生反复品味、揣摩、领悟,感受作者的情感意境,揣摩语言的精准、生动和传神之感,与作者的情感对话、交流,真切地触摸作者的喜怒哀乐,从而加深对文本的理解,升华情感体验,体会文本中的情感之美。

(3)加强朗读指导,升华情感体会。小学阶段有感情地朗读课文是体会课文思想感情的一种重要方法。教师在阅读教学中要强化学生有感情朗读的训练。在理解课文内容的基础上,教师营造情境,引导学生准确把握感情基调并进行朗读,以达到情感体验的目的。要采取灵活多样的朗读训练形式,如齐读、指读、分角色读、教师范读等。在具体朗读实践中,要特别关注理解内容、体会情感与朗读相辅相成的关系。可以采用以下顺序:初读,读准字音,读通句子,声音洪亮;再读,初步了解课文内容;精读,抓住重点词句理解课文内容;品读,通过有感情朗读体会课文表达的思想感情;诵读,朗读成诵,升华情感体验。

(4)启发想象对话,丰富情感体验。在学生对课文内容有所理解的基础上,引导学生抓住文中具体的语言文字"空白点",通过观察课文插图、情境渲染等方式,展开想象,走进文本,与文中人物的心情、内心、品质、精神对话,获得更加丰富的情感体验,进一步加深对课文内容的理解。

4)积累语言训练体系单元语文要素落实策略:以读为本,学用结合,丰富语言积累

在认真把握单元语文要素编排特点的前提下,充分调动学生已有的

生活经验和语文经验,并在理解课文内容的基础上,引导并关注生动的语言,以读为基础,以读为核心,在读中理解、读中想象、读中积累,每一步语言文字的实践活动都指向单元语文要素的达成。

（1）领会编排意图,优化课时目标。对照积累语言训练体系语文要素,梳理课程标准中其对应学段目标的发展变化,全面把握该语文要素在教材体系中的前后逻辑关系。在对课文内容解读的前提下,用心揣摩课后练习题、交流平台、词句段运用等的设计意图及作用,准确把握编者的编写意图,明确本单元积累语言语文要素的侧重点、落脚点、着力点,最终确立准确、具体、切实的学习目标。

（2）任务驱动,内化语言,感受与积累相结合。

① 读中理解。感受生动的语言最有效的方法是"读"。通过课堂中的朗读建立文本与学生之间的联系,让文本在学生头脑中形成感性认知,促进学生对文本的理解、体会。

② 读中想象。小学生感性思维比较活跃,情境引领有利于学生打开思维,快速摄取信息。在课堂中通过视频、音乐营造出有声有色的情境,巧妙地把学生带入文本中,体会生动的语言。引导学生有层次地读,读出意思,读出感受,边读边想象生动语言描绘的画面,读出语言的画面感。在文字与画面的相互转化中,感受语言的生动优美,品味细腻优美而又富于变化的表达。

③ 读中积累。通过仿说、仿写等形式,引导学生运用文中的生动语言,既读出韵味,培养语感,又主动内化,积累优美生动的语言。

（3）迁移运用,拓展阅读,课内、课外相结合。语言积累最关键的是对语言的灵活运用,其中包括引导学生创新活用词语的用法,词与词的搭配、词与句的联结、句与句的组合以及连段成篇的经验。在课堂中注重学生迁移运用能力的发展,将学到的方法进行实际操作体验,体会课文在遣词造句方面的妙处,用心感受生动的语言,进而激发学生积累语言的主动性。要善于引导学生进行实践拓展,结合"读"与"写",将语言经验积累创新活用,在提高学生语文写作实践能力的同时进一步促进语言的二次创新积累。

同时,积极拓展主题性课外阅读,通过比较、品味、朗读、想象等策略,引导学生通过具体词句进一步领略生动语言的魅力所在,达到积累语言的目的。

5)朗读训练体系单元语文要素落实策略:基于"逆向理解",注重情境创设,强化朗读训练

(1)深入解析概念,准确把握内涵。朗读是一项重要的语文素养,是学习语言的重要途径之一。它是把书面语言转化为有声语言的一种创造性活动,这个过程是艰苦的。在这个过程中,需要朗读者充分调动眼睛、嘴巴、耳朵和大脑等各部分机能共同运作,在朗读时还需要对文章进行深入理解,并适当融入自己的情感体验,运用多种朗读技巧完成语言艺术的深度加工。

我们认为朗读教学是教师在语文课堂内外指导学生通过理解文本、熟读、背诵进行朗读活动,从而提升学生的朗读技巧和能力,进一步有效提高学生理解、运用语言的能力。

(2)基于"逆向理解",解读单元朗读要素概念。基于 UbD(格兰特·维金斯和杰伊·麦克泰格提出的"追求理解的教学设计",简称 UbD)的逆向设计如图 1-6 所示。

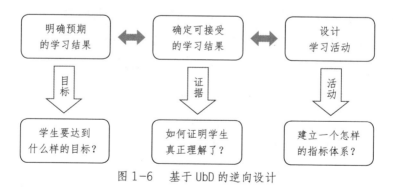

图 1-6　基于 UbD 的逆向设计

在进行语文朗读教与学活动之前,首先依据课程标准明确各学段朗读教学的目标是什么,其发展变化是怎样的,侧重点是什么。以此为依

据,提炼单元朗读要素概念;然后思考哪些证据表明学习达到了目的,应该建立怎样的指标体系,需要完成哪些表现性任务;最后确定本单元朗读教学需要什么样的教学设计。

(3)注重情境创设,激发朗读兴趣。在对学生进行朗读指导时,教师要结合文本特点,运用多种教学资源创设具体情境,引导学生走进文本,与文本对话、与作者对话、与编者对话,从而更好地把握文章蕴含的情感,实现朗读水平质的飞跃。

① 借助音乐、影视资源创设情境。根据文本的思想内容特点,选取适合的音乐或者影视作品,多感官、多维度引导学生走入情境中,身临其境地体会情感,朗读文本。

② 借助表演活动创设情境。对于故事情节突出、语言性和动作性强的文本,教师可以将其改编为课本剧,引导学生扮演其中角色,在理解人物动作、神态、语言、心理活动中准确把握人物情感,激发朗读兴趣。

③ 借助语言渲染创设情境。教师发挥教学语言的特色,以启发、设疑、烘托等方式创设情境,提供学习背景、景象和学习活动条件,唤醒学生的情感反应。

(4)关注不同体裁,丰富朗读形式。对于不同体裁的文本,指导朗读的方法也要有所侧重。

① 叙述性语言,讲着读。童话故事需要读,更需要讲。在指导学生读叙述性语言时,要注重"讲"的能力训练:语速慢一些,声音响一点,讲清楚,让学生听明白。如何取得这样的效果呢?首要的就是学生能够解释故事的内容。例如,在童话故事的开场部分,对人物、动物、时间,学生能够解释清楚,阐明故事的来龙去脉。

② 描述性语言,诵着读。描述性语言是让故事具有神秘色彩的一个重要因素。故事的神秘色彩是通过描写来实现的。教师在指导学生读这样的文字时,应注重引导学生突出身临其境的感觉,读出奇妙感,读出画面感。

③ 角色性语言,个性读。对人物的语言,引导学生通过神入和自知,

感受角色语言是如何活灵活现地展示人物的情感、心理和性格的。教师指导学生运用一定的朗读技巧去展现角色的个性时,要注意关注提示语,读出角色心理,读出画面感,然后变换音色,活化角色形象。

此外,同样要采取灵活多样的朗读训练形式,如齐读、指读、分角色读、教师范读等。在具体朗读实践中,应渗透朗读方法,强化朗读训练。要特别关注理解内容、体会情感与朗读相辅相成的关系。可以采用下以顺序:初读,读准字音,读通句子,声音洪亮;再读,初步了解课文内容;精读,抓住重点词句理解课文内容;品读,通过有感情朗读体会课文表达的思想感情;诵读,朗读成诵,对优美词句进行积累。

（5）细化评价指标,搭建发展阶梯。建立适合学生发展、基于语文要素的朗读评价指标体系,实现学生朗读训练的可操作性、切实性。例如,低年级朗读训练主要包含以下五个层面的指标:

① 读正确,读流利。不仅要求字音读正确,而且要求读准轻声、儿化、变调,不读地方音,不加字、减字,不错字、不回读。读流利是在读正确的基础上,速度适中、口齿清晰,其中包括掌握轻重音、换气、停顿等技巧。

② 读出画面,读出感受。对有趣的故事、美好的儿童诗等,可以创设形式多样且有趣美好的教学情境,引导学生想象画面,在情境中学会朗读。

③ 读出节奏,读出韵味。教学古诗时,首先读出节奏,接着边想象画面,边有节奏地朗读,在理解诗的意境后再读出诗的韵味。

④ 读出句式,读出段落特点。对有特点的句子,可以先体会其表达特点,再进行朗读练习,最后模仿这样的句子,进行说话和背诵。

⑤ 关注对话,读出角色语气。对对话较多的文章,可以体会角色说话的语气并读出情感来。学生分角色朗读课文时,仿佛融入角色中,读得像模像样。

6）领会表达训练体系单元语文要素落实策略：发掘素材,读悟结合,注重表达实践

（1）把握学段目标,厘清要素内涵。教师要准确把握"领会表达"

这一目标要求的发展变化,明确各学段、各年级的侧重点和着力点,避免学习目标的缺位、越位。课程标准在课程、学段目标的设定上,既关注引导学生对内容的理解、对情感的体会,也注重引导学生领悟语言的表达形式(特点)。具体目标为:

- 第一学段要求"感受语言的优美";
- 第二学段要求"体会课文中关键词句表达情意的作用""初步感受作品中生动的形象和优美的语言";
- 第三学段要求"推想课文中有关词句的意思,辨别词语的感情色彩,体会其表达效果""在阅读中了解文章的表达顺序,体会作者的思想感情,初步领悟文章的基本表达方法"。

在对比梳理中可以发现,第一学段侧重品味词语的表达效果,第二学段侧重体会文章遣词造句的特点,第三学段则侧重领悟布局谋篇的特点。

可见,对于"领会表达",小学阶段的主要任务是学习语言材料,感受语言特点,发现语言规律,学习表达方法,在阅读的过程中感受作者是怎样把句子、段落、文章写准确、写清楚、写具体、写生动的,然后引导学生学会运用多种常见的语言表达方法把文章写得生动形象。

(2)基于文本特点,发掘表达元素。教师要充分发挥教材"例子"的作用,依托单元语文要素充分发掘课文的表达特点——"读写结合"元素,提炼出文本在语言表达上规律性的、可概括类化的、可迁移的语言现象,帮助学生习得表达之法,构建新的语言图式,促进学生语言的内化。教师也可从课文内容中提炼表达素材,从听和说的角度把握,进行课文主要内容的概括、复述、把握要点等语用能力的训练,提升专项语文能力。具体包括:

① 聚焦关键词语,品味表达特点。找准重点段中的关键词,引导学生紧扣这些关键词来品读、感悟,在理解、体会中感受语言的表达特点。

② 品析重点语句,关注表达实践。关注描写具体、抒情议论、修辞贴切等句子,引导学生品读、赏析,领悟其表达特色,并在仿说仿写、想象补

白等表达实践中学习语言、运用语言。

③理清段落结构,领悟布局谋篇。先指导学生理清段落结构,再重点学习有代表性的语段,总结学习方法,最后放手让学生自读自悟其他段落。这样既能让学生领悟到文章布局谋篇的真谛,也可提高学生分析、鉴赏、独立感悟的能力。

（3）基于单元特点,设计表达课型。教师以表达为抓手,整合单元内课文、练习题、习作、交流平台、词句段运用等各部分教学资源,增强课文间的横向联系,找准表达契机,精心设计课型,让阅读、积累、表达相互衔接,有机融合。

①"丰富积累—迁移运用"课。以"积累"为切入点,整合单元内小练笔、识字加油站、词句段运用等教学资源,让积累、运用和表达有机融合,培养学生在具体语境中积累语言、运用语言的能力。对于习作单元,教师要关注精读课文的教学,在读悟结合中品味语言特色,了解写作手法,点拨习作技巧,提升习作能力。

②"领悟特点—拓展表达"课。教师从整个单元的角度梳理表达知识,依托各单元的交流平台,引导学生交流学习心得,领悟表达规律。例如,五年级上册第四单元的几篇课文都是通过课文中动作、语言、神态的描写表现人物的内心。习作要求"尝试运用动作、语言、神态描写,表现人物的内心"。在学习交流平台的内容时,要总结表现人物内心的方法,最后引导学生修改自己的习作。这样通过聚焦学生表达中存在的典型问题,结合单元教学,在学生的薄弱处"用力",既针对性强,也能收到较好的教学效果。

7）阅读策略单元训练体系单元语文要素落实策略：指导方法,读练结合,提升阅读能力

教材中阅读策略单元的编排体现了统编教材对阅读方法、阅读策略的学习与运用的关注及重视,目的是引导学生在感受、理解、欣赏和评价的阅读活动中习得一些基础的、有用的阅读策略。教学时要牢固树立策略意识、方法意识、实践意识,要以明确的语文要素为核心,以阅读实践

化为主要教学策略。

（1）解析语文要素，领会编排特点。阅读策略是指小学生在阅读过程中，根据阅读文章的特点、阅读目标等因素，所选用的调控阅读行为及程序的恰当方式。阅读策略的获得遵循相应的发展规律。第一，小学生阅读策略发展的基本轨迹是通过学习逐渐内化而形成的（强调实践）。第二，阅读策略遵循从模仿到发现的历程。整个阅读策略教学单元也基本遵循这样的历程。中年级学生可以主动进行模仿，对一些基本的常用策略，像提问、预测等，逐渐能够独立使用；高年级学生可以开始独立选择和运用较熟悉的阅读策略，自我监控意识开始发展。五年级上册"阅读要有一定的速度"和六年级上册"有目的地阅读"两个策略单元，实际上属于阅读监控，即根据阅读要求来调整阅读行为，这对提高阅读理解能力和阅读效率十分重要。第三，阅读策略的运用应从单一走向综合运用。这主要体现在对单元整体特殊性的把握、教材资源的使用、教学内容的取舍上。阅读策略单元有别于一般阅读单元，重在引导学生学习并掌握基本的阅读策略，形成运用阅读策略的意识，成为积极的阅读实践者。因此，阅读实践必须是真实的，贴近学生日常阅读情景与阅读需求的。

（2）把握要素关联，明确单元教学定位。语文要素是统编小学语文教材编排体系中的核心概念。每个单元的语文要素都是教材环环相扣的结构体系中的一环。教师在教学中既要"勾连上下"，明确同一体系的语文要素的发展变化，还要"环顾左右"，把握不同语文要素之间的联系与区别。只有把握好"上下""左右"各要素之间的关联，才能明确单元的教学定位，找到学生语文能力发展的切合点。学生学习任何一种阅读策略都不是零起点。例如，对六年级上册第三单元的学习，在五年级上册阅读策略单元中，学生学习了"快速阅读"的方法（包括不回读……），六年级上册第三单元则是在"快速"的基础上进一步学会"有目的地阅读"，提高阅读效率。因此在整体感知环节，教师要有意识引导学生运用五年级学到的快速阅读的四种方法快速读读课文，把握课文主要主要内容、整体结构。这样就可找准教学的起点、关注点、落脚点和着力点,避免学习目标的缺位、失位、越位。

（3）注重实践运用,促进意识和能力的形成。阅读策略的学习不是始于策略单元,更不能止于策略单元。学生学习阅读策略是为了能在阅读实践中更加灵活自如地运用这些策略,帮助自己提高阅读能力,丰富阅读经验,提升阅读效率和品质,绝不是为了了解策略而学习策略。阅读策略是知识,更是实践运用的能力。在策略单元学习之后,教师要有意识地将策略运用渗透到今后的阅读学习活动设计中,监控、了解学生策略运用的自觉性、习惯和能力的发展,帮助学生将策略运用趋向"自动化"的境界。阅读策略运用的价值不能停留在课堂阅读学习上,更要服务于生活中的阅读。教师要有意识地引导学生将阅读策略的运用迁移到整本书阅读、生活常态阅读中,让学生在阅读实践中体会阅读策略的积极价值。教师要处理好阅读策略知识和策略实践运用的关系,以学生能否灵活运用策略为评价的目标和依据。可以依据"涟漪型"拓展阅读模式,从主题内容、语文要素方面选取拓展阅读内容,引导学生运用在课文学习中掌握的策略,自主阅读,达到巩固、迁移、创新的效果,促进语文要素在学习活动中自然落地。这也是策略意识、方法意识的有效体现。

8）阅读方法训练体系单元语文要素落实策略：有效融合,突出重点；以生为本,关注生成

（1）把握编写意图,精准定位学习目标。

对"阅读方法"训练,教材从一年级开始就渗透在单元的学习中。虽然各单元的侧重点不尽相同,但是学生的学习过程并不是零起点。

各单元的起始课文（第一篇课文）侧重激发兴趣、渗透方法,要充分发挥其引路、示范的作用。对单元内其他几篇课文的学习,教师要半扶半放,引导学生将学到的阅读方法进行迁移运用,达到巩固、创新的目的。要通过分析课文资源编排、课后题设计、阅读提示设计、交流平台设计,正确解读单元中每篇课文的编排意图,明确其在单元中的角色定位及所承载的任务。

比如对"批注"阅读方法,低年级要求圈画生字生词并给自然段标序号,三年级要求圈画有新鲜感的词句和关键语句,四年级则学习"提问策略",在读到有疑问的地方时写下问题,同时在常态阅读教学或训练中遇到关键词句,教师会让学生圈画出来及写体会。这些其实就是在做批注。教材将"批注"作为一个单元编排在四年级上学期,是对批注方法进行专项的、系统的训练,进而促进学生思维和阅读能力的提升。

(2)有效融合,得意得法,语言思维共生长。

① 双线融合。落实语文课程工具性和人文性的统一,即实现"一举多得",也就是理解内容、体会情感、习得方法、德育渗透、培养能力的有机融合,引导学生借助具体的语言文字,在理解内容、体会情感的过程中逐渐习得阅读方法,并进行德育渗透,达成人文主题和语文要素的有效融合。

② 要素融合。阅读方法的习得不是孤立的,必须以语言实践为载体,因此阅读方法训练体系大部分单元的语文要素都是将理解内容、体会情感与阅读方法的习得融为一体的。例如,四年级上册第六单元的两个语文要素,即"学习用批注的方法阅读"和"通过人物的动作、语言、神态体会人物的心情",前者侧重让学生养成"不动笔墨不读书"的习惯,后者侧重习得体会人物心情的方法。批注阅读方法的学习可以且必须借助"通过人物的动作、语言、神态体会人物的心情"这一学习方法的运用、总结、再运用、再巩固。

教师引导学生在理解课文中直观感受某一阅读方法,进而学习该阅读方法,同时又在运用方法的过程中进一步理解内容,深化情感体会,最终实现多个要素目标的共同达成。

(3)学为中心,层层递进,先扶后放有章法。

① 范例引领,学法迁移,有效落实"双重点"。有效发挥教材助学系统的功能,充分发掘课文泡泡语、课后练习题、交流平台等资源的"支架"作用,以范例引领学生的自主学习活动,启发学生更加形象、直观、明确地了解、认知相关知识,并充分感知"方法"是什么、有何作用、怎样运

用。再通过创设"合作、探究的学习活动",促进学生在具体的语言实践活动中运用方法、巩固方法、熟练方法、内化方法,有效突出并落实语文课程语言学习和能力培养的重点。

② 内外结合,适度拓展,撬动课外阅读。阅读方法的习得是为了帮助学生进行更为丰富的阅读实践活动,因此一节课的学习不应成为终点。教师要依据"涟漪型"拓展阅读理念,从"主题＋要素"维度为学生精心筛选课外阅读内容,准确设计阅读目标,细化丰富阅读活动,引导学生在课外阅读中丰富语言积累,进一步巩固课内所学阅读方法,真正实现"课内得法,课外运用;课外阅读,课内落实"。

9）文体单元训练体系单元语文要素落实策略:群文阅读,构建三位一体的阅读体系

（1）主题萃取,"涟漪型"拓展,实现群文聚合呈现。依据"涟漪型"（即"1+X"）阅读模式,从文章内容、人文内涵、表达方式等多角度确定主题,围绕主题扩展阅读层次,聚合群文,实现课内阅读和课外阅读的结合,实现一篇带多篇、一本带多本。"1+X"中的"1"即教材中的单篇课文,也包含一组主题性文本,它是基点,是圆心;"X"既可以是单篇课外文章,可以是一组阅读材料,也可以是整本书,还可以是课外阅读拓展活动,类似涟漪。在开发"X"拓展内容时,主要依据以下主线,并由内而外层层整合:第一层为人文主题主线;第二层为文体类别主线;第三层为作者系列主线;第四层为内容对象主线;第五层为表达特点主线;第六层为实践活动主线。

（2）问题引领,"比较型"阅读,加强群文纵横连接。群文阅读教学需要以单篇文章阅读为基础,但重点是指导学生在多篇文章阅读中提取信息、整合信息。群文阅读教学时,把多篇文章看成一个阅读整体,设计比较性、迁移性、冲突性等问题,将多篇文章横向联合起来,培养学生重整、伸展、评鉴、创意等高层次的阅读能力。立足群文阅读,重点进行比较性、迁移类问题设计,引导学生把一篇文章的阅读感悟、方法所得运用到其他文章（书本）的阅读之中。

（3）任务驱动，"实践性"阅读，灵活运用阅读策略。设计基于文章主题的群文阅读实践活动（表演、讨论、辩论……），不仅可让学生从多篇文章阅读中获取丰富的信息，更重要的是可让学生迁移运用、巩固课内所学到的预测、有目的地阅读、快速阅读、整合信息、质疑讨论等阅读策略。

"中观课程设计与学科课程发展研究"项目下开展的"中观课程视域下的统编小学语文教材单元语文要素落实策略研究"契合当前学校对如何提高课堂教学的有效性、如何提升教师专业能力、如何提升教师课程领导力的普遍困惑和迫切需求。通过研究，可促进教师不断学习现代教育理论，更新教育观念，切实提高教学研究水平。教师的科研能力也会逐步提高，逐渐实现由实践型、经验型教师向科研型、专家型教师的转变。

济南市历下区盛景小学在此基础上，将继续围绕"遵循课标精神，尊重教学实际，用好统编教材"的原则，通过教学实践研究引领教师进一步建立起语文学科中观课程的课程观，深化哲学思考，从课程性质、课程目标、课程结构、课程内容、课程实施、课程评价等层面（图1-7），整合语文学科课程，建立学科课程主题单元课程群，并将这一课程观逐步融入课堂教学的实践改革中，以课程改革推动课堂变革。通过师生深度学习和个性化学习，逐步提升教师课程领导力，培养学生创新、合作的学习能力，实现学校发展理念重塑、教师角色视角转变、学生综合素养提升。

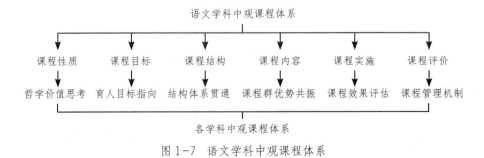

图1-7　语文学科中观课程体系

第二章
把握文章主要内容训练体系
单元语文要素落实策略例举

第一节 体系解读

　　"语言文字的运用,包括生活、工作和学习中的听说读写活动以及文学活动",是文化自信、思维能力、审美创造的途径和载体。"在语文课程中,学生的思维能力、审美创造、文化自信都以语言运用为基础,并在学生个体语言经验发展过程中得以实现。"学生需要在真实的语言运用情境中,通过积极的语言实践,主动积累内化,深入地统整梳理,积极地迁移创生,体会语言文字的特点和运用规律,获取个性化的言语表达经验,从而在鲜活的情境中培养沟通、交际和表达能力。

　　语言运用是指学生在丰富的语言实践中,通过主动的积累、梳理和整合,初步具有良好语感。这就需要充分调动学生内在的认知思维,深入品味和体悟语言。在尝试对比、深入联系的过程中进入语言文字的内核,学生才能真正走进作者的内心。2022版课标总目标指出"学会使用常用的语文工具书,运用多种媒介学习语文,初步掌握基本的语文学习方法,养成良好的学习习惯"。把握文章的主要内容是深度品析文本中最准确和最传神的字、词、句、段,引导学生反复咀嚼、玩味、品析、吟诵,拓展学生思维的深度和广度,不断挖掘文本内涵,实现高度内化的初识过程。把握文章的主要内容,实际上就是在梳理文章脉络的基础上对文章主要内容进行分析概括。分析概括能力是学生阅读的核心能力,与提取信息的能力、形成解释的能力、做出评价的能力等一样重要,贯穿整个小学语文学习的过程。把握长文章的主要内容是建立在学生具备较强的理解能力、思维能力和表达能力的基础上的。

统编小学语文教材语文要素"八个指向维度"框架体系依据语文要素对应的语文关键能力,抽取前后联系比较紧密或特点突出的单元语文要素进行系统梳理,前后勾连,形成了"语文能力训练体系"下的语文要素序列化体系。

把握文章主要内容训练体系语文要素见表2-1。

表2-1　把握文章主要内容训练体系语文要素

年　级	单　元	语文要素
一年级上册	第八单元 观察	读懂课文,找出课文中明显的信息。
一年级下册	第二单元 心愿	找出课文中明显的信息。
	第七单元 好习惯	根据课文信息进行简单推断。
	第八单元 问号	借助图画阅读。
二年级上册	第一单元 自然的秘密	借助图片,了解课文内容。
	第三单元 儿童生活	读课文,能说出自己的感受或想法。
	第六单元 伟人	借助词句,了解课文内容。
二年级下册	第五单元 办法	能根据课文内容,说简单的看法。
	第六单元 自然	提取主要信息,了解课文内容。 联系生活经验,了解课文内容。

年　级	单　元	语文要素
三年级上册	第六单元 祖国河山	借助关键语句理解一段话的意思。
	第八单元 美好品质	学习带着问题默读，理解课文的意思。
三年级下册	第三单元 综合性学习 中华传统文化	了解课文是怎么围绕一个意思把一段话写清楚的。
	第四单元 观察与发现	借助关键语句概括一段话的大意。
	第七单元 奇妙的世界	了解课文是从哪几个方面把事物写清楚的。
四年级上册	第四单元 神话故事	了解故事的起因、经过、结果，学习把握文章的主要内容。
	第七单元 家国情怀	关注主要人物和事件，学习把握文章的主要内容。
四年级下册	第六单元 儿童成长	学习把握长文章的主要内容。
五年级上册	第八单元 读书明智	根据要求梳理信息，把握内容要点。
五年级下册	第六单元 思维的火花	了解人物的思维过程，加深对课文内容的理解。
六年级上册	第六单元 保护环境	抓住关键句，把握文章的主要观点。
	第八单元 走近鲁迅	借助相关资料，理解课文的主要内容。
六年级下册	第二单元 外国文学名著	借助作品梗概，了解名著的主要内容。

　　本章例举的三年级下册第七单元的语文要素是"了解课文是从哪几个方面把事物写清楚的"。

第二节　课例与评析

把握要素关联　突出读写融合　促进能力提升

——统编小学语文三年级下册第七单元《海底世界》

【课例】

一、单元解读

（一）教材编排

1.人文主题概说

本单元以"奇妙的世界"为主题,选编了精读课文《我们奇妙的世界》《海底世界》《火烧云》,口语交际《劝告》和一个语文园地。本单元选编的课文描写了客观自然事物,有充满生命活力的奇妙世界,有景色奇异、物产丰富的海底世界,有形态万千、色彩绚丽的火烧云景象。单元导语中明确指出了本单元的学习要求:了解课文是从哪几个方面把事物写清楚的;初步学习整合信息,介绍一种事物。

2.语文要素解析

1）概念界定

本单元的语文要素是"了解课文是从哪几个方面把事物写清楚的"和"初步学习整合信息,介绍一种事物"。前者侧重积累感悟,习得方法;后者侧重迁移运用,形成能力。

什么是事物?事物是指客观存在于自然界的一切物体和现象,包括天地之间的生灵万物,如鸟兽虫鱼、花草树木等;大千世界的自然景物,如江河湖海、高山原野、沙漠戈壁等;茫茫宇宙间的自然现象,如日月星辰、风云雨雪、春夏秋冬的轮回等。

什么是方面？方面是指事物在某个范围或层面的相对或并列。介绍动物往往要从动物的外形、活动、生活习性以及与其他事物的关系等方面入手，描写植物少不了根、茎、叶、花、果实、种子等方面，写一朵花要从花托、花瓣、花蕊这些细微的部分着眼，了解花的颜色、形状、大小、气味、变化等诸多方面。

什么是清楚？《现代汉语词典》（第7版）的解释为"事物容易让人了解、辨认；对事物了解很透彻"。阅读时，要了解课文是怎样把事物写得让人容易了解和辨认的，习作时加以迁移运用，从而言简意赅、明白无误地描绘事物、传递信息和交流思想。

什么是了解？了解的意思是知道得清楚。"了解课文是从哪几个方面把事物写清楚的"，旨在明白课文主要写了什么，从哪些方面把事物写得让人容易辨认的。对三年级的学生来说，不必"理解"为什么从这些方面来写事物。也就是说，只需知其然，不必知其所以然。

2）对应的学段目标发展变化

由表2-2可以看出，三年级下册八个单元的语文要素安排中，每个单元都有一个比较宽泛的人文主题，这个主题对接学生的生活，联系学生的实际，引导学生养成良好的兴趣和习惯。每个单元基本都会落实一两个重要语文要素，共涉及多个语文要素。

表2-2　三年级下册双线结构

单　元	人文主题 （或单元类型）	语文要素
一	可爱的生灵	试着一边读一边想象画面。 体会优美生动的语句。 试着把观察到的事物写清楚。
二	寓言故事	读寓言故事，明白其中的道理。 把图画的内容写清楚。
三	综合性学习 中华传统文化	了解课文是怎么围绕一个意思把一段话写清楚的。 收集传统节日的资料，交流节日的风俗习惯。
四	观察与发现	借助关键语句概括一段话的大意。 观察事物的变化，把实验过程写清楚。

续表

单 元	人文主题 （或单元类型）	语文要素
五	习作单元 大胆想象	走进想象的世界，感受想象的神奇。 发挥想象写故事，创造自己的想象世界。
六	多彩童年	运用多种方法理解难懂的句子。 写一个身边的人，尝试写出他的特点。
七	奇妙的世界	了解课文是从哪几个方面把事物写清楚的。 初步学习整合信息，介绍一种事物。
八	有趣的故事	了解故事的主要内容，复述故事。 根据提示，展开想象，尝试编童话故事。

2022 版课标在第二学段（3 ～ 4 年级）指出，"观察周围世界，能不拘形式地写下自己的见闻、感受和想象，注意把自己觉得新奇有趣或印象最深、最受感动的内容写清楚"。

2022 版课标在第二学段要求学生初步把握文章内容。从三年级上册开始，就逐步提出"借助关键词语理解一段话的意思""带着问题默读，理解课文的意思"。这都是"初步把握文章主要内容"这一要求的基础，到三年级下册第三单元"了解课文是怎么围绕一个意思把一段话写清楚的"，这是一个循序渐进的过程，从读懂文字和语句到形成对文意的理解。

统编教材将"写清楚"作为第二学段的训练要求。2022 版课标在第二学段"表达与交流"部分指出学生"能清楚明白地讲述见闻，说出自己的感受和想法"，为可第三学段"写具体"这一更高的要求打下坚实的基础。统编教材从三年级下册开始逐步提出"写清楚"的要求，以提高学生的书面语言表达能力，把握文章主要内容。读写兼顾的语文要素和习作要素的编排有一个循序渐进的过程。

"写清楚"的要求主要在三年级下册和四年级上册落实，见表 2-3。

表2-3　"写清楚"要求的落实

年　级	单　元	语文要素	维　度
三年级下册	第一单元	试着把观察到的事物写清楚。	习　作
	第三单元	了解课文是怎么围绕一个意思把一段话写清楚的。	阅　读
	第四单元	观察事物的变化,把实验过程写清楚。	习　作
	第七单元	了解课文是从哪几个方面把事物写清楚的。	阅　读
四年级上册	第五单元	了解作者是怎样把事情写清楚的。 写一件事,把事情写清楚。	习　作
	第六单元	记一次游戏,把游戏过程写清楚。	习　作
四年级下册	第六单元	按一定顺序把事情的过程写清楚。	习　作

　　这一要求共出现七次。其中,中年级段的三年级下册第三单元、第七单元是从阅读维度提出来的,四年级上册第五单元是习作单元。从围绕一个意思把一段话写清楚,到从哪几个方面把事物写清楚,再到怎样把事情写清楚,这是一个思维进阶的过程,要求逐步提高。其他单元"写清楚"的要求都是从习作的角度提出的,涉及不同的表达对象,包括自己观察的事物、图画内容、实验过程、游戏过程。随着学生身心发展水平的不断提高,在学生充分"观察""实验""游戏"等基础之上,要求学生清楚地表达出来。

　　3)基于语文要素的单元编排特点

　　统编小学语文三年级下册第七单元是对本册第三单元"了解课文是怎么围绕一个意思把一段话写清楚的"进一步提升,从怎么把一段话写清楚到怎么把事物写清楚,体现了阅读能力的梯度发展。本单元语文要素"写清楚"的内涵,一是文章主要写了"事物"的什么特点,二是了解文章是从"事物"的哪几个方面来写的。

在单元内容和主要教学任务（表2-4）的设置上，三篇课文教学的发展性目标既有共同点，即都要了解课文是从哪几个方面把事物写清楚的，又各有侧重。《我们奇妙的世界》从广阔的视角粗线条地勾勒出自然界的种种事物，未进行细致描绘；《海底世界》取中景，对特定视域下的事物进行大致介绍说明；《火烧云》取特写镜头，就某一景象浓墨重彩地细致描摹，写出连续的动态变化。三篇课文分别启发学生如何服从文本需要取景，从多方面观察与表现事物。

表2-4　三年级下册第七单元各课文主要教学任务

课　　文	教材要求	主要教学任务
我们奇妙的世界	精　读	落实语文要素，起到示范学习的作用。
海底世界	精　读	运用方法，侧重鼓励、练习理清文章结构。
火烧云	精　读	运用方法，侧重积累语言和词句段的运用。

语文要素在课文中也有一定的梯度序列。《我们奇妙的世界》重在通过阅读认识事物是由多方面组成的，《海底世界》重在体会课文是如何围绕"海里动物的活动方法""海底的植物差异很大"两个主要意思写清楚的，《火烧云》侧重从课文中了解清楚"火烧云"这一自然现象的特点。由此可以看出统编教材对阅读方法的重视程度，教材设计层层递进，三篇课文分别启发学生从宏观、中观、微观三个不同角度认识事物的不同方面，以达到对课文最终理解的目的，激发阅读兴趣。

本单元的教材设置依旧是单元导语、课后练习题、交流平台、词句段运用等，各内容形成一个整体。课后练习题更强调指导教学时要由教到用，提供理清文章结构的方法，鼓励学生在了解事物不同方面时要懂得分清文章结构，提升阅读逻辑能力和想象力。

本单元的习作介绍"国宝大熊猫"，重点是整合大熊猫的资料，然后将大熊猫介绍清楚。统编教材加强了阅读与表达的横向联系。比如，练习表达"按照一定顺序把过程写清楚",与初步整合信息有着紧密联系,阅读时要求了解文章结构,实际上也是为把过程写清楚做铺垫。"了解课文是从哪几个方面把事物写清楚的",这是典型的读中学写。因此,在习作的教学设计上要求引导学生首先在阅读中提取信息,获得对事物的感知;接着从课文中学习如何从多方面把事物写清楚;最后初步学习整合信息,介绍一种事物。

本单元的语文要素教学不能偏颇,要防止让学生过度感受所描写的事物或景象的奇异美妙而忽视体会文本的表达机理,也要防止一味脱离具体形象的感受而直奔表达方法的训练,机械落实语文要素。一定要注意将感受形象与体会表达相结合,坚持阅读为先、读中学写、读写兼顾。

本单元的编排呈现层层递进、环环相扣的特点,遵循"提出语文要素—学习落实语文要素—总结练习语文要素—迁移运用语文要素"的学习规律,形成"由学到用"的学习路径。综合方法指导—迁移运用—拓展阅读,实现课内学习与课外练习的结合,实现学习方法、运用方法、课外拓展的结合。

（二）单元学习目标

单元学习目标为:

（1）认识24个生字,读准2个多音字,会写35个字,会写49个词语。

（2）有感情地朗读课文,背诵指定的自然段。

（3）了解课文是从哪几个方面把事物写清楚的,理解课文的主要内容,感受大自然的奇妙。

（4）知道怎么围绕一个意思把一段话写清楚。

（5）能体会课文语言表达的好处,能借鉴课文的表达仿写句子。

（三）单元重难点

单元重难点为:

（1）认识事物是由多方面构成的,能说出课文是从哪几个方面把事物写清楚的。

（2）抓住关键词句,借助思维导图等工具,在反复诵读中想象画面,感受事物的多姿多彩、丰富美好及趣味横生,品味语言文字的精妙。

（3）仿照课文例句写一写普通而美好的事物;初步学习整合信息,从多个方面说清楚课文的主要内容,并练习介绍一种事物。

（四）学情分析

本单元三篇课文的内容都是围绕探索自然奥秘展开的。在三年级上册第五单元中已经学习了解了如何留心观察、细致观察、连续观察等,学生已初步了解描写一样事物可以从多个方面来写。在学习本单元时,学生应该很容易走进课文、理解课文。在教学时,教师可通过补充一些相关材料或图片、对材料及图片进行解读来帮助学生更好地理解内容,了解描写事物可以通过多个方面、从不同角度来进行。

（五）单元教学策略

策略一:借助思维导图梳理文章脉络。

首先,引导学生了解课文明确想表达的意思。这就是古人讲的"意在笔先"。阅读时,要确保学生把握住课文"意思",然后了解作者从哪些方面把事物写得容易让人了解、辨认。要引导学生了解课文围绕明确的意思写了哪些关键信息。作者描述一件事物时,并非"眉毛胡子一把抓",而常常根据主要意思有选择地写清楚关键的内容信息,抓住事物的主要过程。因此在教学中,教师可借助思维导图梳理课文关键信息,结合文章的表达顺序和关键语段,理清课文的层次和脉络。

策略二:问题引领,从生活入手激发探索奥秘。

结合生活体验,理解本单元的文章。对学生而言,难点在于说出所选事物"有生命"的表现。可以设置填空的方式帮助学生找到具体事物,并让学生在思考中发现事物的特点。分层帮助学生理解关键词句,先找出事物,再总结作者表达方式的技巧,帮助学生掌握表达方法。以课后练习题为依托,以问题为依据,借助关键词语、插图、标点等方式使学生感知课文生动的语言,将表达与生活紧密联系。

策略三：细致辨析，多形式朗读。

教师紧扣课后练习题，可以通过组织多种形式的合作化朗读，在学生每学完一个语段后，采用齐读总述部分、指名朗读分述部分的策略，让学生在朗读语段的构段方式中形成更深入的洞察与感知。

教学中教师引导学生通过对比性朗读，深入感知课文中严谨而又不失生动的语言表达的妙处。教学中，教师要始终采用对比的方式，一直将学生放置在朗读主体的地位，让学生在朗读对比中感受课文表达的生动性、精确性，尤其是让学生从语言表达的细节层面洞察了作者是怎样把自己想要表达的意思写清楚的，从而有效地落实单元语文要素。

策略四："涟漪型"拓展阅读。

统编小学语文教材力求体现"三位一体"的理念，也就是精读、略读、课外阅读。其中，精读课文积累语言、习得方法，略读课文迁移运用，从而带动课外阅读的拓展。根据本单元特点，可梳理出"X"拓展阅读的多层次：一是课本的类似题材，如《我们奇妙的世界》可推荐《大自然的名片》，激发学生继续探究"奇妙世界"的兴趣，贴合人文主题，让学生做生活中的有心人，发现自然界的美，懂得欣赏美；二是课文作者相关作品的阅读，如《火烧云》可推荐《呼兰河传》，从结构、内容方面了解作者是怎样把文章写清楚的；三是类似写作手法的文章推荐，如《我们奇妙的世界》可推荐《赵州桥》，两篇文章都是总分结构。结构题材类似的文章推荐，意在夯实学生对语文要素的理解，继而为以后的迁移运用、灵活表达做准备。

二、《海底世界》教学设计

（一）课文编排特点

围绕本单元语文要素，选编的例举课文为《海底世界》。这是一篇科学小品文，文章语言通俗易懂、生动有趣，介绍了海底的景色奇异和物产丰富，能激发学生探索大自然奥秘的兴趣。全文共 7 个自然段，采用"总起—分述—总结"的结构。课文用设问句开头，引起读者兴趣。第 2～6

自然段具体介绍了海底世界的景色奇异和物产丰富两方面的内容。课文的结尾总结全文，发出感叹，与开头呼应。《海底世界》重在体会课文是如何围绕海里动物的活动方法和海底的植物差异很大两个主要意思写清楚的。

课后练习题第 1 题引导学生朗读，体会课文是从哪几个方面介绍海底世界的，在朗读中初步感知课文的总分结构。

　　◎ 朗读课文。说说课文是从哪几个方面介绍海底世界的。

课后练习题第 2 题引导学生找出语段中的中心句，并能够根据中心句概括语段的大意，借机洞察作者是怎样将意思写清楚的。

　　◎ 在课文中找找下面的句子在哪个自然段，说说那段话是怎样把这个意思写清楚的。
　　◇ 海里的动物，各有各的活动方法。
　　◇ 海底的植物差异也很大。

课后练习题第 3 题重在指导学生通过对比性朗读，深入感知课文中严谨而又不失生动的语言表达的妙处。

　　◎ 读一读，注意加点的部分，体会这样写的好处。
　　◇ 海底的动物常常在窃窃私语。
　　◇ 还有些贝类自己不动，却能巴在轮船底下做免费的长途旅行。

（二）学习目标及重难点

学习目标及重难点为：

（1）认识"窃、私"等 10 个生字，读准多音字"差"，会写"宁、官"等 11 个字，会写"宁静、光线"等 18 个词语。

（2）正确、流利、有感情地朗读课文，重点读出对海底世界的赞美。（重点）

（3）理解课文的主要内容，能说出课文是从哪几个方面来表现海

底世界的景色奇异和物产丰富的。（重点）

（4）能说出第 4～5 自然段是如何围绕一句话把一个意思写清楚的，激发学生热爱自然、探索自然奥秘的兴趣。（难点）

（三）语文要素落实策略

策略一：借助角色分工，在合作朗读中夯实"写清楚"。

中年级的语文教学所关注的应该是文本的句段，其中"总分"的构段方式更是这篇课文的教学重点。怎样才能让学生对这样的构段方式形成清晰而直观的认知呢？教师可以通过组织多种形式的合作化朗读来解决这一问题，紧扣课后练习题第 2 题，在学生每学完一个语段后，采用齐读总述部分、指名朗读分述部分的策略，让学生在角色划分中对语段的构段方式形成更加深入的洞察与感知。

策略二：借助细致辨析，在对比朗读中深入"写清楚"。

引导学生关注课文中语言的"精"，是这篇课文教学的重要目标，更是洞察作者如何"写清楚"的重要路径。比如，教学"窃窃私语"时，教师先从这个词语的本义入手，让学生了解这个词语是指"私下里小声地说话"；然后从课文的具体语境入手，在此基础上教师再运用对比法，让学生深入感知课文中"做免费的长途旅行"等生动语言的表达魅力以及设问手法所形成的表达效果。该板块的教学与课后练习题第 3 题不谋而合，重在指导学生通过对比性朗读，深入感知课文中严谨且生动的语言表达的妙处。

策略三：借助表演体验，在角色朗读中凸显"写清楚"。

作者在描写海底动物的活动方式和独特声音时，以生动而直观的语言让文章充满了趣味性。教学这一内容时，教师可以组织学生通过角色朗读的方式深入感受海底动物的窃窃私语是多么富有情趣，体会海参与梭子鱼快、慢不同的活动特点，从而使学生在朗读中感受作者多样化的写作方法。

策略四："1+X"拓展阅读。

依据"1+X"（"涟漪型"）拓展阅读策略，第一层次推荐阅读儒勒·凡尔纳的《海底两万里》，补充海底知识，激发学生对探究世界的兴趣；第二层次可以让学生继续阅读有关海底世界的书籍,拓展知识面,了解更多海底奥秘。

（四）教学过程

一、激发兴趣,导入新课

（一）激发兴趣,谈话导入

师:同学们你们见过大海吗? 大海给你留下了怎样的印象?

（二）引出课题,齐读课题

师:今天老师带领你们走进海底世界,请大家齐读课题。读课题也要读出感情。那么我们就化身为潜水员,一起去探索海底世界的奥秘吧!

二、初读课文,整体感知

（一）学习生字词

师:同学们看,海底的小鱼游来了,还给我们带来了词语朋友,你会读吗? 请小老师领读。

警报   肌肉   章鱼

差异   长达   储量   金属

窃窃私语   单细胞海藻

师:这行当中有一个多音字你读得特别准确。我们一起再来读一读这个词"差异"。回忆一下我们曾经还学过这个字的哪个读音?

$$
差\begin{cases} chā & 差异 \\ chà & 差不多 \\ chāi & 出差 \\ cī & 参差不齐 \end{cases}
$$

（二）默读课文,整体感知

1. 思考:在课文的哪个自然段提出了一个什么问题,哪个自然段又回答了这个问题?

生:课文的第 1 自然段提出了一个问题。

你可知道,大海的深处是怎样的?

师:课文以一个问句作为开头,你读了会有什么感受?

师:找一人再读,请带着你的疑问再来读一读这个问题。同学们,你们能回答他吗?

2. 师:哪个自然段回答了这个问题?

预设生:最后一个自然段回答了这个问题。

海底真是个景色奇异、物产丰富的世界。

3. 小结:作者在谋篇布局时,开头提出问题,结尾进行回答,像这种开头与结尾相呼应的写作手法就叫做……

预设生:首尾呼应。

开头:你可知道,大海的深处是怎样的?

结尾:海底真是个景色奇异、物产丰富的世界。

师:首尾呼应还能使文中的结构更加完整,希望同学们在今后自己习作时也能用上这种写作方法。

（三）梳理框架,把握内容

1. 思考:课文又是从哪几个方面给我们写出了海底世界的景色奇异、物产丰富呢?

师:通过你刚才读课文,谁想起来说一说?

生:从动物、植物、矿物三个方面。

师:除了描写动物、植物、矿物外,还有哪些? 还有吗?

生:还描写了大海深处的光线。

生:还有海底的声音。

2. 小结:课文就是通过描写海底的光线、植物、矿物来把海底世界的景色奇异、物产丰富写清楚了。

（四）初步体会海底的神奇

1.思考：大海究竟是怎样的景色奇异、物产丰富？

师：谁想给大家读一读课文的第2自然段，其他同学边听边思考，这一段中的哪些地方让你感受到了景色的奇异。

海面上波涛澎湃的时候，海底依然很宁静。最大的风浪，也只能影响到海面以下几十米深。阳光很难射进深海，水越深光线越暗，五百米以下就全黑了。在这一片黑暗的深海里，却有许多光点像闪烁的星星，那是有发光器官的深水鱼在游动。

2.师：感谢你让我们知道了第2自然段的内容，谁来说一说你从哪里感受到了海底景色很奇异？

生：我感觉深水的鱼能发光。

师：嗯，很奇异是吗？还有吗？

生：海面上和海底的差别。

（利用图片对比，更加直观地体现出海面和海底的区别）

3.师：是呀！同学们看大屏幕，海面上波浪这么大，可以用什么词来形容啊？

生：波涛澎湃。

师：当海面上波涛澎湃的时候，海底呢？

生：依然很宁静。

师：这么大的差异，太奇异了！谁想给大家读一读？我听出了海底很宁静，但是海面上的风浪还不够大，谁想再来读一读？听老师来读，学着老师的样子，一起再来读一读。

师：这是为什么呀？为什么会这样呀？

生：由于海水的阻力是空气阻力的好几百倍,所以说海面上波涛澎湃的时候,海底依然很宁静。

师：还有其他的原因吗？

生：海实在是太深了。

师：是吗？谁说一说？

生：大海非常深,海面和海底又相距得非常远,所以海面上波涛澎湃的时候,海底依然很宁静。

三、走进文本,重点研读

（一）借助视频,深入体会

师：是的,海实在是太深了,海面上的风浪再大,也影响不到海底呀！下面请同学们穿上潜水服,一起去探索海底世界。轻轻地闭上眼睛,做好准备,我们的海底旅行马上就要开始了。

（播放海底世界视频,教师范读）

海面上波涛澎湃的时候,海底仍然很宁静。最大的风浪,也只能影响到海面以下几十米深。阳光很难射进深海,水越深光线就越暗。现在我们要向深海游去,海下一百米还比较亮,二百米了,已经不亮眼了,三百米,周围开始暗下来了,四百米了,周围更暗了,五百米以下就全黑了。

（二）抓住关键词,想象画面,品味朗读

1.师：同学们,轻轻地睁开你的眼睛,仔细看一看,在一片黑暗的深海里,你看到了什么？

生：有发光器官的深水鱼。

2.师：那这些小光点是什么呀？对呀,在一片深海当中居然有鱼在发光。

师：谁能再说一说,像什么？

生：看到了许许多多的小光点,像一个个闪烁的星星。

师：在这深海里有繁星在闪烁,这些光点像闪烁的星星,真美啊！

海底世界多么奇异呀！我们能不能把它朗读出来？请你把你的感受朗读出来，一起读一读。

在这一片黑暗的深海里，却有许多光点像闪烁的星星，那是有发光器官的深水鱼在游动。

3.师：多么美丽呀，运用了一个比喻的句子就写出了奇异的海底世界。

师：在这一片黑暗当中是这么的宁静，那海底是否没有一点声音呢？

海底是否没有一点儿声音呢？不是的。

师：像这种以自问自答形式出现的句子，就叫做设问句。既然海底是有声音的，那么正常情况下我们能听到吗？

生：不能，海底的声音很小。

师：是的，它们的声音都太小了。我们怎么才能听到海底的声音呢？

生：用水中听音器。

师：是的，我们只要戴上特制的水中听音器，就能听到海底动物有趣的声音了。海底动物们都有哪些声音呀？

生读：你用水中听音器一听，就能听见各种声音：有的像蜜蜂一样嗡嗡，有的像小鸟一样啾啾，有的像小狗一样汪汪，有的还好像在打鼾……

（三）抓住关键词，体会海底世界声音的奇妙

1.师：从你的朗读当中，老师仿佛真的听到了海底动物有趣的声音。但老师给你提一个小小的意见，如果你的声音再小一点，就更棒了。知道为什么吗？

生：因为海底的动物们都在"窃窃私语"。

师：你们知道"窃窃私语"是什么意思吗？

生："窃窃私语"这个词语的意思就是小声地说话。

师：是啊，小声地说话，那我们应该怎么读呢？我们再来一起读一读这个词语(齐读词语)。同学们,老师如果把文中的"窃窃私语"换成这句话,你觉得好不好呢?谁来说一说为什么不好呀?

海底的动物常常在窃窃私语。

海底的动物常常会发出轻微的声音。

预设生:窃窃私语不但是个成语,还运用了拟人的修辞方法。

师:"窃窃私语"让你感觉到海底的动物们更加可爱了,像在说悄悄话呢。

2. 师:那作者围绕"海底的动物常常在窃窃私语"这句话,是怎样把这一段写清楚的呢?我们先戴上水中听音器去听一听吧。

领读:你用水中听音器一听,就能听见各种声音:有的像蜜蜂一样嗡嗡,有的像小鸟一样啾啾,有的像小狗一样汪汪,还有的好像在打鼾……

师提问:作者运用了许多的什么词来描写声音啊?

生:拟声词。

3. 师:用拟声词把海底动物的声音描写清楚了。连起来再读一读,你还有什么新发现?对呀,还是一个排比句呢!同学们,海底就只有这几种声音吗?你从哪看出来的?

生:省略号,说明后面还有许许多多动物的声音没有介绍出来。

师:是呀,你关注到了后面还有一个省略号呢!同学们,你能不能也用这样的排比句式,说一说海底还有哪些有趣的声音呢?先跟你的同位说一说,等会再来跟大家说。

师:谁想跟大家说一说?

你用水中听音器一听,就能听见各种声音:有的像_____,有的像_____,有的像_____,还有的好像_____……

生:你用水中听音器一听,就能听见各种声音:有的像小猫一样喵喵,有的像小鸡一样叽叽,有的像青蛙一样呱呱,还有的好像在打喷嚏……

师：哎哟，海底的声音真的是很多啊！你再来说一个！

预设生：你用水中听音器一听，就能听见各种声音：有的像小牛一样哞哞，有的像青蛙一样呱呱，有的像小猫一样喵喵，还有的好像在打呼噜……

师：让我们一起奏响这美妙的海洋音乐会！

4.师：太有意思了！同学们，海底的动物们在不同的情况下也会发出不同的声音呢！你找到了吗？请你读：

它们吃东西的时候发出一种声音，行进的时候发出另一种声音，遇到危险还会发出警报。

师：是呀！太有趣了！同学们，这一自然段作者通过运用拟人、排比的修辞方法，还有拟声词把海底动物们各种有趣声音给我们写清楚了。

5.师：海底的动物不仅能发出各种有趣的声音，它们活动起来还特别有意思呢！看一看第4自然段，这一自然段主要给我们介绍了什么呢？

生：海里的动物，各有各的活动方法。

师：你是找到了本段的中心句。是的，这一句话概括了这一自然段的主要内容，它就是这一自然段的中心句。作者是怎样把"海里的动物，各有各的活动方法"写清楚的呢？

（四）合作学习，深入研读

1.师：下面请4人一小组合作完成表格当中的内容，注意每个人可以介绍一种动物。一会儿请小组上台来展示。开始讨论吧！

动物名称	活动方式	活动特点

师：有的小组讨论完了。哪个小组想上台给大家展示展示。你们小组吧，4个人都举手了。其他同学仔细听，听他们介绍得怎么样。

师：这一小组同学介绍的怎么样？掌声送给他们！谢谢你们的介绍。

师：同学们，注意到这句话了吗？自己读一读！

生：还有些贝类自己不动，却能巴在轮船底下做免费的长途旅行。

师：再来看看我们刚才学到的这句话，能看出这两句话之间有什么共同点吗？

生：这两句话都是拟人句，能把事物写得更生动、更形象。

师：是的，拟人的手法让句子更加有趣了。同学们，我们看这一自然段作者通过介绍海参、梭子鱼、乌贼、章鱼还有贝类来把动物们各有各的活动方法给介绍清楚了。

2. 提出疑问，引发思考。

师：那老师就有疑问了：海底有20多万种动物呢，作者为什么只介绍了这4种呢？

生：说太多，太啰唆，这些动物都有自己的特点。

师：是的，作者就是列举了最有特点的事物进行描写，把海底动物的活动方式写清楚了。海里的动物，各有各的活动方法，那海底的植物呢？同学们，对比着来看看这两个自然段，看看这两段在写法上有什么类似之处？

生：这两个段落的开头，都有一个中心句概括这一段的重要内容。

师：刚才我们在学动物这一段的时候知道作者列举了4类动物，那么描写植物的这一段又是从哪两个方面把海底植物的差异写出来的呢？

生：色彩、最大的、最小的。

师：色彩和植物大小的差异。色彩有什么差异？一起读：

它们的色彩多种多样，有褐色的，有紫色的，还有红色的。

师：它们的大小有什么差异？

生：最小的单细胞海藻，要用显微镜才能看清楚。最大的海藻长达二三百米，是地球上最长的生物。

师：同一种植物都有这么大的差异。看来，海底的植物差异确实很大，太奇妙了！海底的奇妙还不止这些，海底还蕴藏着丰富的：（师生齐读）煤、铁、石油和天然气，还有陆地上储量很少的稀有金属。

师：看来海底不仅有奇异的景色，还有丰富的物产呢！怪不得作者在结尾说：（生齐读）海底真是个景色奇异、物产丰富的世界。

五、总结全文，拓展阅读

（一）总结全文，深化感受

师：从你们的朗读声中我感受到了对大海的赞美。同学们，这节课我们就学完了。我们来回顾一下，作者用一个问句"大海的深处是怎样的？"开头，然后列举了最有特点的事物，分别给我们介绍了海底的光线、声音、动物、植物、矿物，最后用"海底真是个景色奇异、物产丰富的世界"进行了总结，像这样的结构叫做"总分总"。现在想不想去海底世界看看啊？老师带你们一起去看看：

（出示视频）

师渲染：阳光投射在宁静的海底，美不胜收，连海底的岩石、草木、贝壳和珊瑚也都染上了阳光的色彩。海底的植物颜色差异也很大呢，真令人惊讶！五彩斑斓的小鱼在珊瑚丛中游来游去，潜水员们也来到海底世界探险啦！这株珊瑚把自己的触手收了起来，它又把自己的触手张开啦！各种各样的软体类动物散布在柔软的沙滩上，也特别可爱、特别有趣。鱼儿们在这景色奇异、物产丰富的海底玩捉迷藏。乌贼优雅地游过来了，你瞧，它在波浪涌动下翩翩起舞。海底动物的活动方式也有很大的差异呀！

师：看了这个视频，能说说你的感受吗？

（二）材料补充，拓展阅读

师：喜欢海底世界吗？

师：看来大家都很喜欢海底世界。最后老师再给大家推荐一本书《海底两万里》。这本书是法国作家儒勒·凡尔纳写的一本长篇小说，这本书给我们介绍了许许多多我们从来没有见过的海底的动物和植物，课下请同学们找来读一读。同时，大家也可以继续搜寻其他介绍海底世界的书籍。

师：同学们，这节课相信大家对海底世界有了更深刻的了解和认识。海底还蕴藏着许许多多不为人知的奥秘，所以现在要好好学习本领，相信这些奥秘会被你们解开。今天的课就上到这里，同学们，下课！

六、巩固练习，迁移运用

（一）巩固练习

1.把海底动物和它们的活动特点用线连起来，读一读，并圈出动词。

海参   每小时能游几十千米

梭子鱼   靠肌肉伸缩爬行

贝类   利用水的反推力迅速后退

乌贼和章鱼 巴在轮船底下

2.发挥你的想象，完成填空。

海底动物在吃东西时，行进时，遇到危险时会发出各种声音，有的像（ ），有的像（ ），有的像（ ），还有的像（ ）。

（二）迁移运用

1.利用自己搜集的资料、图片，办一张以"海底世界"为主题的报纸。

2.做"小导游"，向家里人介绍海底世界。

3.想象未来海底世界是什么样的？写一写,画一画。

七、板书设计

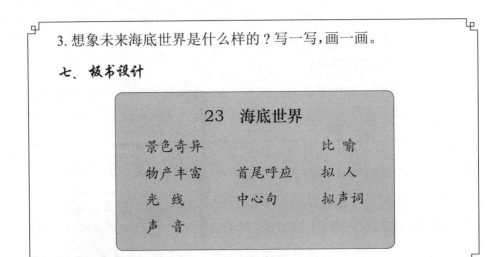

23　海底世界

景色奇异　　　　　　　比　喻
物产丰富　　首尾呼应　　拟　人
光　线　　　中心句　　　拟声词
声　音

【评析】

把握要素关联　突出读写融合　促进能力提升
——《海底世界》课例点评

为落实本单元的语文要素,教师注重挖掘语言文字,紧抓课文的重点和难点,以生为本、以疑为线、以读为主、以拓展为目标,通过正确、流利、有感情地朗读课文,使学生在读中感悟,读中理解。

教师教学中主要采用了如下教学策略:

一、重点突出、目标明确

2022版课标在"课程目标"部分强调"义务教育语文课程培养的核心素养,是学生在积极的语文实践活动中积累、建构并在真实的语言运用情境中表现出来的"。本课教学重点突出、目标明确,能抓住了解海底景色奇异和物产丰富的特点,指导学生朗读课文,让学生读中感悟、读中探索、读中拓展,丰富语言积累。

二、巧妙引导，主动发展

教师对词的教学有独到的处理。"窃窃私语"一词的教学很能体现作者的智慧。当学生体会到此词时，教师进行了机智的处理，转换角色，通过用水中听音器听一听，用声音的演示来更好地帮助学生理解海底动物发出的声音是不同的、丰富的，而且清晰地诠释了这几个象声词，这样一下就解决了对词义理解的问题。

为帮助学生体会海底动物发出的声音是各种各样的，教师首先让学生听书上所描写的 4 种声音，使其从听觉上感知和辨别，而后抓住一个省略号引导学生去感受别的不同声音，并设计了说话训练。这样，学生在感受海底声音丰富的同时，也锻炼了语言表达的能力。教师重视字词句的训练，立足语文的基础知识训练，自始至终都让学生沉浸在美的熏陶之中，使学生感受到学习语文的快乐与幸福，很好地突出了语文工具性和人文性的统一。

三、学以致用，当堂练笔

教师采用 2022 版课标倡导的自主、合作、探究的学习方式，放手让学生自主开展学习，自己进行读书感悟、小组学习，研究语言文字。如在学习第 3 自然段时，通过找出段落的中心句，让学生直观地认识先总后分的组段表达方式；在找出中心句的基础上，教师还结合课文内容对学生进行了写作方法的渗透。让学生交流了解动物的活动特点时，介绍了列数据、作比较、打比方等说明方法。这样的渗透对学生的写作将有所帮助。在交流后，让学生也尝试用文中的方法去介绍课文之外的海底动物（海马和剑鱼），进行说话训练。这样一读、二划、三合作、四交流的学习方式，让学生经历了学习的过程，体会了学习的快乐。

在学习第 3 自然段时，教师通过"这段是围绕哪句话写的？"，引导学生找出文中的中心句，并明确本段总分的构段方式。在学生充分读书、练说的基础上抛出了练笔的话题。学生理解了课文第 3 自然段的表达方法后，有针对性地设计一定量的片段练习，是本堂课的一大亮点。结合做"小导游",实现学练迁移,这是提高学生表达和写作能力的一种非常行之有效的方法。学生思维又一次被激发,思维探索纵横发展,达到学以致用的目的。

总之,本节课教师能准确把握教材编写意图,达到双线、双要素有效融合,着力突出重点,巧妙化解难点,同时尊重课堂中学生的主体地位,关注学生的能力生成。

第三章
复述故事训练体系
单元语文要素落实策略例举

第一节 体系解读

　　对所学课文内容进行完整而连贯的叙述,就是复述课文。它是语文基础知识和口头表达能力的综合训练,是让学生在理解课文的基础上,打破原来的知识体系,用新的语言材料,按照一定的要求,通过"口头"或"笔头"把课文内容重新表达出来。它不同于简单地、机械地背诵原文,也不是介绍课文大意。复述不但可以帮助学生理解课文,还可以帮助学生提高运用语言的能力,是掌握、积累和运用语言材料的一种重要手段。这种创造性的背诵积累方式既缩短了所花时间,效果或许也优于背诵。复述课文一般分为重复性复述和创造性复述两大类,它们有各自的特点和要求。2022版课标第二学段目标"阅读与鉴赏"部分指出"能复述叙事性作品的大意,初步感受作品中生动的形象和优美的语言"。在"发展型学习任务群"中也有教学提示"学习活动可以采用朗读、复述、游戏、表演、讲故事、情景对话、现场报道等学生喜闻乐见的形式"。因此,教师要根据教材的内容、学生的特点和训练计划,选择合适的复述方式。

　　在小学阶段对学生的复述训练是循序渐进的。二年级是训练学生借助一定的提示来复述课文,让学生在最初学习复述时能有抓手、有支架;三、四年级要求学生在了解故事的主要内容的基础上简要复述课文;再到高年级则要求学生在理解课文内容的基础上,进行创造性复述。

无论哪个学段都要发挥教材范例作用,挖掘复述的训练点,进行复述练习活动。例如"想象补白,扩展补充细节复述""改变结构,变化叙述方式复述""变化体裁,创造性复述""创设情境,角色表演复述"等,在此过程中再适时渗透复述故事的方法,并通过补充练习,进行方法的迁移运用,巩固、发展能力。

复述故事训练体系语文要素见表 3-1。

表 3-1　复述故事训练体系语文要素

年　级	单　元	语文要素
二年级上册	第三单元 儿童生活	借助字词,尝试讲述课文内容。
	第六单元 伟人	根据提示讲故事。
	第八单元 相处	借助提示复述课文。
二年级下册	第七单元 改变	借助提示讲故事。
三年级下册	第八单元 有趣的故事	了解故事的主要内容,复述故事。
四年级上册	第八单元 古代故事	了解故事情节,简要复述课文。
五年级上册	第三单元 民间故事	了解课文内容,创造性地复述故事。(兼顾民间故事)

本章例举的四年级上册第八单元的语文要素是"了解故事情节,简要复述课文"。

第二节 课例与评析

迁移运用 注重思维表达能力训练

——统编小学语文四年级上册第八单元《王戎不取道旁李》

【课例】

一、单元解读

（一）教材编排

1.人文主题概说

本单元的人文主题是"古代故事"，主要由《王戎不取道旁李》《西门豹治邺》《故事二则》三篇课文组成。有名士王戎幼年"不取道旁李"的故事；有战国地方官西门豹惩治恶人、造福百姓的故事；有名医扁鹊治病的故事；有纪昌学射的故事。编排意图是引导学生把握课文的主要内容，感受人物形象，培养学生观察和分析的能力，从故事中明白道理。

2.语文要素解析

1）概念界定

本单元的语文要素是"了解故事情节，简要复述课文"和"写一件事，能写出自己的感受"。前者侧重积累感悟，习得方法，后者侧重迁移运用，形成能力。

什么是了解？"了解"在《现代汉语词典》（第7版）中的解释是"知道得清楚；打听，调查"。"了解"是最低水平的认知学习结果，通常用来形容人对某物或某事的掌握领悟程度。

什么是故事情节？故事情节是叙事性文艺作品中以人物为中心的事件演变过程，是按照因果逻辑组织起来的一系列事件情节。故事情节由一组以上能显示人和人、人和环境之间的关系的具体事件和矛盾冲突构成。它一般包括开端、发展、高潮、结局等部分,有的还有序幕和尾声。在课文中,情节指的是事情的变化和经过,包括由按照因果关系联系起来的一系列有动因的事件逐步展开的叙述结构,并应当体现出人物行为之间的冲突。了解故事情节,就是读书后对这些内容能够了然于胸。

什么是复述课文?"复述"在《现代汉语词典》(第7段)中的解释是"语文教学上指学生把读物的内容用自己的话说出来,是教学方法之一"。复述课文是对所学课文的内容进行完整而连贯的叙述。复述课文是一种综合训练,是让学生在理解课文的基础上,用新的语言材料,按照一定的顺序,通过"口头"或"笔头"把课文内容重新表达出来。

如何简要复述课文?它不同于简单地、机械地背诵原文,也不是介绍课文大意。翻阅语文教材,有不少情节性较强的课文都有"复述课文"的要求。复述课文能有效培养学生学习语言的兴趣,摆脱死记硬背的弊端,能真真实实地让学生形成知识和能力的同步发展,抓基础重能力。"简要"是程度要求,复述中应"注意顺序和详略"的方法提示。简要复述课文内容,就是在了解课文内容的基础上,能够把原来比较详细的内容简要地说下来。

2)对应的学段目标发展变化

四年级上册双线结构见表3-2,部分单元语文要素对应的课程标准见表3-3。

表3-2 四年级上册双线结构

单 元	人文主题	语文要素
一	自然之美	边读边想象画面,感受自然之美。
二	提出问题	阅读时尝试从不同角度去思考,提出自己的问题。
三	留心观察	体会文章准确生动的表达,感受作者连续细致的观察。
四	神话故事	了解故事的起因、经过、结果,学习把握文章的主要内容。感受神话中神奇的想象和鲜明的人物形象。

续表

单　元	人文主题	语文要素
五	写一件事	了解作者是怎样把事情写清楚的。
六	童年生活	学习用批注的方法阅读。 通过人物的动作、语言、神态体会人物的心情。
七	家国情怀	关注主要人物和事件,学习把握文章的主要内容。
八	古代故事	了解故事情节,简要复述课文。

表3-3　部分单元语文要素对应的课程标准

单　元	语文要素	课程标准
四	了解故事的起因、经过、结果,学习把握文章的主要内容。 感受神话中神奇的想象和鲜明的人物形象。	初步把握文章的主要内容,体会文章表达的思想感情。能复述叙事性作品的大意,初步感受作品中生动的形象和优美的语言,关心作品中人物的命运和喜怒哀乐,与他人交流自己的阅读感受。
七	关注主要人物和事件,学习把握文章的主要内容。	

　　"了解故事情节,简要复述课文"语文要素是2022版课标中第二学段"能复述叙事性作品的大意,初步感受作品中生动的形象和优美的语言,关心作品中人物的命运和喜怒哀乐,与他人交流自己的阅读感受"目标要求的具体表现。"对感兴趣的人物和事件有自己的感受和想法,并乐于与人交流"的目标要求呈现了一定的发展变化。

　　第一学段:"诵读儿歌、儿童诗和浅近的古诗,展开想象,获得初步的情感体验,感受语言的优美。"这侧重通过诵读展开想象,增强学生对文本的理解。

　　第二学段:"能复述叙事性作品的大意,初步感受作品中生动的形象和优美的语言,关心作品中人物的命运和喜怒哀乐,与他人交流自己的阅读感受。"这要求学生在阅读叙事性作品时能关注生活和文本,理解意思,交流自己阅读的感受。

第三学段:"阅读叙事性作品,了解事件梗概,能简单描述自己印象最深的场景、人物、细节,说出自己的喜爱、憎恶、崇敬、向往、同情等感受。阅读诗歌,大体把握诗意,想象诗歌描述的情境,体会作品的情感。受到优秀作品的感染和激励,向往和追求美好的理想。阅读说明性文章,能抓住要点,了解文章的基本说明方法。阅读简单的非连续性文本,能从图文等组合材料中找出有价值的信息。"这要求学生运用平时的阅读积累,结合文本的阅读感受,理解感悟词语的意思,体会文章的思想感情。

基于复述课文语文能力的发展脉络,"了解故事情节,简要复述课文"语文要素同样呈现了一定的发展变化:

关于了解故事情节,一年级下册《小猴子下山》的课后题首次出现了"了解故事情节"的题目,即"结合插图,说说小猴子看到了什么,做了什么,最后为什么只好空着手回家去"。这是为学生搭了台阶的故事情节的训练。《小壁虎借尾巴》的课后题同样也搭建了台阶——"说说小壁虎都找谁借过尾巴,结果怎么样"。三年级上册《掌声》的课后要求是"默读课文,想一想,英子前后有怎样的变化?为什么会有这样的变化"。三年级下册《剃头大师》课后有"说说老剃头师傅和'我'给小沙剃头的过程有什么不同"这样的题目。有了这样的基础,到四年级学习时,做到了解故事情节应不是难题。课程标准中指出:"能复述叙事性作品的大意,初步感受作品中生动的形象和优美的语言,关心作品中人物的命运和喜怒哀乐,与他人交流自己的阅读感受。"综合两个语文要素来思考,对课文情节的把握是可以通过复述来完成的。或者说,复述是了解故事情节的方式和手段。对比可以发现,了解课文内容,复述课文是每个学段层层递进、循序渐进的学习过程,其中第二学段是在第一学段基础上提高要求,由感性认识过渡到初步认识。语文要素要求循序渐进,逐渐提高。因此,本单元语文要素的达成起到了承上启下的重要作用,对四年级学生想象思维能力的发展以及阅读方法与能力、复述能力的提高都起到了重要作用。

3）基于语文要素的单元编排特点

教材围绕本单元语文要素编排了单元导语（点明要素）、课文（方法指导）、交流平台（提炼总结）、习作（迁移运用）等板块。"时光如川浪淘沙，青史留名多俊杰。"简洁的一句话引出了本单元的人文主题——发生在历史名人身上的故事。"了解故事情节，简要复述课文"是单元语文要素。本单元围绕这个语文要素进行了精心编排：《西门豹治邺》引导学生梳理故事的主要内容，练习简要复述；《故事二则》引导学生提取表示故事发展顺序的关键词句，练习简要复述。"交流平台"对简要复述的方法进行了归纳与小结。"词句段运用"第2题引导学生体会写具体和写简略的不同表达效果，对学生进行简要复述提供帮助。本单元三篇课文的编排目的在于引导学生通过阅读梳理课文内容，从详细复述提升到简单复述，同时归纳和总结简要复述的方法，为学生进行简要复述提供帮助。

（二）单元学习目标

单元学习目标为：

（1）认识33个生字，读准1个多音字，会写20个字，会写12个词语。

（2）能正确、流利地朗读文言文《王戎不取道旁李》，用自己的话讲故事，并能背诵。

（3）能了解故事情节，简要复述课文。

（4）能通过描写人物言行的句子感受人物形象。

（5）能借助熟字加偏旁的方法，认识"纲、授"等12个生字。

（6）能体会写具体和写简略的不同表达效果。

（7）能积累描写人物精神风貌的四字词语。

（三）单元重难点

单元重难点为：

（1）正确、流利地朗读课文，能结合注释用自己的话讲故事。通过默读了解故事情节，简要复述课文。能通过描写人物言行的句子感受人物形象。

（2）借助积累的词语，记录一件让自己心怦怦跳的经历和感受，能写清楚事情的经过和当时的感受。

（四）学情分析

本单元的人文主题是"古代故事"。四年级正是情感、态度、价值观形成的关键时期，因此本单元的教学中应充分借助历史人物，引导学生树立正确的价值观，从古人身上汲取能量，正确认识何为"俊杰"，引发学生思考"我想成为一名俊杰吗？怎样才能成为一名俊杰呢？"

四年级学生在三年级时已经掌握了详细复述的方法，本单元是在详细复述基础上的发展，进一步提升学生的阅读理解能力，培养概括能力。学生初学简要复述容易出现的问题是不知道如何取舍、语言不够简洁，因此本单元学习中应引导学生区分内容的主次并简要表达。

（五）单元整体教学策略

策略一：依据文体特点，引导读通、读懂、读透。

首先将文章读正确、读通顺、读出节奏，并梳理朗读古文的方法；接下来结合注释，理解词意、句意和文意；最后领悟人物品质。在充分理解后创设情境，鼓励学生用自己的话讲讲这个故事。

策略二：方法引领，关注语言表达思维训练。

复述一般有详细复述、简要复述和创造性复述三种形式。这三种形式也是能力逐级提升、要求逐渐提高的。本单元训练的是第二层级"简要复述"。所谓简要复述，是能将故事的大致内容讲清楚。方法主要有要素串联法、标题追溯法、句段借助法、情节罗列法等。这也可为接下来的创造性复述打下基础。无论运用哪种方法，都必须先认真阅读课文，仔细梳理，在此基础上才能正确简要复述出故事的大致内容。需要强调的是：各种方法结合运用，效果将更好。

（1）要素串联法。故事类的文章一般有时间、地点、人物、事件（包括起因、经过、结果）等基本要素。把这几个基本要素理清，用词语串联起来，就是文章的主要内容。

（2）标题追溯法。有些以内容命题的文章,可以根据标题去阅读,追溯文章的主要内容,此即标题追溯法。

（3）句段借助法。有时故事中会出现一个总结内容的中心句或段（位置大多在段首或段末,个别也有的在段中）,这时可以借助文章中的句或段来概述故事内容。

（4）情节罗列法。有时故事比较长,前后时间跨度很大,经历的情节也比较曲折,遇到这种情况,学生容易摸不着头脑。这时可以将故事情节画成图,再根据图来简要复述故事;也可以把故事的主要内容按时间顺序或地点顺序等有序地罗列出故事情节,列成表格或写成小标题,再按照所列的表格或小标题进行简要复述。

教师要呈现简要复述的标准,并给学生充分的自主练习、互评互议、修改提升的时间,引导学生读一读、讲一讲、评一评,在语言实践中锻炼语言思维能力,提升简要复述的能力。

策略三:"涟漪型"拓展阅读。

小学语文的拓展阅读不仅能增加学生的课外知识量,丰富学生的思想,还可以对课文进行提示、引导、延伸、拓展,起到补充、诠释、融合的作用。在本单元教学中,可以教材为依托,以"读故事—复述故事—分享故事—写故事"为原则,为学生推荐阅读书目。例如,《王戎不取道旁李》选自《世说新语》,因此在教学本课时可以为学生拓展其中的《咏雪》和《杨氏之子》,用课堂上学到的学习方法读故事、复述故事,继续感受古人的智慧和文言文的魅力。教学《西门豹治邺》时为学生推荐西门豹的另外三则故事,教学《故事二则》可以推荐《望梅止渴》《三顾茅庐》等古代小故事,让学生在了解历史名人故事的同时,练习复述故事。本单元学习结束后,可以在班内开展"翰林故事会",让学生将自己读过的本单元老师推荐的课外阅读故事复述给同学听,比一比谁是故事大王,在活动中让学生的文化积淀和表达能力都有所提高。

二、《王戎不取道旁李》教学设计

（一）课文编排特点

《王戎不取道旁李》是统编小学语文教材四年级上册第八单元的第25课。这篇课文讲述了魏晋时期"竹林七贤"之一的王戎幼时善于思考、冷静推断的故事。

本篇课文是文言文，虽简短，但描写十分生动。课文中有些词语的意思与现代汉语意思相近，如"诸"是"众"的意思；有些词语的意思与现代汉语差别较大，如"走"在文言文中常指"奔跑"。

如何引导学生达成学习目标，课后题也给出了提示：课后第2题要求学生结合注释讲故事，这是本文教学的重点，是落实简要复述课文的语文要素。这一环节的讲故事与理解课文内容时的讲故事有所不同，不仅要求能将文言文转化成现代语言，还要能按一定顺序完整讲述。课后第3题要求学生说说为什么"树在道边而多子，此必苦李"，旨在引导学生感受王戎善于观察、思考，冷静推断的形象特点。

课文配有一幅插图，画了因结满果子而低垂的李树枝，有助于学生图文对照理解"道边李树多子折枝"的意思。

（二）学习目标及重难点

学习目标及重难点为：

（1）认识"戎、诸"等3个生字，会写"戎、尝"等5个生字，重点掌握"戎"字的笔顺。

（2）能借助提示正确流利地朗读课文，注意停顿，读出王戎话的冷静、自信；背诵课文。（重点）

（3）能运用借助注释、反复诵读的方法理解课文内容，并运用展开想象、补充细节的方法用自己的话讲述故事。（难点）

（4）能说出"树在道边而多子，此必苦李"的原因，并感受王戎善于思考和冷静推断的特点。（重点）

（三）语文要素落实策略

策略一：多样朗读，在初步理解中整体感知。

本课选编的小古文内容与学生的认知虽相对接近，但由于其语法规则和表达习惯与当下语言有较大差异，学生在认知解读过程中仍存在障碍，所以教师要通过多种形式的朗读来增加学生朗读文言文的语感。

一是在初识中通读。通读全文，读准字音，读出节奏。在上课伊始，先请学生读古文，要求读得正确、流利，特别强调"诸"和"竞"两个生字。再请学生尝试读出节奏，学生指出难读的地方，全班一起讨论，再在书上标注节奏，然后齐声诵读。

二是在理解中朗读。在深入理解每句话的意思时，可让学生按自由读、齐读等方式朗读句子，加深理解。

三是在理解后深情共读。理解古文的大意后想象画面，再有感情地朗读关键词句。在教学"多子折枝"这幅画面时，教师引导学生先观察这幅图，说说看到了什么，在表达的过程中引导学生体会李子数量之多，引导学生动情朗读出这种多的感觉。

策略二：精准理解，在感悟道理中精读古文。

本篇课文语言浅显易懂，故事性强，可以引导学生先回顾学习文言文的方法，通过借助注释、联系上下文等理解词语的意思，读懂文意。在梳理语句意思以后，可以让学生在小组内尝试讲讲这个故事的大意，并再次练习朗读，逐渐达到熟读成诵，达到语言积累的目的。

对课文内容理解后，引导学生思考并说说为什么"树在道边而多子，此必苦李"。引导学生学会像王戎一样善于思考、冷静推断，做生活中的有心人，学会观察，在观察所得中去分析和解决问题。

策略三：创设情境，在激趣表演中练习复述。

在学生理解课文内容的基础上创设语言情境，渲染古文美的意境。古文中的语言简短且优美，可以借助音乐、图片渲染情境，并进行富有韵味的朗读，激发学生的兴趣和联想，从而用自己的语言进行故事复述，使学生全身心投入古文情境中。

比如在课文教学的多个环节中让学生想象自己就是王戎,看到道路两边李子树上的李子又大又多你会怎么想?如果你是一同出游的小伙伴,你会怎样去摘李子?让学生想象自己就是路人,看到其他小朋友都去摘李子,只有王戎站在那一动不动,你想问王戎什么呢?让学生通过想象和联想进入情境,理解课文。在对课文进行了整体理解后,让学生练习讲故事。先在小组内练习,然后推选出组内讲得最好的同学,为他配上音乐,让学生能按一定顺序完整讲述。讲述时可以展开丰富的想象,结合故事情节讲故事,加强学生对文本的理解。

表演活动能让学生获得更多的自由和独立自主的权利,更重要的是存在很多让学生自主解决问题的机会。学生在表演活动中遇到阻碍时会产生全新的要求,进而激发创造力。让学生在情景表演中感受到中华民族历史悠久的文化底蕴,也能在和谐的学习氛围中体验、把握文言文,提升语文的综合素养。

策略四:"1+X"拓展阅读。

第一层次,依据"1+X"("涟漪型")拓展阅读策略,首先为学生拓展本文出处相关的文章。《王戎不取道旁李》选自《世说新语》,在教学本课时可以为学生拓展同样出自《世说新语》的《咏雪》和《杨氏之子》,采用课堂上学到的学习方法读故事、复述故事,继续感受古人的智慧和文言文的魅力。

第二层次,拓展主题相似的古文。例如同为"沉着冷静、善于思考"主题的《司马光砸缸》《两小儿辩日》《曹冲称象》等。引导学生在阅读历史名人故事的同时比较故事中主要人物有什么共同特质,从而学习人物身上的闪光点,让学生在生活中也能拥有"沉着冷静、善于思考"的品质。

第三层次,拓展"竹林七贤"的相关故事作品。"竹林七贤"是指魏末晋初的七位名士,即阮籍、嵇康、山涛、刘伶、阮咸、向秀、王戎。还可以拓展与嵇康相关的故事"嵇绍不孤",与山涛相关的故事"堪公夫人",增加学生对"竹林七贤"人物的了解,提升文学修养。

（四）教学设计

一、激发兴趣，导入课题

1. 课前交流，引出课题。

（1）这节课老师给大家带来了小礼物，你们看这是什么？

这一枚枚书签可不简单，这上面记录的是历史传说故事。看看大屏幕，你都读过吗？你读过其中的哪一篇？

它们就是我们本单元要学习的课文，就让我们从今天开始进入第八单元课文的学习。

（2）老师知道课前大家已经预习了单元导语，现在请同学们放开声音再来读一读，想一想本单元的人文主题是什么？本单元又给我们提出了哪些学习要求呢？就让我们带着这些学习要求学习本单元的第一篇课文。

2. 请大家齐读课题。

（齐读课题）

3. 加上停顿读。

预设 1：学生读得不好。你读的声音很洪亮并且注意到了停顿，但是读文言文应该做到语断气连。请大家听老师来读。请全班像老师这样来齐读课题。

预设 2：学生读得好。你的声音真洪亮，不仅注意到了停顿还做到了语断气连，请全班像他这样齐读课题。

4.了解王戎。

师：通过课前预习，你对王戎有哪些了解呢？你对他的了解可真多。你怎么知道的？

预设 1：学生回答查阅资料。是的，查阅资料是我们学习文言文的好方法。谁再来介绍。

预设 2：学生回答借助注释。是的，借助注释是我们学习文言文的好方法。（板书：借助注释）

5.生字教学：戎。

（1）"戎"是本课要求会认会写的字，你能给它组个词吗？

预设 1：没人举手。没关系，理解字义很重要，学完这个字之后你再试试。

预设 2：学生说错。"绒毛"的"绒"是绞丝旁。我们来看这个字的组成。

预设 3：学生说对。你的词汇量真丰富，我们一起来看这个字的组成。

（2）左边横撇在古代汉语中代表铠甲，右边戈代表兵器。合在一起就代表古人作战的武器。现在你能试着给它组个词吗？我们可以组词为：戎马一生、兵戎相见。请大家一起来读一读这两个词。

了解了"戎"这个字的意思，我们再来看"王戎"这个名字。同学们你们知道吗，王戎出生于一个武将世家，他的父亲英勇善战，希望他将来能驰骋沙场、报效国家，所以他的名字也寄托了家人的期望。同学们看中华文化真是博大精深啊！简简单单一个"戎"字，背后却有如此深的含义和奥妙。

（3）"戎"这个字虽然笔画不多，但是它的笔顺很容易出错，请同学们仔细看视频。会写了吗？请伸出右手食指，我们一起边说笔画边书写这个字。准备好了吗？开始。

6.反复诵读,理解题目。

师:认识了"戎"字,请你再把题目反复读一读,能不能说一说题目是什么意思呢?（指学生说）你再来说说。两位同学都能把题目的意思说得完整清楚。看,通过反复诵读,我们就理解了题目的意思。可见反复诵读也是一种很好的学习文言文的方法。（板书:反复诵读）

7.过渡,引出课文内容。

师:那王戎为什么不摘道路两旁李子树上的李子呢？让我们一起走进课文去看看吧。

二、初读课文,整体感知

1.自由读课文。

（学生自由读课文）

2.停顿读。

师:正确的停顿可以帮助我们更好地理解文章内容。加上停顿符号。谁再来读一读,注意要做到语断而气连。看来你已经掌握了语断气连的朗读方法。请全班一起像他这样一起来读一读课文。看来大家朗读文言文已经没有问题了。那你能读懂这个故事吗？

王戎/七岁，尝/与诸小儿/游。看道边李树/多子折枝，诸儿/竞走取之，唯/戎不动。人问之，答曰："树在道边/而多子，此必/苦李。"取之，信然。

3. 反复诵读，理解大意。

师：请大家用上前面学到的借助注释反复诵读的方法，看看能读明白这个故事吗？读完后可以给你的同桌讲一讲。（找一学生读）

三、走进文本，重点研读

师：这个故事发生在王戎7岁那年，我们一起走进这个故事吧。

1. 故事开始。

课件出示第一句：王戎七岁，尝与诸小儿游。

请一学生读。学生说大意。

预设1：如果"尝"解释错。在这里"尝"的意思是什么？请你再来说。你是怎么知道的？这位同学学会了借助注释来理解文章的方法。那你能不能再来说一说这句话的意思呢？

预设2：如果"尝"解释对。你注意到了"尝"这个字，在这里它的意思是什么？请你再来说。你是怎么知道的？看来你已经学会了借助注释来理解文章的方法。那你能不能再来说一说这句话的意思呢？

师：刚才这位同学说有很多小朋友，那从哪个字看出来很多？（生：诸）对的，"诸"在这里就是众多的意思。

2. 接下来发生了什么呢？

师：请你来读这句话。课件展示第二句：看道边李树多子折枝，诸儿竞走取之,唯戎不动。发生了什么?你能用自己的话讲出来吗?

看道边李树多子折枝,诸儿竞走取之,唯戎不动。

预设 1:回答得好。李子树上的李子真多啊!多到什么程度呢?结合课本插图你能展开你的想象,描述一下树上长满李子的画面吗?再想一想多到了什么程度。你来说。你再来说。(沉甸甸的,压弯了……)

小结:同学们,我们通过展开想象的方法感受到了多子折枝的画面。

预设 2:回答得不好。在这里多子折枝是什么意思呢?结合课本插图你能展开你的想象描述一下树上长满李子的画面吗?再想一想多到了什么程度。你来说。你再来说。(沉甸甸的,压弯了……)

看到这些诱人的李子,诸儿做了什么呢?谁能读出来。(板书:诸儿取之)你能用你自己的话说一说吗?你注意到了"竞走"这个词,它在这里的意思是什么?请你再来说。"走"在古文中的意思是"跑",与现代汉语中的意思不同。我们曾在三年级学《守株待兔》时接触过,同学们还记得吗?兔走触株。本文是"诸儿竞走取之"。

你能想象出当时的场面吗?孩子们是如何争着跑着各显神通去摘李子的呢?小朋友们还有可能怎样去摘李子呢?你的想象力可真丰富。你再来说。你的办法真多啊!这么多办法课文中写了吗?课文中只有"取之"两个字,但是同学们通过展开想象,补充细节就还原了小朋友们摘李子的生动画面。(板书:展开想象,补充细节)你看展开想象、补充细节的方法能帮助我们把文言文读得更生动鲜活。谁能把孩子们争着抢着摘李子的感觉读出来。谁再来试试。真是一个活泼的小朋友,唯恐摘不到那最大最红的李子。

这时候的王戎是什么表现呢?请你读。(板书:唯戎不动)谁能用自己的话说说。是的,只有王戎站在那里一动不动。王戎的行为与诸小儿形成了鲜明的对比。王戎为什么不去摘李子呢?我们将继续运用这样的方法来学习。

如果你是路人,你看到道路两旁果实累累,李子把树枝都压弯了。请你读。你看到了孩子们争着跑着去摘李子。请你读。你更看到了王戎站在那一动不动。请你再读。这些画面你都看到了,此时此刻你一定有话要问王戎。你想问他什么呢?我相信你也一定有话要问。就连刚才摘李子的小孩也忍不住要问?你一边摘李子一边回头问?是的,看到的人都想去问他为什么不去摘李子这件事。在这里,我们又通过展开想象、补充细节的方法,把路人、小朋友问王戎的话再现了出来。

3. 课件出示第三句。

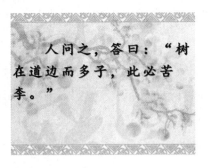

人问之,答曰:"树在道边而多子,此必苦李。"

同学们,学到这儿,可能已发现"之"在这篇课文中反复出现。这是文言文中经常出现的一个字。同学们再读一读这两句话,你发现了什么?"之"在这里都是代词,但它在不同语境中的意思不同。第一个指的是李子,第二个指的是王戎,所以需要我们联系上下文来解释。

大家都来问王戎为什么不去摘李子,那么王戎是怎么回答的呢?请你来回答。王戎心里是怎么想的呢?你来说说。你再来说。你们真是像王戎一样聪明啊。

4.巩固"之"的用法。

师：王戎看到这样的情景就能判断出李子是苦的，孩子们一开始相信吗？并不相信。为了验证王戎说的是真是假，孩子们是怎么做的呢？请你读(先示出"取之")。这里又出现了一个"之"，在这儿指的是李子。我们又根据语境确定了"之"的意思。孩子们是怎么做的？谁能用自己的话来说一说？孩子们尝的结果呢？李子太苦了(老师加动作表情)，的确如此啊！真像王戎说的一样，李子是苦的。一起读。

5.感受人物品质。

师：此时此刻你想对年仅7岁的王戎说点什么？不仅聪明，聪明的背后还有更重要的原因。你还能有更深的体会吗？你还想再来夸夸王戎吗？他不曾尝过这李子，就能推断出"此必苦李"。你觉得王戎是怎样的孩子——善于思考，并且能够根据观察进行冷静推断。

小结：同学们，一篇短小的文言文，我们通过这些方法就把它讲成了一个生动而有趣的小故事。理解了文章的意思就能帮助我们更好地背诵。同学们，现在你能试着背一背这篇文言文吗？给大家3分钟自己试一试。我们一起来试一试。这么短的时间，大家已经背好了这篇文言文，真不简单。

四、总结全文，拓展阅读

1.展开想象，补充细节讲故事。

2.学生展示。谁是我们班的故事大王呢？你们最想听谁来讲讲这个故事？老师再给配上音乐，增加一点讲故事的气氛。(生讲)多么绘声绘色的故事啊！让我们把掌声送给他。谁想来评价评价他讲得怎么样？他不但讲得完整，而且运用了我们这节课学到的方法，把故事讲得更加生动有趣，还加上了自己的表情动作。老师这一枚书签奖给这位会学以致用的同学。相信其他同学也可以像他一样讲得如此生动，课下请同学们讲给身边的人听，比一比谁讲得最生动、最有趣。

3. 拓展成语：道旁苦李。

总结：同学们，这节课我们运用了之前学到的借助注释、反复诵读的方法和这节课新学习的展开想象、补充细节的方法，一起学习了《王戎不取道旁李》这篇文言文，感受到了王戎善于思考和冷静推断的特点。

4. 拓展《世说新语》。

师：《王戎不取道旁李》这篇文章选自的《世说新语》中还记录了许多其他聪明小朋友身上发生的有趣故事，比如《咏雪》和《杨氏之子》。同学们课下可以选择自己喜欢的一篇，用我们今天学习的这些方法读一读、讲一讲，继续感受古人的智慧和文言文的魅力。

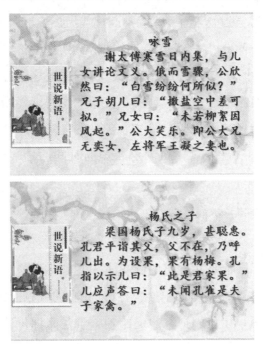

5. 师：同学们，这节课马上要结束了。我们一起走进了历史传说故事，感受了历史人物的品质和智慧，老师也感受到了每一位同学都是那样出色。希望老师送给你们的书签能伴随着你继续阅读，继续成长。这节课就上到这里，下课！

六、巩固练习，迁移运用

1.用展开想象、补充细节的方法，把《王戎不取道旁李》讲给爸爸妈妈听。

2.背诵全文。

七、板书设计

25 王戎不取道旁李

诸儿取之　　　　借助注释

善于思考　　反复诵读

冷静推断　　展开想象

唯戎不动　　补充细节

【评析】

借助方法　体会品质　复述文言故事

——《王戎不取道旁李》课例点评

《王戎不取道旁李》选自南朝文学家刘义庆等编写的《世说新语》，本课文讲述的是一个善于观察并冷静分析的机智少年的故事。全文仅用四句话就表现了王戎观察仔细，善于动脑，能根据有关现象进行理智推理判断的特点。

在进行本课教学时，教师从语文要素的概念界定、教学模式、环节实施策略方面进行了深入研究，确立了"自主学习，初读古文，整体感知—想象补充，尝试复述，感悟形象—拓展阅读，方法迁移，巩固运用"的模式策略。

一、区分复述不同含义,巩固古文学习方法

本单元阅读层面的语文要素是"了解故事情节,简要复述课文"。二、三年级学生已经接触过复述故事,只不过那时是借助提示来作为复述故事的支架和抓手。本单元是在学生原有学习基础上对所读内容进行整合,提出更高层次的要求,即简要复述课文。在备课过程中,教师始终遵循学生的认知规律,注重学生的发展,再结合课后题,了解作者的编排意图后有针对性地落实语文要素。

理解文本内容必须要在熟读的基础上进行,尤其是文言文更应该加强诵读。本节课中教师注重诵读的多样化,如教师范读,学生自读、齐读、表演读。教师有意识地让学生在诵读过程中逐步积累、感悟,体会文章的内容及蕴含的道理,提高自己的欣赏品位和审美情趣。

四年级学生已经具备了文言文的学习经验,了解了学习文言文的基本方法,所以在重点研读课文前,先让学生用前面学过的借助注释、反复诵读的方法自读课文,进行自主学习,整体感知课文内容,并试着讲讲这个故事。

二、创设情境,引导学生走进人物

在读熟读顺课文的基础上,引导学生借助手头资料和课后注释试着理解每句话的意思。在文言文的文本理解过程中,教师注重学生学习方法的培养。本节课中教师先带领学生回顾曾经学习过的文言文的学习方法,再重点介绍本课要学的展开想象、补充细节讲述故事的方法,并让学生在课上练习新方法。

文章故事性很强,适合表演,于是教师组织学生在充分阅读的基础上进行表演,让学生在阅读、表演的过程中真正将书本语言化为自己的语言。学生从读到悟、从悟到说、从说到演,进行语言实践,内化语言,真正体会到王戎的善于思考、冷静推断。

理解文意、复述故事是本节课的重点。在此环节给足学生学习时间,让学生学着写批注。接着开展讲故事比赛,让学生试着用自己的话讲一

讲这个小故事。先在小组内评选出最佳讲故事的人选,再在班内展示。要求自然得体、大方,语句通畅。通过学生上台展示,用投票的方式选出最佳讲故事的人选,发书签以资鼓励。在讲故事中能发现学生理解的程度,及时予以引导,以便正确理解文本的内容。

最后创设讨论的环节,教师出示课件:说说为什么"树在道边而多子,此必苦李"。引导学生要像王戎一样善于思考、冷静推断,做生活中的有心人,要学会观察,在观察中去分析、解决问题。因此,这节课中教师不仅在进行知识的传授,也在进行德育的渗透。

三、创设练习活动,渗透方法,巩固运用

依据"涟漪型"阅读拓展策略,教师为学生拓展了本文出处相关的书目《世说新语》。这本书依内容可分为德行、言语、政事、文学、方正等36类,每类包括若干故事,全书共有 1 200 多则文言小故事,其中适合学生进一步拓展阅读的故事有《咏雪》和《杨氏之子》。除此以外,教师还为对文言文感兴趣的同学拓展主题相似的古文和与"竹林七贤"相关的作品,引导学生在阅读中运用课堂上学习、理解文言文的方法,把这些文言小故事复述给家长听。让学生能够从一篇文言文的学习拓展到多篇文言文的学习,真正做到授之以渔,实现大语文教学。

本节课中教师在语文要素概念界定、教学模式、环节实施策略等方面都进行了有效落实,提升了学生的语文素养,培养了学生的学习兴趣,达到了教学目标。

第四章
阅读策略单元训练体系
单元语文要素落实策略例举

第一节　体系解读

　　义务教育语文课程培养的核心素养包括文化自信、语言运用、思维能力、审美创造。在语文课程中,学生的思维能力、审美创造、文化自信都以语言运用为基础,而培养学生的阅读能力又是语言运用的一个重要方面,是语文素养的生长点。2022版课标提出"学会运用多种阅读方法,具有阅读能力"。根据课程标准要求的指向:低年级爱上阅读,有阅读的基本技能;中年级学会阅读;高年级默读要有一定的速度,学会浏览,掌握根据需要收集信息的能力。阅读离不开方法和策略,因此培养学生掌握阅读策略有助于学生阅读能力的达成。

　　统编小学语文教材独立设置四个"阅读策略单元",回应了2022版课标的要求,将"阅读策略"课程目标具化为课程内容,凸显"阅读策略"这一课程目标的系统性、阶段性和科学性,让阅读策略编排变"无"为"有",变"随意"为"有意",变"模糊"为"清晰",让课程目标看得见、摸得着,增强课程目标的指向性、指导性、操作性,实现引导学生在感受、理解、欣赏和评价的阅读活动中习得一些基础的、有用的阅读策略的目的。

阅读策略单元训练体系语文要素见表4-1。

表4-1　阅读策略单元训练体系语文要素

年　级	单　元	语文要素
三年级上册	第四单元 预测	一边读一边预测,顺着故事情节去猜想。 学习预测的一些基本方法。
四年级上册	第二单元 提出问题	阅读时尝试从不同角度去思考,提出自己的问题。
五年级上册	第二单元 提高阅读速度	学习提高阅读速度的方法。
六年级上册	第三单元 有目的地阅读	根据阅读的目的,选择恰当的阅读方法。

本章例举的六年级上册第三单元的语文要素是"根据阅读的目的,选择恰当的阅读方法。"

第二节　课例与评析

指导方法　读练结合　提升阅读能力

——统编小学语文六年级上册第三单元《竹节人》

【课例】

一、单元解读

（一）教材编排

1.人文主题概说

本单元是阅读策略单元,围绕"有目的地阅读"的阅读策略进行编排,共编排三篇课文、一个习作和一个语文园地。其中,《竹节人》和《宇宙生命之谜》为精读课文,《故宫博物院》为略读课文。本单元内容的提示语选用了杨绛先生的一则名言:"读书好比串门儿——隐身的串门儿。"这句话整体使用比喻手法,比喻读书可以不用实际见到有名的学者就可以学习他们的思想、方法,不必事前打招呼求见,也不怕打扰主人。因此,本单元强调了一种读书方法,读书要有一定的目的,由浅入深,慢慢琢磨,提高读书的效率,最后达到"登堂入室"的效果。本单元语文园地包括交流平台、词句段运用、日积月累三个版块。

2.语文要素解析

1)概念界定

统编小学语文六年级上册第三单元的阅读训练要素是"根据阅读的目的,选择恰当的阅读方法",即"有目的地阅读"。"有目的地阅读"指的是根据不同的阅读目的选用恰当的阅读方法,也就是阅读监控。这个单元是对前几个年级所学相关阅读策略的综合运用。

什么是阅读策略单元?一方面,2022版课标提出"要关注学生个体差异和不同的学习需求,鼓励自主阅读、自由表达;倡导少做题、多读书、好读书、读好书、读整本书,注重阅读引导,培养读书兴趣,提高读书品位;充分发挥现代信息技术的支持作用,拓展语文学习空间,提高语文学习能力"。因此,阅读是语文课程中十分重要的学习内容,是学生实现自身精神成长的主要途径,也是语文各种能力得到发展的基础。课程标准规定了阅读方面的总体目标与内容:具有独立阅读的能力,学会运用多种阅读方法;有较为丰富的积累和良好的语感,注重情感体验,发展感受和理解的能力;能阅读日常的书包杂志,能初步鉴赏文学作品,丰富自己的精神世界;能借助工具书阅读浅易文言文。另一方面,从教材编排意图来分析,安排阅读策略单元主要针对现在学生面临的、重要的、急需解决的在阅读中存在的问题。特别是目前语文课堂上的常见形态:老师问什么,学生就答什么,老师代替学生做阅读方面的事情,学生在阅读过程中只是为了回答老师的问题。学生在阅读的过程中如果没有老师来提问,自己就不知道怎样主动与文本互动、交流,推进自己的阅读。

　　什么是阅读策略？阅读策略属于广义学习策略的一部分。首先要经过专家经验的外化，即掌握阅读策略的人对阅读策略的概念、方法等进行讲解，然后通过一定的学习训练，最后把这种外化的专家经验进一步内化成学生头脑中的阅读策略。小学语文教学中的阅读策略是指小学生在阅读过程中，根据阅读文章的特点、阅读目标等因素，所选用的调控阅读行为及程序的恰当方式。

　　策略与方法有什么联系和区别呢？《现代汉语词典》（第7版）中，"策略"用作名词时，意思是"根据形势发展而制定的行动方针和斗争方式"。而"方法"是指"关于解决思想、说话、行动等问题的门路、程序等"，是工具性的。由此可以理解为"策略"引领和包括"方法"："策略"指向"方针、方向"，"方法"指向"门路、程序"。根据词典中的解释，结合统编小学语文教材中"策略单元"要学习的阅读策略，我们认为"策略"是方向性的、综合性的，"方法"是具体解决问题的路径、工具。"阅读策略"强调的是变通、深度、理解、批判。例如，"预测"是策略，这一策略的落实靠的是具体的阅读方法，包括根据重要内容信息进行预测、根据故事线索预测、发现故事发展逻辑进行预测、综合内容信息进行预测等不同方法。又如，"有目的地阅读"是策略，这一策略的落实靠的是浏览、提取关键信息、有感情地朗读等不同的阅读方法。

　　什么是阅读的目的？阅读的目的可以归纳为三类：为乐趣而阅读、为信息而阅读、为语文学习而阅读。第一类目的，阅读作为欣赏文字或休闲愉悦的途径，属于文学性阅读，小说、诗歌、散文、戏剧，不同体裁有不同读法；第二、第三类目的，阅读作为认识世界的手段，属于信息性阅读，一般采用扫读、略读、细读、研读、背读等方法。以学习语文为目的阅读，往往采用最有效的细读法，但并非所有的阅读都需要细读。阅读目的与阅读方法相匹配，才能提高阅读效率。

　　什么是有目的地阅读？有目的地阅读是根据阅读的需要，运用相应的方法完成阅读任务的过程。有目的地阅读，是针对阅读的四种低效表现：局限于词句理解；未能提取有用信息建构文本意义；未能因需而读；

未能对阅读方法和速度进行自我调控。围绕阅读策略,教学中要实现三步走:一是根据阅读需要,明确阅读任务;二是取舍阅读材料,确定阅读重点;三是选择适切方法,完成阅读任务。目的是更好地提高阅读效率,完成阅读任务。

什么是阅读方法?阅读方法是理解读物内容,从中接受信息所采用的手段或途径。阅读方法可有不同类别和层次:

(1)综合类,有朗读法、默读法、精读法、略读法、速读法等。

(2)分项类,有解词释句法、文章结构分析法、文章中心思想归纳法等。

(3)与思维方法结合,有分析、综合、比较、概括、归纳和演绎阅读法等。

(4)阅读笔记方法,有划重点、写标题,编写读书提纲,写读后感及读书心得等方法。

(5)按文体阅读,有散文阅读法、小说阅读法、诗歌阅读法、剧本阅读法、科技文阅读法等。

什么是恰当的阅读方法?阅读方法多种多样,常见的阅读方法有以下10种:

(1)泛读。泛读即广泛阅读,指读书的面要广,要广泛涉猎各方面的知识,具备一般常识。不仅要读自然科学方面的书,也要读社会科学方面的书,古今中外各种不同风格的优秀作品都应广泛地阅读,以博采众家之长,开拓思路。

(2)精读。朱熹在《读书之要》中说:"大抵读书,须先熟读,使其言皆若出于吾之口;继以精思,使其言皆若出于吾之心,然后可以省得尔。"这里的"熟读而精思"即精读的含义。也就是说,要细读多思,反复琢磨,反复研究,边分析边评价,务求明白透彻,了解于心,以便吸取精华。对本专业的书籍及名篇佳作应该采取这种方法。只有精心研究,细细咀嚼,文章的"微言精义"才能"愈挖愈出,愈研愈精"。可以说,精读是最重要的一种读书方法。

（3）通读。通读即对书报杂志从头到尾阅读，通览一遍，意在读懂、读通，了解全貌，以求获得一个完整的印象，取得"鸟瞰全景"的效果。对比较重要的书报杂志可采取这种方法。

（4）跳读。这是一种跳跃式的读书方法。可以把书中无关紧要的内容放在一边，抓住书的筋骨脉络阅读，重点掌握各个段落的观点。有时读书遇到疑问处，反复思考不得其解时，也可以跳过去，向后继续读，往往可前后贯通。

（5）速读。这是一种快速读书的方法，即陶渊明所说的"好读书，不求甚解"。可以采取"扫描法"，一目十行，对文章迅速浏览一遍，了解文章大意即可。这种方法可以加快阅读速度，扩大阅读量，适用于阅读同类的书籍或参考书等。

（6）略读。这是一种粗略读书的方法。阅读时可以随便翻翻，略观大意；也可以只抓住评论的关键性语句，弄清主要观点，了解主要事实或典型事例。这些内容常常在文章的开头或结尾，所以重点看标题、导语或结尾就可大致了解，达到阅读目的。

（7）再读。有价值的书刊不能只读一遍，可以重复学习，"温故而知新"。著名思想家、文学家伏尔斯泰认为"重读一本旧书，就仿佛老友重逢"。重复是学习之母。重复学习，有利于对知识加深理解，也是加深记忆的强化剂。

（8）写读。古人云："不动笔墨不读书。"俗语也有"好记性不如烂笔头"之说。读书与作摘录、记心得、写文章结合起来，手脑共用，不仅能积累大量的材料，而且能有效提高写作水平，并且能增强阅读能力，将知识转化为技能和技巧。

（9）序例读。读书之前可以先读书的序言和凡例，了解内容概要，明确写书的纲领和目的，有指导地进行阅读。读书之后，也可以再次读书序和凡例，以便加深理解，巩固提高。

（10）选读。选读是指读书时要有所选择。古往今来，人类的文化宝藏极为丰富。一个人的精力毕竟有限，如果不加选择，眉毛胡子一把抓似地读书,就不会收到好的效果。可以结合自己的情况,有针对性地选择书目进行阅读,这样才能达到事半功倍的效果。

2）对应的学段目标发展变化

2022版课标提出了"学会运用多种阅读方法,具有独立阅读的能力"的目标要求。同时,在教学建议中指出"语文学习情境源于生活中语言文字运用的真实需求,服务于解决现实生活的真实问题"。在第一学段的目标中提出"喜欢阅读,感受阅读的乐趣";在第二学段的目标中提出"能对课文中不理解的地方提出疑问""尝试运用语文并结合其他学科知识解决问题";在第三学段的目标中提出"默读有一定速度,默读一般读物每分钟不少于300字。学习浏览,扩大知识面,根据需要搜集信息"。从课程标准提出的上述目标中可以提炼出几个关键词:阅读乐趣、问题意识、阅读速度、根据需要(阅读目的)。这四个阅读策略不是随意选择的。国际阅读素养进展研究测评报告显示,如果学生在小学三年级之前尚不具有这些阅读策略,将很难"通过阅读来学习"。因此,要积极构建以阅读策略为导向的阅读教学,从"教课文"走向"教阅读",提高学生的阅读能力。

统编教材从中年级开始,在每个年级上册各编排了一次特殊的阅读策略单元,三年级的"预测"单元,四年级的"提问"单元,五年级的"提高阅读速度"单元,六年级的"有目的地阅读"单元,呈现层层递进的规律。"有目的地阅读"实际上就是对前面三至五年级相关阅读策略的综合运用。三年级的"预测"让学生在刚接触阅读策略单元时初步成为有意识的读者,能够意识到自己阅读时跟着作者"走",一边读一边产生猜想。四年级"提问"单元培养学生的问题意识,让学生能够进一步在阅读文章过程中提出问题、解决问题。五年级"提高阅读速度",能够快速抓住文章所要表达的主旨,找到自己所要提取的信息,进而完成阅读任务,提高提取信息的效率。每个单元中与阅读相关的训练点,都能帮助学生从有所认知,到形成能力,再到养成习惯,最终形成素养。只有经历这样一个长期的训练过程,才能成为一个更高级的阅读者。

3）基于语文要素的单元编排特点

本单元课文主要是围绕"根据阅读的目的,选择恰当的阅读方法"的要求进行编排的。主要由《竹节人》《宇宙生命之谜》《故宫博物院》三篇课文组成。《竹节人》记叙了童年时代的"我"和伙伴们自己制作竹节人,并不顾时间沉迷于斗竹节人,以至于两人的手工玩具被老师没收,结果却发现老师也与他们一样,喜爱竹节人。这是一篇容易理解的回忆类文章,语言夸张又富有童趣,同时切合学生生活,能够激发学生自身情感的体悟。《宇宙生命之谜》是一篇介绍科学家探索宇宙生命的科普文章,意在通过阅读理解,了解课文围绕"地球之外是否有生命存在"这一问题讲了什么,学习科学家追求真知、不断探索的精神,激发学生爱科学、学科学、探索宇宙奥秘的兴趣。《故宫博物院》按照空间顺序,抓住中轴线,由南向北,从天安门出发,细观太和殿,略看后三宫,进入御花园,最后登临景山公园,鸟瞰故宫全貌。按照故宫的建筑顺序,作者详略得当地介绍了故宫的主要建筑及其布局和功用,从不同方面印证故宫建筑群"规模宏大、建筑精美、布局统一"的特点,高度赞扬了我国古代建筑艺术的精美和劳动人民的智慧。前两篇精读课文具有对阅读策略的示范与指导作用,单元导语和课后练习题紧密围绕本单元的阅读策略展开,最后一篇略读课文具有实践性质,帮助学生总结、综合运用在本单元学到的阅读策略。

阅读策略单元中的课文和其他单元中的课文的不同在于,一般课文运用品析课文的方法,粗知文章大意,而阅读策略单元的课文不仅要求把从品析课文学到的方法加以运用,还要考查理解的程度。

本单元编排意图为:引导学生读通课文,了解课文内容,会根据不同的阅读目的,选用恰当的阅读方法,逐渐养成读书的好习惯;试着在写事物时融入感情,表达看法。

（二）单元学习目标

单元学习目标为：

（1）会写28个生字，会写39个词语。

（2）运用恰当的阅读方法阅读课文，感受竹节人带给人们的乐趣，搜集并整合信息，完成玩具制作及玩法流程图。

（3）选用恰当的阅读方法，了解课文围绕"地球之外是否有生命存在"这一问题讲了哪些科学知识。

（4）根据不同的阅读任务，选择合适的阅读材料。能为家人计划故宫一日游，画一张故宫参观路线图。

（5）选择让自己生活更美好的一件事情、一样事物或一种品质并写下来。写清楚它是怎样影响自己生活的，把它让生活变美好的原因写具体。

（6）体会通过人物神态描写表现人物特点的表达方法。

（7）背诵朱熹的《春日》，大致理解意思。

（三）单元重难点

单元重难点为：

（1）根据不同的阅读目的，选用恰当的阅读方法。

（2）了解什么是"有目的地阅读"，通过借助提取信息、罗列归纳、感悟朗读等阅读策略，完成阅读任务。

（四）学情分析

通过前面的学习，尤其是近三年的学习，学生应具备认读能力、理解能力、鉴赏能力、评价能力、活用能力、阅读技巧等阅读能力。

（1）认读能力。认读能力是阅读能力的基础，一般包括对文字符号的感知与辨识能力、识字量和认读速度。它是以一定的识字量为基础的。从关注有新鲜感的词语和句子、理解难懂的词语，到借助有关的语句理解一段话，带着问题默读，理解文章思路。能体会优美生动的语句，理解围绕一个意思把一段话写清楚。能借助关键语句概括段落大意，初步体会文章表达的思想感情。

（2）理解能力。阅读理解是阅读能力的一个重要指标,包括对文中重要词语的理解,对文中重要内容的理解,对文章结构和表现形式的理解,对作者观点、思想的理解。边读边预测内容,理解难懂的句子,了解文章是从哪几个方面把事物写清楚的,了解故事的主要内容,复述故事。

（3）鉴赏能力。文学的鉴赏能力是对文学的欣赏和评价能力。边读边想象画面,阅读时尝试从不同角度思考,提出问题。体会文章准确生动的表达,感受作者细致的观察。了解故事的起因、经过、结果,学习把握文章的主要内容。感受神话中神奇的想象和鲜明的人物形象。还要求关注主要人物和时间,学习把握文章的主要内容。学习怎样把握长文章的主要内容。注意体会作者描写的场景、细节中蕴含的感情。初步体会课文中的静态描写和动态描写。阅读时注意梳理信息,把握内容要点。

（4）评价能力。评价能力是指对阅读材料的思想内容、表现形式、风格特征等作出评判的能力。运用批注的方法阅读,通过任务的动作、语言、神态体会人物的心情。初步了解现代诗歌特点,体会诗歌感情,了解说明文特点及说明方法,并初步了解课文借物喻人的写作方法。

（5）活用能力。活用能力是指阅读的迁移能力,是把在阅读中学到的知识加以运用的能力。阅读时能提出不懂的问题,并试着解决。体会作家是如何表达对动物的感情的。了解课文内容,创造性地复述故事。结合查找的资料,体会课文表达的思想感情。

（6）阅读技巧。阅读技巧包括朗读技能、默读技能、速读技能和良好的阅读习惯。学习提高阅读速度的方法和培养学生的阅读能力,要从六要素入手,循序渐进。策略单元设置的目的就是学会运用每个单元所习得的阅读方法。

由此可见,经过前几年的语文学习,学生已经积累了一定的语文阅读方法,具备了一定的阅读能力。例如,结合上下文和生活实际了解课文中词句的意思,能初步把握文章的主要内容,体会文章表达的思想感情,能够有意识运用浏览、略读等潜移默化的阅读策略。六年级上册第三单元阅读策略的设计属于重要内容,也是培养学生阅读能力及阅读水平的重要基础。有效开展阅读教学,能够为学生今后更好地进行阅读提供基础。同时,六年级语文教材中的一些文章与初中文章难度相似,这也将有利于学生更好地适应初中语文课文的学习。

(五)单元整体教学策略

策略一:解析语文要素,准确把握特殊单元编排特点。

阅读策略单元是统编小学语文教材的全新版块,是专为强化策略学习而设定的。顾名思义,单元教学侧重点在于引领学生掌握一定的阅读策略,以帮助学生在课内外更有效地阅读,提升阅读品质。

阅读策略的获得遵循一定的发展规律。第一,小学生阅读策略发展的基本轨迹是通过学习逐渐内化而形成的(强调实践)。第二,阅读策略遵循从模仿到发现的历程。整个阅读策略教学单元也基本遵循这样一个历程。中年级学生可以主动进行模仿,对一些基本的常用策略,像提问、预测等,逐渐能够独立使用;高年级学生可以开始独立选择和运用较为熟悉的阅读策略,自我监控的意识开始发展,所安排的五年级上册"阅读要有一定的速度"和六年级上册"有目的地阅读"两个策略单元,实际上属于阅读监控,即根据阅读要求来调整阅读行为。这对提高阅读理解能力和阅读效率十分重要。第三,阅读策略的运用应从单一走向综合运用。

本单元的语文要素是"根据阅读的目的,选择恰当的阅读方法"。也就是"有目的地阅读",是对整个小学阶段阅读策略的综合应用。

策略二:把握要素关联,明确单元教学定位。

统编教材三年级就开始独立设置阅读策略单元。三、四年级的阅读策略教学目标是让学生学会如何开展阅读,因此这两个年级的阅读策略单元编排的内容是较基础的"预测"和"提问"。五、六年级则对阅读速度和阅读目的提出了具体的要求,还要学会信息的收集,因此这两个年级的阅读策略单元编排的内容是要求更高的"提高阅读速度"和"有目的地阅读"。

教材之所以将"有目的地阅读"编排在六年级,主要是因为这种阅读策略是在其他阅学策略的基础上建立起来,是一脉相承下的归纳和梳理,与三年级的"预测"、四年级的"提问"以及五年级的"有一定的阅读速度"等,都有着极强的关联性。在本单元教学中,阅读目标不同了,其所要采取的阅读方法和阅读策略自然也将不同,所形成的阅读速度也就会有各种相应变化。

策略三: 提供实践机会,促进意识和能力的形成。

教师不能把阅读策略当作简单的知识,而是要通过阅读策略的教学培养学生的阅读能力。教师的教学思维应该从知识传授转变为能力培养,而培养学生阅读能力最好的方式就是为学生提供和创造阅读策略的实践机会。

在具体的教学实践过程中,教师应该把阅读的主动权交还给学生,通过学生的主动探索和亲身感受来理解教材中不同单元阅读策略的具体含义。在策略单元学习后,教师要有意识地将策略运用、渗透到今后的阅读学习活动设计中,监控、了解学生策略运用的自觉性、习惯和能力的发展,帮助学生将策略运用趋向"自动化"的境界。

策略四:"涟漪型"拓展阅读。

在帮助学生掌握相关阅读策略后,融入课外阅读,引导学生对阅读策略进行使用,逐步实现策略的迁移。可以依据"涟漪型"拓展阅读模式,从主题内容、语文要素方面选取拓展阅读内容,引导学生运用在课文学习中掌握的策略,自主阅读,达到巩固、迁移、创新的效果,促进语文要素在学习活动中自然落地。教师要处理好阅读策略知识和策略实践运用的关系,以学生能否灵活运用策略为评价的目标和依据。

二、《竹节人》教学设计

（一）课文编排特点

《竹节人》是一篇叙事性文章，其中的竹节人是玩具的名字。作家范锡林以回忆的文笔，用夸张、诙谐的语言，生动地描述了"制竹节人、斗竹节人"以及"老师没收竹节人却也'偷玩'竹节人"的情景，流露出对童年的眷恋之情。作为阅读策略单元的第一篇文章，其起着重要的引领作用。教材在阅读文本前给了学生三个不同的阅读目的：写玩具制作指南，并教别人玩这种玩具；体会传统玩具给人们带来的乐趣；讲一个有关老师的故事。三个任务截然不同。正因为任务不同，更要指导学生有意识地选择不同内容来读，初步了解阅读策略。

　　为完成三个不同的任务，你是怎样读这篇文章的？和同学交流。

　　为完成"写玩具制作指南，并教别人玩这种玩具"这个任务，可以先快速读全文，找到相关内容，再仔细读。

　　"体会传统玩具给人们带来的乐趣"，读的时候要特别注意文章中写"我们"投入地做玩具、玩玩具的部分……

　　为完成"讲一个有关老师的故事"这个任务，我主要关注了老师没收玩具、玩玩具的内容，重点梳理了故事的起因、经过、结果。

　　课后题也是紧紧围绕阅读提示进行设计的，提示了为完成相应的阅读任务而运用的阅读策略。因此，要用好课后题，指导学生根据不同的任务选择不同的阅读策略。

（二）学习目标及重难点

学习目标及重难点为：

（1）能正确读写"豁"等 15 个字和"威风凛凛"等 17 个词语，并联系上下文理解词义。

（2）用比较快的速度默读课文，了解课文内容。（重点）

（3）通过完成三个阅读任务,借助学习伙伴的提示,与同学交流自己阅读的方法,学习根据不同的阅读目的选择恰当的阅读方法进行阅读。初步了解根据不同的阅读目的选择恰当阅读方法的阅读策略。（难点）

（三）语文要素落实策略

把握文本的语言特点与教材编排意图后,为达成学习目标,落实单元语文要素,依据"聚焦单元导语,明确学习要求—聚焦词语,扫清障碍—聚焦段落,提取信息—创设情境,朗读感悟—分析要素,练习讲述—推荐阅读,运用策略完成任务（迁移创新）"的教学模式策略,可以梳理出《竹节人》教学中"根据不同的阅读目的,选择恰当的阅读方法"的策略。

策略一：根据任务,选择合适读法。

在统编小学语文教材五年级上册的阅读策略单元已经学习了怎样提高阅读速度的方法。学生练习在阅读中集中注意力连词成句地读,遇到不懂的词语不停下来,也不回读,并记下阅读的时间。因此,在此基础上,六年级的学生在阅读中应该学会找准可以提高阅读速度的阅读内容,进行快速阅读。

例如,本课第一个学习任务是"写玩具制作指南,并教别人玩这种玩具",属于重体验的阅读。因此,在教学中可以根据这一阅读目的先快速阅读全文,搜索与"竹节人做法"和"竹节人玩法"相关的段落——第3自然段和第8～21自然段,并在相应的段落上做好标记,供稍后仔细阅读时梳理步骤做准备。后面老师没收玩具、老师玩玩具的部分则加快速度阅读,甚至跳跃着读,以提高阅读效率。

策略二：关注细节,想象场景,体会乐趣。

本课第二个学习任务是"体会传统玩具给人们带来的乐趣"。找到关键词"体会乐趣",再去读课文的时候就会特别关注文章中写到的"制作之乐"与"玩耍之乐"。看似与上一个学习任务所聚焦的段落相近,但关注更多的是制作时的小心翼翼,以防崩裂导致前功尽弃,以及玩耍时的惊心动魄、意犹未尽的细节描写。通过理解段落内容、体会人物内心情感等方法，从而体会竹节人这种传统玩具给人们带来的乐趣。

策略三：调节阅读速度，提高阅读效率。

2022版课标指出高学段学生"默读有一定的速度，默读一般读物每分钟不少于300字""学习浏览，扩大知识面，根据需要搜集信息"。也就是说，对于高学段学生而言，阅读需要有一定的速度，而且能根据阅读目的和阅读的即时效果调整阅读速度。

在整个阅读过程中，需要练习根据需要选择相应的阅读速度。与阅读目的关联不大的内容，可以快速地阅读；与阅读目的紧密相连的内容，要稍微放慢速度，进行深入阅读。例如，课文中以"体会传统玩具给人们带来的乐趣"为阅读目的的阅读活动展开中，就需要在集中描写"制作之乐"与"玩耍之乐"的段落里，运用多样的阅读策略慢慢细读，其他的段落则可以快速阅读。重其所重，阅读将更有针对性，也会更加深入，阅读效率自然也会提高。

策略四：方法活用，与作者共鸣。

应注意选对阅读策略。阅读不只是一个解码过程，不只局限于对字词句的理解，而是要真正深入其中去探寻、去思考，与作者产生共鸣。预测没有对错，但必须有所依据，或是课文内容、插图、课题，又或是联系读者的阅读经验、生活经验等，通过阅读后面的内容来验证自己的预测，获得阅读的快乐。例如，《竹节人》中，以"体会传统玩具给人们带来的乐趣"为阅读目的的阅读活动就可以借助预测这一阅读策略去读。通过筛选了解重点研读段落后，一边读，一边在旁边的空白处通过旁批的形式预测接下去可能发生的事情，再验证，再预测。在重点段落阅读时，运用预测的策略放慢阅读速度，提高阅读效率，让已知与未知火花四溅。

此外，对以"讲一个有关老师的故事"为阅读目的的阅读活动，可以引导学生在重点段落处边读边提出问题，及时关注生成。如：为什么文章最后说那份小小的怨恨和沮丧化为乌有了呢？为什么他两手空空还心满意足呢？最后老师把竹节人还给他们了吗？让学生在阅读中，通过提问的阅读策略,更多地思考文本背后的用意。

策略五:"涟漪型"拓展阅读。

依据"涟漪型"("1+X")拓展阅读策略,第一层次推荐与《竹节人》一文内容相仿的文章,如冰心的《肥皂泡》、沈德炳的《滚铁环》。第二层次推荐通过设置阅读目的,能灵活运用本节课所学阅读策略完成的文章。例如,阅读冰心的《肥皂泡》,并提出阅读提示:写肥皂泡制作指南;教别人玩这种游戏,体会吹泡泡给人们带来的乐趣。第三层次推荐整本书的阅读,从一篇辐射到一本书,有目的地阅读,如推荐阅读高尔基的《童年》。

(四)教学过程

一、激发兴趣,导入新课

(一)学习单元导语

师:今天我们进入第三单元的学习。让我们先把目光聚焦到单元导语。谁来读一读杨绛先生的这句话?

师:我们知道,杨绛先生是中国著名的女作家和翻译家。请结合你自己的读书体会,谈一谈你是怎样理解这句话的。

预设生1:书可以带领我们遨游世界,我们要多读书。

预设生2:有句名言这样说:"书犹药也,善读之可以医愚。"

师:我知道咱班同学都喜欢读书。其实,我们要多读书,更要会读书。谁来读读本单元的学习要求?

(二)导入课题

师:这里从读和写两个方面给我们提出了本单元的学习要求,接下来我们重点围绕"根据阅读的目的,选择恰当的阅读方法"展开学习,请同学们放开声音齐读课题。

二、初读课文,整体感知

(一)学习字词

师:同学们,课文中的这些词语你能读准确吗?借助拼音自己先来读一读吧!

　　chǎ　　　　qiǎ　　　　liǔ　　　　　　　　　　　　gū
　　叉腿　　卡住　　一绺　　悻悻然　　金箍棒

　　qiāng cuán　　　　hòng　　　dòu dūn　　　　yǎn
　　咚锵　　攒着　　一哄　　窦尔敦　　偃月刀

　　yǎn　　　　zhā　　　　　　　　áo　　　　　　chì zhà
　　俨然　　咋咋呼呼　　鏖战犹酣　　叱咤风云

　　师:会读了吗?我们先请三位同学来读读词语。(去掉拼音读)

　　师:三位同学读音准确。下面,让我们齐读本课词语。

　　(二)回顾阅读方法

　　师:词语我们都读准确了。同学们,我们五年级学习了快速阅读的方法。大家还记得吗?对于快速阅读的方法,我们要注意哪些问题?

　　师:我们就用快速阅读的方法,自己读一读这篇课文,说一说这篇课文讲了哪些内容。(若学生出声,老师则建议大家用默读的方法快速读课文)

　　师:通过这样快速阅读并提取信息,我们就把握了课文的主要内容。同学们,《竹节人》这篇文章给了我们三个不同的学习任务,哪位同学来读一读?

　　◆ 写玩具制作指南,并教别人玩这种玩具。
　　◆ 体会传统玩具给人们带来的乐趣。
　　◆ 讲一个有关老师的故事。

　　三、走进文本,重点研读

　　(一)完成任务一:写指南

　　1.师:同一篇文章,阅读的目的不同,关注的内容、采用的阅读方法也就有所不同。这三个阅读任务,我们用什么样的方法来完成呢?让我们先来看第一个任务。(板书:写指南)

　　2.师:借助学习伙伴的提示,先快速读全文,找到相关内容,再仔细读,完成第一个任务。开始学习吧!

3.师:我们先来交流一下。同学们,要想写好这个制作指南,我们要讲清楚哪些内容呢?

预设生1:需要用哪些制作材料、怎么用材料制作。

预设生2:还要有注意事项。(师:太棒了,你与怎么能做好这件事联系起来了。)

(1)师:请同学们在小组内完成一份竹节人的制作指南吧!(5分钟)

(2)师:哪个小组派代表上台交流?

(3)师:同学们来看,这个小组还按照这样1,2,3的顺序进行了清晰的归纳、罗列。看了这份指南,结合图片,你会做竹节人了吗?

(4)师:(出示完整指南)同学们,刚才我们通过提取信息、罗列归纳的阅读方法(板书:提取信息 罗列归纳),完成了一份竹节人制作说明书。

4.师:那我们就用这样的方法,自己再读读相关的内容,怎么来玩这种玩具?

预设生:读第8自然段。(师:你找到了相关的段落。能不能用刚才我们学到的方法归纳罗列一下?)

预设生:嵌入一拉紧一一松一紧。

(1)师(追问):顺序能不能颠倒?

(2)师:我们按照这样的顺序,这个竹节人就可以手舞之、身摆之地动起来了。

5.师:同学们,刚才我们浏览课文后,关注了与任务一有关的段落,通过提取信息、罗列归纳的阅读方法完成了这个任务。

(二)完成任务二:悟乐趣

1.师:有一段时间,作者全班都迷上了斗竹节人。课文中有哪些句段能让你感受到玩这种玩具的乐趣呢?(板书:悟乐趣)请同学们默读课文,画出相关的语句,体会其中的乐趣。

（1）师：你是从哪里体会到这种玩具给人们带来的乐趣的？

预设生："没头没脑地对打着……"。（师：你想象到赤膊相斗的画面了。）

预设生："便显出一副……净挨揍"。（师：只能挨揍了,这画面有意思！把你的体会读出来吧！）

预设生："齐天小圣"。（师：是想到齐天小圣神气的模样了吗？把你的体会读出来吧！）

（2）师："神气"我们还可以怎么读呢？谁再来读读这段话？

预设生说到："黑虎掏心！泰山压顶！双龙抢珠！"。（师：这么多的招式,你来读一读。）

预设生未说到：老师在读这一部分的时候,这里让我感到很有趣。

①师：这么多的招式,谁来读一读？

预设生读得好：你一定想象到了激烈的打斗画面,谁再来读读？

预设生读不好：想象着画面,谁再来读读？（师范读,生再读）

②师：这样一读,激烈的打斗画面就出现在我们的脑海中了。

（3）师：同学们,我们不仅看到了精彩的画面,还听到了打斗时的声音。谁来读？

（4）师：同学们,这两个自然段,几个简短的词语,还用了 5 个感叹号,就让我们既看到了游戏画面,又听到了铿锵有力的打斗声。来,让我们合作着读读这两段吧！男生读看到的画面,全班打着节奏一起读听到的声音。

2.师：这么激烈、紧张的画面想不想来看一看啊？（播放视频）

3.师：让我们想象着画面,再来读一读这两段话,体会一下乐趣吧！

4.师：同学们,刚才我们主要抓住了关键的词句,细细品析,通过展开想象、感悟朗读,完成了第二个任务。（板书：品析想象　感悟朗读）

（三）完成任务三：讲故事

1. 师：不仅同学们喜欢玩，老师也喜欢。我们来看第三个任务。请一位同学来读读学习伙伴的提示，其他同学边听边想：讲这个故事要注意什么？

预设生：把事情的起因、经过、结果讲清楚。

2. 师：记叙一件事情，起因、经过、结果是重要的三要素。（板书：抓住要素）

师：请同学们读一读这一部分，说一说这三个要素。

3. 师：同学们，我们不仅要讲清楚这个故事，还要把它讲生动。（板书：生动讲述）怎么才能讲生动呢？下面就请同学们再次带着这个任务去读这一部分的内容，生动地讲述这个故事。先给2分钟的时间自己准备一下，再在小组内讲一讲。

4. 师：哪位同学把这个故事生动地讲给大家听？

师：你看这位同学不仅讲得清楚、具体，还加上了自己的肢体语言，让我们好像看到了那样的情景。

四、总结方法，拓展阅读

（一）总结方法

师：同学们，通过这节课的学习，看着板书，谁来说说，我们是用什么阅读方法完成了相应的阅读任务。

（二）拓展阅读

师：老师在人人通平台上给同学们发送《肥皂泡》这篇文章和高尔基的《童年》这本书的阅读任务，请同学们课后查收，完成课后拓展练习。

五、巩固练习，迁移运用

师：同学们，通过这节课的学习，我们学会了根据不同的阅读目的，带着不同的阅读任务进行阅读的策略。我们首先应该要关注相关的内容,然后进行仔细阅读,采用恰当的阅读方法来完成阅读任务。这节课就上到这里,下课!

六、版书设计

> ### 9　竹节人
>
> 写指南　　提取信息　罗列归纳
> 悟乐趣　　品析想象　感悟朗读
> 讲故事　　抓住要素　生动讲述

【评析】

指导方法　读练结合　提升阅读能力

——《竹节人》课例点评

2022版课标在课程理念中指出"要关注学生个体差异和不同的学习需求,鼓励自主阅读、自由表达;倡导少做题、多读书、好读书、读好书、读整本书,注重阅读引导,培养读书兴趣,提高读书品位;充分发挥现代信息技术的支持作用,拓展语文学习空间,提高语文学习能力"。

针对实际阅读教学中存在的"少慢差费"的问题,尤其是学生在阅读中不能自发形成有效阅读策略、阅读效率低下的情况,统编小学语文教材借鉴国外阅读教学研究的理论与成果,突破传统语文教材的编排体例,选取四种最基本的阅读策略,创新编排了以帮助学生掌握阅读策略为核心目标的单元——阅读策略单元。

具体安排为:三年级上册"预测",四年级上册"提问",五年级上册"阅读要有一定的速度",六年级上册"有目的地阅读"。

这四个策略单元的编排体现了统编小学语文教材对阅读方法、阅读策略的学习及运用的关注与重视,目的是引导学生在感受、理解、欣赏和评价的阅读活动中习得一些基础的、有用的阅读策略。

一、解析要素概念,把握核心内涵

语文教材的大部分单元都会渗透阅读策略的意识,但是这四个单元是把阅读策略当作核心目标、外显目标,而不是一个渗透的目标。

1. 不同的阅读目的

就阅读的需求来说,阅读目的可以分为为获取信息而读、为体会情感而读、为语文学习而读。《竹节人》一课作为第三单元的第一篇课文,是学习本单元阅读策略的"样本",在编排上属于先有课文,再有任务。在学习提示中安排了三个阅读任务,带着不同的任务去阅读,就等于有了不同的阅读目的。三个任务引导学生从不同角度去阅读这篇课文。第一个任务偏重于实用——为获取某种信息而阅读,需要从课文中提取关键信息来了解竹节人的做法和玩法;第二个任务偏重于体验——为体会某种情感而阅读,需要从字里行间体会玩竹节人的乐趣;第三个任务偏重于叙事——为语文学习而阅读,需要把握事情的起因、经过、结果和细节,生动讲述故事。三个任务对应三个目的,引导学生自己去尝试、去感受不同的阅读目的会决定我们要读什么和怎样读(即关注的内容和阅读的方法)。根据这一编排特点,课堂上教师引导学生整体把握课文内容后,设计了写指南、悟乐趣、讲故事三个具体的阅读实践活动,对应三个不同阅读目的,作为整节课的主体学习环节。

2. 选用恰当的阅读方法

经过前几年的语文学习,学生已经积累了一定的语文阅读方法,具备了一定的阅读能力。例如,在初读交流环节,学生能够有意识运用浏览、略读等方法初步完成阅读任务。但是本单元学习的核心目标不是方法的习得,而是学习"如何根据阅读目的,关注不同的内容,选用恰当的方法阅读"的阅读策略。这是对以往学习方法的综合运用,要关注学生自主的阅读实践,通过讨论、比较和完善引导学生切实掌握如何根据不同的阅读目的,选取合适的材料,运用适宜的方法,完成不同的阅读任务。

在课堂上,教师引导学生从已有的阅读经验出发,借助学习伙伴的提示,在阅读实践活动中根据三个不同目的,梳理、提炼出相应的阅读方法:首先要浏览全文,找到相关内容,然后针对相关内容开展细读,提取关键信息或感受体会,再根据任务对相关内容进行梳理,理清层次,最终明确不同的阅读任务所关注的内容也有所不同,所采用的阅读方法也不一样。

二、单元语文要素落实策略

基于本单元的特殊性,强调教学时要牢固树立策略意识、方法意识、实践意识,要以明确的语文要素为核心,以阅读实践化为主要教学策略。

根据"学习理解—巩固运用—迁移创新"的学习活动模式,本单元的几篇课文整体遵循"体会不同,体验策略—运用策略,丰富经验—自主应用,形成能力"的模式。《竹节人》一课的教学主要设计了"整体感知课文,明确阅读任务和目的—根据不同目的,采用不同阅读方法—归纳总结方法,迁移巩固运用策略"的教学模式。其中,第二部分"根据不同目的,采用不同阅读方法"遵循了学生"先尝试,再指导,最后自主运用"的训练过程。

在教学中要关注以下几点:

1) 准确把握特殊单元编排特点,牢固树立策略意识、方法意识

这主要体现在对单元整体特殊性的把握、教材资源的使用、教学内容的取舍上。阅读策略单元有别于一般阅读单元,重在引导学生学习并掌握基本的阅读策略,形成运用阅读策略的意识,成为积极的阅读实践者。因此阅读实践必须是真实的,是接近学生日常阅读情景与阅读需求的。本课教学中,教师在课前没有给学生布置任何预习任务,目的是让课堂还原为真实的阅读场景,让学生经历真实的阅读实践活动,更加真切地感受如何根据阅读目的选用恰当的阅读方法。

例如,根据任务一设计"写指南"环节,学生面对陌生文本,通过自主阅读、同伴互助当堂完成竹节人制作、玩法说明书,学生呈现的是基于自身阅读实践活动、能力水平的真实学习成果。在此基础上,教师找到学生学习目标达成过程中的薄弱点(如材料准备中的小锯,制作过程中画表情等),再进行点拨、提炼,梳理出对应写指南这一目的采用的"提取信息、罗列归纳"的方法。这样帮助学生启动先备知识,在原有基础上通过进一步的实践运用,使策略逐渐清晰起来,让策略运用转化为习惯、能力。如果教师不顾学生的已有经验,从零起点设计学习活动,就会让学生感觉无趣,伤害学习的积极性和主动性。

又如,教师借助学习提示、课文插图、学习伙伴提示、交流平台、课后练习题等资源为学生搭建学习目标与学习活动之间的桥梁,尤其是以学习伙伴提示贯穿三次阅读活动,有效发挥了教材助学系统的作用。

此外,依据教材编排特点合理取舍教学内容,在识字、写字教学方面并不做过多要求,在体会情感、领会表达方面也没有面面俱到,而是把阅读策略训练与文本理解、语言文字学习运用的实践活动结合起来。例如在"悟乐趣"环节中,课文表现玩竹节人乐趣的文字很多,在学生自主交流时,教师紧扣"品析想象、感悟朗读"的方法,引导学生体会乐趣。并抓住第17～18自然段在表达方面的特点,引导学生借助品析重点句段、标点,展开想象有感情地朗读。在这里不仅让学生看到了打斗的画面,还可以听到声音,既有形又有声,激烈、热闹、有趣!

2)把握要素关联,明确单元教学定位,目标不缺位、不越位

语文要素是统编小学语文教材编排体系中的核心概念。每个单元的语文要素都是教材环环相扣的结构体系中的一环。教师在教学中既要"勾连上下",明确同一体系的语文要素的发展变化,还要"环顾左右",把握好不同语文要素之间的联系与区别。只有把握好"上下""左右"各要素之间的关联,才能明确单元的教学定位,找到学生语文能力发展的切合点。学生学习任何一种阅读策略都不是零起点。在五年级上册阅读策略单元中,学生学习了"快速阅读"的方法(包括不回读……),六年

级上册第三单元则在"快速"的基础上进一步学会"有目的地阅读",提高阅读效率。教师在课堂上就很好地体现了这一点:在整体感知环节,教师有意识引导学生运用五年级学到的快速阅读的四种方法快速读课文,把握课文主要内容、整体结构。这样就找准了教学的起点、关注点、落脚点和着力点,避免了学习目标的缺位、失位、越位。

3)注重实践运用,促进意识和能力的形成

阅读策略的学习不是始于策略单元,更不能止于策略单元。学生学习阅读策略是为了能在阅读实践中更加灵活自如地运用这些策略,帮助自己提高阅读能力,丰富阅读经验,提升阅读效率和品质,绝不是为了了解策略而学习策略。阅读策略是知识,更是实践运用的能力。阅读策略运用的价值不能停留在课堂阅读学习上,更要服务于生活中的阅读。教师要有意识地引导学生将阅读策略的运用迁移到整本书阅读、生活常态阅读中,让学生在阅读实践中体会阅读策略的积极价值。教师要处理好阅读策略知识和策略实践运用的关系,以学生能否灵活运用策略为评价的目标和依据。

因此,教师依据"涟漪型"拓展阅读模式,从主题内容、语文要素方面选取拓展阅读内容——一篇文章《肥皂泡》、一本书《童年》,并借助人人通平台和阅读评价系统,实现了"推送布置—督促落实—评价反馈"的统一。两个阅读内容均包括不同的阅读任务,目的在于引导学生运用在课文中掌握的策略,自主开展"有目的地阅读",达到巩固、迁移、创新的效果,促进语文要素在学习活动中自然落地。这也是策略意识、方法意识的有效体现。

在统编小学语文教材的使用过程中,这样的特殊单元没有先例可循,教师在教学实践中要围绕语文要素的落实,加强理论层面的学习,准确把握教材特点与编排意图,不断总结切实可行、有效的教学方法和策略。

第五章
积累语言训练体系
单元语文要素落实策略例举

第一节　体系解读

随着教育理念的更新,语文教学已经不仅仅局限在字、句、段的分析,对文章内涵的提炼等方面,而是朝着提升学生对文字的应用能力、解决问题的能力等方面努力,这就是所说的语文核心素养的培养。语言的构建与运用是语文核心素养培养的基础。语言构建与运用的前提是有大量的语言积累,这也是语言构建所要努力的方向。学生只有积累了大量的语言素材,在语言运用实践的过程中才会有抓手。

语言是语文学习的关键内容,而语言的学习重在积累,积累语言是学生语文素养建构的基本任务。2022 版课标要求"初步感受作品中生动的形象和优美的语言,积累课文中的优美词语,精彩句段"。小学语文教学中既要注重学生语言方面的积累,又要引导学生进行感悟和运用,强化学生对基本技能的训练,形成扎实的语文基础功底。

新的统编小学语文教材的教学内容进行了战略性调整。语文要素是纲,贯穿教学全过程;积累语言是目,细化在重点语段学习中。纲举目张,语文要素达成的过程也是语言经验习得的过程。统编小学语文教材语文要素"八个指向维度"框架体系依据语文要素对应的语文关键能力,抽取前后联系比较紧密或特点突出的单元语文要素进行系统梳理,前后勾连,形成了"语文能力训练体系"下的语文要素序列化体系。

积累语言训练体系语文要素见表 5-1。

表 5-1 积累语言训练体系语文要素

年 级	单 元	语文要素
一年级上册	第七单元 儿童生活	学习"的"字词语的合理搭配。
二年级上册	第一单元 自然的秘密	积累并运用表示动作的词语。
	第四单元 家乡	学习课文的语言表达,积累语言。
三年级上册	第一单元 学校生活	阅读时,关注有新鲜感的词语和句子。
	第七单元 我与自然	感受课文生动的语言,积累喜欢的语句。
三年级下册	第一单元 可爱的生灵	体会优美生动的语句。
五年级下册	第八单元 风趣与幽默	感受课文风趣的语言。

本章例举的三年级上册第七单元的语文要素是"感受课文生动的语言,积累喜欢的语句"。

第二节 课例与评析

以读为本 学用结合 丰富语言积累

——统编小学语文三年级上册第七单元《大自然的声音》

【课例】

一、单元解读

（一）教材编排

1.人文主题概说

本单元的人文主题是"我与自然"。《大自然的声音》通过对自然界各种声音的生动描写，表现了用心体验大自然的妙趣；《父亲、树林和鸟》展现了父亲对鸟的熟悉和热爱；《带刺的朋友》描绘了一只聪明伶俐的小刺猬，体现了作者对小动物的喜爱。

2.语文要素解析

1）概念界定

本单元的语文要素是"感受课文生动的语言，积累喜欢的语句"和"留心生活，把自己的想法记录下来"。前者侧重积累感悟、习得方法，后者侧重描述现象，表达自己的观点和想法，以指导生活实践。

什么是生动的语言？"生动"在《现代汉语词典》（第7版）中的解释是"具有活力能感动人"。"语言"在《现代汉语词典》（第7版）中的解释是"人类所特有的用来表达意思、交流思想的工具"。多用比喻（打比方）、拟人、引用等多种可感的描写手法，生动形象地写人、写事、写景，从而达到一种如见其人、如临其境的语言效果，便是"生动的语言"的意义所在。

什么是感受课文生动的语言？"感受课文生动的语言"重点落在"感受"上。"感受"一词在《现代汉语词典》(第7版)中有两种解释：一是"受到(影响)；接受"；二是"接触外界事物得到的影响；体会"。"感受课文生动的语言"是在教学中让学生不断感受和体验这些以语言文字作为载体背后的语文情感，让学生在情感方面产生强烈共鸣，形成心理相融，准确把握文本的内在精神。在课堂中教师应该把阅读品味和情感交流作为重点，给学生充分的时间去品味和感悟，让学生深入文本，与作者对话，与文本交流。

2）对应的学段目标发展变化

三年级上册双线结构见表5-2。

表5-2　三年级上册双线结构

单　元	人文主题	语文要素
一	学校生活	阅读时，关注有新鲜感的词语和句子。
二	金秋时节	运用多种方法理解难懂的词语。
三	童话世界	感受童话丰富的想象。
四	预　测	一边读一边预测，顺着故事情节去猜想。 学习预测的一些基本方法。
五	习作单元 观察	体会作者是怎样留心观察周围事物的。
六	祖国河山	借助关键语句理解一段话的意思。
七	我与自然	感受课文生动的语言，积累喜欢的语句。
八	美好品质	学习带着问题默读，理解课文的意思。

由图5-1可以看出，"感受课文生动的语言，积累喜欢的语句"语文要素是课程标准中第二学段"能复述叙事性作品的大意，初步感受作品中生动的形象和优美的语言，关心作品中人物的命运和喜怒哀乐，与他

人交流自己的阅读感受。积累课文中的优美词语、精彩句段,以及在课外阅读和生活中获得的语言材料"的目标要求的具体表现。课程标准中"感受作品中生动的形象和优美的语言"及"积累课文中的优美词语、精彩句段"的目标要求呈现了一定的发展变化。

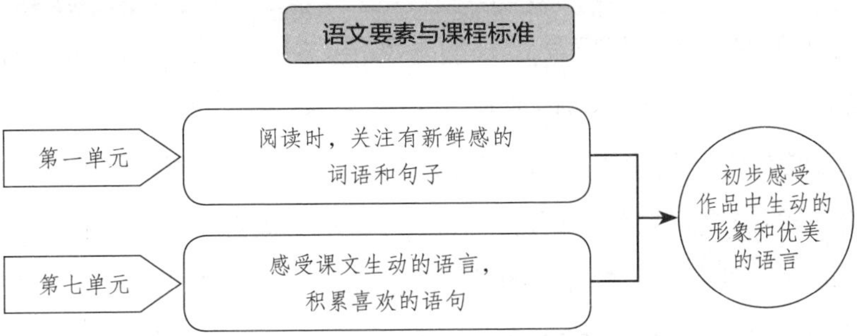

图 5-1　语文要素与课程标准

　　第一学段:诵读儿歌、儿童诗和浅近的古诗,展开想象,获得初步的情感体验,感受语言的优美。能够结合上下文或者生活实际了解课文中词句的意思,在阅读中积累词语。积累自己喜欢的成语和格言警句。

　　第二学段:能复述叙事性作品的大意,初步感受作品中生动的形象和优美的语言,关心作品中人物的命运和喜怒哀乐,与他人交流自己的阅读感受。积累课文中的优美词语、精彩句段,以及在课外阅读和生活中获得的语言材料。

　　第三学段:在阅读中了解文章的表达顺序,体会作者的思想感情,初步领悟文章的基本表达方法。在交流和讨论中,敢于提出自己的看法,作出自己的判断……背诵优秀诗文 60 篇(段),注意通过语调、韵律、节奏等体味作品的内容和情感。

　　基于这一语文能力的发展脉络,"感受课文生动的语言,积累喜欢的语句"语文要素同样呈现了一定的发展变化:

　　第一学段:通过贴近生活、展开想象等方法,获得初步的情感体验,感受语言的优美和生动。积累自己喜欢的成语和格言警句。

第二学段：能够初步感受语言的生动和优美。积累课文中的优美词语、精彩句段，以及在课外阅读和生活中获得的语言材料。

第三学段：在感受语言优美的基础上，能体会作者的思想情感。养成积累的习惯，并能将积累灵活运用。

对比可以发现，同样是感受生动的语言，积累词语，第一学段侧重借助语言优美的文体初步感受语言的生动，积累特点明显的成语和名言警句。第二学段是在第一学段基础上提高要求，感受文章的生动语言，积累所学到的、所读到的优美语言。第三学段则是引导学生体会文章情感，培养积累的习惯，这是一个更高层次的要求。因此，本单元语文要素的达成，起到了承上启下的重要作用，对三年级学生想象思维能力的发展、阅读方法与能力的提高、学习习惯的培养都起到了重要作用。

3）基于语文要素的单元编排特点

教材围绕这一语文要素编排了单元导语（点明要素）、课文（方法指导）、交流平台（提炼总结）、习作（迁移运用）等板块。单元导语用言简意赅的两句话直接点明本单元的语文要素是"感受课文生动的语言，积累喜欢的语句"和"留心生活，把自己的想法记录下来"。为实现语文要素，教材编排了3篇课文，一个口语交际，一篇习作和一个语文园地。《大自然的声音》是一篇优美的散文，借助文中出现的大量美妙的声音，引导学生感受文章语言的生动；《父亲、树林和鸟》则是借助课后题的内容，引导学生发现文中优美的语句，并谈谈自己的感受，以达成感受语言、积累语言这一语文要素；《带刺的朋友》通过课后题引导学生感受语言的生动，通过让学生复述小刺猬偷枣的过程引导学生积累语言；"口语交际：身边的'小事'"以生活中的小事为切入点，引导学生留心生活，训练语言表达能力；"习作：我有一个想法"则体现了"留心生活，把自己的想法记录下来"的语文要素。语文园地中的"交流平台"总结了摘抄积累优美词句的方法，"词句段运用"训练学生发挥想象、总结规律、创造句子的能力；"日积月累"引导学生积累语言，积淀文化。由此可见，围绕语文要素，本单元的编排呈现层层递进的特点，遵循"提出语文要素—

学习落实语文要素—总结练习语文要素—迁移运用语文要素"的学习规律,形成"由读到写""由学到用"的学习路径。

（二）单元学习目标

单元学习目标为:

（1）认识22个生字,读准2个多音字,会写39个字,会写67个词语。

（2）正确、流利地朗读课文,背诵《大自然的声音》第2～3自然段。

（3）借助图表理解课文的大致内容。

（4）能围绕一句话复述"刺猬偷枣"的过程。能围绕一种听到过的声音写几句话。

（5）能体会课文生动的语言,摘抄自己喜欢的句子。

（6）能梳理总结摘抄的基本方法,形成主动积累语言、主动摘抄的习惯。

（7）能清楚写下生活中的某种现象及自己对此的想法。

（三）单元重难点

单元重难点为:

（1）依托课后题,引导学生感受课文生动的语言。

（2）结合课文特点对"摘抄什么""怎么摘抄"做出循序渐进的整体设计,梳理总结摘抄的基本方法,学会主动积累生动的语言。

（3）能关注生活,能清楚表达某种现象以及自己对此的想法。

（四）学情分析

在一、二年级语文学习中,比较注重"感受课文生动的语言"的学习,教材以层次分明、循序渐进、螺旋上升的形式加以呈现,努力做到年级与年级之间在内容上符合儿童认知水平及发展规律,在难度上做到难度适宜、梯度合理、衔接自然。

本单元学习目标在一、二年级的基础上,继续螺旋提升学生感悟的能力。例如,本单元《大自然的声音》是运用生动的语言,把人们习以为常的声音用文字形式表达出来,丰富鲜活,妙趣横生。相对于《大自然的声音》中学生熟悉的拟声词,《父亲、树林和鸟》则运用了学生平时很少遇到的生动语句,如多个修饰语连用的形式,将学生的感受从简单的词语过渡到对句式生动的感受和体验。《带刺的朋友》更是通过一个故事,在整篇文章中都洋溢着作者对刺猬的喜爱之情。三篇文章由点到线再到面,完成了学生整体感悟上的提升。这种循序渐进、梯度发展的模式,对三年级学生思维能力的发展、阅读方法与能力的提高都可起到重要作用。

(五)单元教学策略

策略一:自主学习,朗读感悟,感受语言生动。

本单元课文主要是围绕"我与自然"专题进行编排的,主要由《大自然的声音》《父亲、树林和鸟》《带刺的朋友》三篇课文组成。编排意图是引导学生阅读课文,感受大自然的美妙,留心生活,感知课文生动的语言。

《大自然的声音》描写了风、水以及动物带给我们的美妙声音,引导学生联系生活,体会描写声音的词语的生动。《父亲、树林和鸟》描写了人与自然的和谐相处以及树林的美景,引导学生感受语言的丰富性。《带刺的朋友》描写了一只刺猬月下偷枣的情景,引导学生体会称呼中蕴含的情味。在本单元教学中,通过多形式的朗读,引导学生阅读课文,感受语言的优美、生动,并积累语言。

策略二:以课后练习题为依托,以留心观察为依据,借助关键词语、插图、标点等方式感知课文生动的语言,将表达与生活紧密联系。

三篇散文,通过自主学习、朗读想象、联系生活经验的多种形式引导学生感知课文生动的语言。此外,在"口语交际"和"习作"中对"留心生活,把自己的想法记录下来"的语文要素进行落实,旨在引导学生关心生活、积极思考,大胆表达想法,提升参与意识,进一步提高学生自我表达的能力。在"语文园地"的"交流平台"中梳理总结摘抄的方法,旨在帮助学生具体落实本单元的语文要素"积累喜欢的语句",促进学生养成摘抄积累的习惯,提高学生书面表达的丰富性。借助教材资源,准确把握编排意图,便可以有的放矢地进行方法训练。

策略三:"涟漪型"拓展阅读。

本单元的学习中,引导学生结合自己的阅读体验,梳理总结感受生动语言的学习方法,形成主动积累语言、主动摘抄的意识,提高人与自然和谐生活的意识。

以统编小学语文教材为依托,整合使用"涟漪型"拓展阅读策略,整体规划单元教学内容、目标、教法、检测评价。在教学中,要以教材的"一"为主,要在读懂教材"这一篇"的基础上,带读课外的"一篇(段)"。拓展阅读同一对象的文章,目的是丰富内容,强化印象。例如,学习《大自然的声音》时可拓展阅读描写大自然现象的美文,通过类文阅读感受生动语言,实现读者、作者情感的共鸣。拓展阅读同一训练要素的文章,目的是延伸广度。例如,学习《父亲、树林和鸟》时可拓展阅读有丰富生动语言的文章,通过比较阅读迁移学习课文的方法,引领学生拓展阅读。

二、《大自然的声音》教学设计

(一)课文编排特点

围绕本单元语文要素,选编的课文《大自然的声音》语言生动活泼,富有童趣。课文语言生动,把人们日常所听的声音描写得妙趣横生。比如文中"呢喃细语""喜欢玩打击乐器"等修辞的运用,以及"滴滴答答""叮叮咚咚"等一系列拟声词的运用,让文章生动有趣。这也正是编者将这篇散文设置在本单元第一课的意图之一。

如何引导学生感受这篇文章语言的生动,教材在课后题中也做了提示:

○ 朗读课文,体会大自然声音的美妙。背诵第2～3自然段。

○ 填一填,再说一说课文写了大自然的哪些声音。

○ 读读下面描写声音的词语，再说说你在哪里听到过这样的声音。

轻轻柔柔的呢喃细语　　雄伟的乐曲　　充满力量的声音

热闹的音乐会　　轻快的山中小曲　　波澜壮阔的海洋大合唱

✐ 小练笔

你听到过哪些"美妙的声音"？试着写几句话和同学交流，如，"鸟儿是大自然的歌手……""厨房是一个音乐厅……"。

　　第1题侧重朗读感悟，可以引导学生抓关键词，体会文章语言的生动准确。同时，还提出了背诵第2～3自然段的要求，在了解意思、体会生动语言后，引导学生思考"第2～3自然段分别围绕哪一句话写了哪些内容"，然后出示关键词语"森林、树叶、微风、狂风"以及"雨、音乐会、小曲、大合唱"等；第2自然段从对比描写中体会微风、狂风带来的不同感受；第3自然段从"小溪……河流，河流……大海，大海……汹涌澎湃"中体会水的声音特点，感受大自然的美。

　　第2题的图表是"总—分"结构图示，在本册第六单元中已经练习过，并落实"借助关键词句理解一段话的意思"和"习作的时候，试着围绕一个意思写"两个语文要素。练习题中4个要点与课文的4个自然段一一对应。领起的是课文的中心句，是课文的第1自然段；接下来给出的是第2～4自然段的总起句，是对落实"借助关键词句理解一段话的意思"的语文要素的延伸。

　　第3题引导学生回顾课文中的生动词句，意图引导学生运用文中的语言，讲述在哪里听到过这样的声音，达到语言积累的目的。

　　第4题小练笔要求学生围绕一种听到过的"美妙的声音"写几句话，依然是落实"感受课文生动的语言，积累喜欢的语句"这一语文要素的达成。

（二）学习目标及重难点

学习目标及重难点为：

（1）认识9个生字，读准多音字"呢"，会写13个字，会写22个词语。

（2）能找到第2～4自然段中描写声音的关键词句,借助情境营造、生活联想、感悟朗读的方法,感受大自然声音的美妙,体会课文语言的生动。（重点）

（3）正确、流利、有感情地朗读课文,背诵第2～3自然段,积累自己喜欢的语句。（难点）

（4）能仿照课文,围绕一种听到过的声音写几句话。

（三）语文要素落实策略

策略一：借助关键词句,引导学生朗读、想象、感悟。

这篇课文语言生动、好玩有趣。在教学时可以引导学生抓住"滴滴答答""叮叮咚咚"等拟声词,通过"热闹的音乐会""轻快的山中小曲""波澜壮阔的海洋大合唱"等语句,运用自由读、默读、范读、师生互读、生生互读、配乐读等方式,联系生活体会不同声音的美妙,想象画面,感受语言的生动。也可以结合叶圣陶的《瀑布》展开教学,引导学生通过描写瀑布的声音的词句,进一步感受大自然中水声的丰富,领略生动语言的魅力所在,进而达到语言积累的目的。

策略二：借助情境营造,体会课文语言的生动。

以读为本,有感情地朗读课文,这是学段的目标要求。在读中体悟思想内涵,感受语言中的丰富想象,达到语言积累的目的。

例如,朗读第3自然段时,老师可将学生分成三组解读课文,感受声音的美妙。

第一组：水,也是大自然的音乐家。下雨的时候,他喜欢玩打击乐器。小雨滴敲敲打打,一场热闹的音乐会便开始了。

第二组：滴滴答答……叮叮咚咚……所有的树林,树林里的每片树叶;所有的房子,房子的屋顶和窗户,都发出不同的声音。

第三组：当小雨滴汇聚起来,他们便一起唱着歌：小溪淙淙,流向河流;河流潺潺,流向大海;大海哗哗,汹涌澎湃。从一首轻快的山中小曲,唱到波澜壮阔的海洋大合唱。

接着学生跟随老师的步伐,真正走进大自然去看一看,聆听大自然中美妙的声音。老师播放视频,学生通过情境朗读、看视频感受大自然声音的美妙。朗读时要指导学生抓住关键词句,边读边想象小雨滴的美妙经历。语速由快到慢,音量由大到小,从而体会到水声的不同特点。

策略三:借助生活联想、感悟朗读的方法,感受大自然声音的美妙,体会课文语言的生动。

例如,引导学生回答"在刚才的视频中,除了听到风声、水声,还听到了什么声音?"拓展:动物也是大自然的歌手,走在公园里时仔细听,你听到了什么样的声音?多么欢快的小鸟!还可能听到什么?坐在一棵树下,你又听到了?在水塘边散步,听听蝈蝈的歌唱。还可能听到什么?(分别请同学联系生活、展开想象,进行补充。)

策略四:"1+X"拓展阅读。

依据"1+X"("涟漪型")拓展阅读策略,第一层次,拓展课后阅读,链接叶圣陶的《瀑布》,引导学生通过描写瀑布声音的词句进一步感受大自然中水声的丰富,领略生动语言的魅力所在,进而达到语言积累的目的。第二层次,拓展搜集小久保隆的音乐作品。

(四)教学过程

一、激发兴趣,导入新课

(一)课前准备:播放小久保隆的音乐,聆听大自然的声音,为课后拓展作铺垫

师:同学们,距离上课还有一会儿,大家先休息一下,听一首优美的音乐。

师:同学们,怎么样,音乐好听吗?我们来做一下课前准备,请把语文书放在桌角,把铅笔橡皮摆正。这位同学已经坐端正了,老师给他点个赞。今天这节课,我们就来比一比哪位同学有最精彩的表现。有没有信心?好,上课!

（二）学习单元导语，导入本课学习

1. 师：今天，我们要进入第七单元的学习。首先来看单元导语，同学们放开声音，自己读一读，边读边想：这个单元的课文和什么有关？

生：大自然。

2. 师：说到大自然，你能想到什么？

师：同学们，这些都是大自然赐给我们最珍贵的礼物。学习本单元课文，还有两个学习要求。谁来读？

大自然赐给我们许多珍贵的礼物，你发现了吗？

感受课文生动的语言，积累喜欢的语句。

留心生活，把自己的想法记录下来。

3. 齐读课题。

师：今天就让我们带着这样的要求，学习本单元第一篇课文。请同学们齐读课题。

二、初读课文，整体感知

（一）学习"美妙"一词

1. 师：通过课前预习，你一定知道了大自然有许多的声音。同学们，结合课前预习，说说"美妙"是什么意思？

生："美妙"是"美好奇妙"的意思。我是通过查字典，把握每个字的意思来理解词语。

2. 师：那你能把"美妙"读出来吗？请你来。让我们像他这样一起来读一读。

（二）检查预习

1. 学习生字词。

师：那大自然有哪些美妙的声音呢？通过课前预习，你找到了文中哪些描写声音的词语？

课文中有许多描写声音的词语，请你在文中找一找、写一写。

潺潺、____、____、____、____、____、____、____、____

像这样的词语,你一定积累了许多,请再写出几个。

____、____、____、____、____、____、____、____、____

师:像这样的词语,文中还有许多。放开声音,自己读一读吧!(竖大拇指,同学们读完自觉坐端正,学习习惯可真棒!)

潺潺　淙淙　哗哗　叮叮咚咚

滴滴答答　叽叽喳喳　唧哩哩唧哩哩

师:同学们,这些都是模拟声音的词。这样的词,我们叫做……没错,叫做拟声词。课文中还有一些词语也是描写声音的,我们来看一看。哪位小老师来领读?

轻轻柔柔的呢喃细语　热闹的音乐会

轻快的山中小曲　波澜壮阔的海洋大合唱

雄伟的乐曲　充满力量的声音

师:这个词语同学们读得特别准确,看看屏幕,我们再来读一遍。读得真好,而且同学们注意到本课的一个多音字。在这个词语中读"呢"(ní),还有另外一个读音"呢"(ne)。是的,"呢"一般出现在句子的末尾,当作语气词。我们再一起来读一读。

2. 感知课文主要内容。

师:同学们看,大自然中有这么多美妙的声音,让我们一起到课文里读一读、听一听吧!请同学们打开语文书第88页,放开声音,自由地读读课文。注意读准字音,读通句子,边读边想:课文写了大自然的哪些声音? 开始吧!

师:(拍手)同学们又读了一遍课文,谁能结合预习来说说课文写了大自然的哪些声音呢?

生:风、水、动物的声音。

师:同意吗? 你预习充分,很善于概括。我们找到了这三个句子就知道了课文从风、水、动物三方面写出了大自然美妙的声音。

师：我们再来看看这三句话,你发现了什么?（引导学生:特点,三句话作用,关注位置,关注作用,联系到第六单元学到的知识。你学得很扎实。我们能够借助这样的关键句来读懂一段话的意思。像这样能够体现段落意思的句子就是关键句。）

师：这篇课文,作者围绕大自然声音的美妙,分别写了风、水、动物的声音(手指板书)。下面,就让我们先听听风之曲吧！

三、走进文本,重点研读

（一）学习第2自然段

1.师：请一位同学读一读第2自然段。谁想读?请你读。其他同学边听边想:这一段写了什么样的风?同学们找到了吗?（你真会读书！）

风,是大自然的音乐家。他会在森林里演奏他的手风琴。当他翻动树叶,树叶便像歌手一样,唱出各种不同的歌曲。不一样的树叶,有不一样的声音;不一样的季节,有不一样的音乐。当微风拂过,那声音轻轻柔柔的,好像呢喃细语,让人感受到大自然的温柔;当狂风吹起,整座森林都激动起来,合奏出一首雄伟的乐曲,那声音充满力量,令人感受到大自然的威力。

2.抓关键词,感受微风。

师：这两种风的声音有什么不同呢?请仔细地再读读这段话,抓住关键词来说一说。谁想结合关键词来谈谈自己的体会?

师：你不仅善于抓关键词,还能对比着谈体会,可真棒！你善于发现,通过……感受到了微风的温柔,谁能给他再补充一下。谁能像他一样,结合关键词说说还从哪里感受到了微风的温柔。（指导朗读）

师：谁能读出微风的温柔呢？请你来，请你来，请女生读。

3.迁移运用，感受狂风。

师：我们感受了微风的温柔，那狂风的声音又有什么特点呢？你从哪些关键词中读到的？

师：我们一般说什么"雄伟"（雄壮而伟大）？这里用来形容声音，你感受到什么？

师：谁能读出狂风充满力量的特点？请你读，请你读，请男生读，我们全班一起读。

4.合作朗读。

师：让我们合作着，再来读一读这段话吧！女生读轻柔的微风，男生读雄伟的狂风。

5.小结。

师：同学们，作者的用词多么生动呀！我们借助这样生动关键的词语，通过感悟朗读就感受到了不一样的风有不一样的声音，不一样的声音带给我们不一样的感受。（板书：感悟朗读）

6.想象画面，说话训练。

师：其实，不一样的季节也有不一样的音乐。同学们，展开你的想象，你听：

春天来了，风吹过哪里，你仿佛听到了怎样的声音呢？

预设生：风吹过草坪，发出"沙沙"的声音。拟声词——你真善于想象。

炎炎的夏天来了，夏天，风吹过——（手指图片）请你说。是的，不一样的季节有不一样的音乐。

寒来暑往，一转眼秋天到了。秋天，风吹过——请你说。是的，这样的声音就在我们耳边，这样的声音就在我们生活中。

你看，寒冷的冬天来了，北风吹过——请你来。是的，冬天的风充满了力量。雪都落下来，真美啊！

7. 总结。

是的,风就是那位神奇的音乐家!就像文中说的,(引读)"不一样的树叶,有不一样的声音;不一样的季节,有不一样的音乐。"同学们,我们不但积累了词语,还运用了联系生活、展开想象的方法,感受到了风之曲的美妙。(板书:联系生活　展开想象)

(二)小组合作学习第 3 ～ 4 自然段

1. 小组合作,感受水之声。

师:同学们,刚才我们一起学习了课文的第 2 自然段,通过抓住关键词,运用这样的方法,感受到了风之曲的美妙。我们借助同样的方法,小组合作学习第 3 ～ 4 自然段。

师:请一位同学大声读一读学习要求。

小组合作学习要求:

1. 选择第 3 ～ 4 自然段中最感兴趣的一个自然段,读一读,想一想:这一段讲了哪几种声音?

2. 圈画出描写声音的关键词语,在小组内讨论、交流自己的阅读感受,并有感情地朗读课文。

师:计时 3 分钟,现在开始。

小组合作学习第 3 自然段。

师:哪个小组学习的是第 3 自然段?请你们小组来汇报。

水,也是大自然的音乐家。下雨的时候,他喜欢玩打击乐器。小雨滴敲敲打打,一场热闹的音乐会便开始了。滴滴答答……叮叮咚咚……所有的树林,树林里的每片树叶;所有的房子,房子的屋顶和窗户,都发出不同的声音。当小雨滴汇聚起来,他们便一起唱着歌:小溪淙淙,流向河流;河流潺潺,流向大海;大海哗哗,汹涌澎湃。从一首轻快的山中小曲,唱到波澜壮阔的海洋大合唱。

师:按照你们的分工开始吧!这个小组汇报得很精彩,抓住了描写水声的关键词语,谈出了他们的感受(丰富多变)。其他小组还有补充吗？你又从哪里感受到水声的美妙？

2. 分层次读，感受水声变化。

师：刚才，我们运用这些方法（指黑板），通过小组合作，感受到了水之声的美妙。同学们，想不想体验一下从一首轻快的山中小曲，唱到波澜壮阔的海洋大合唱？现在，老师就是指挥家了，请同学们认真看好我的指挥，这一大组的同学从红色部分开始读，一直读到结尾，中间两大组同学从橙色部分开始读，也一直读到结尾，最后一大组同学从黑色部分开始读，同样一直读到结尾。我们人越来越多，声音越来越大，让我们一起合作着试一试！

3. 播放视频，老师范读。

师：想不想真正走进大自然去看一看，聆听一下大自然中美妙的声音呢？请你跟随着老师的脚步，一起走进大自然吧！（切换视频）

师：看完后，你有什么感受呢？（独特，发自内心）

师：是啊，我们通过营造情境感受到了大自然声音的美妙。（板书：营造情境）

4. 小组合作学习第4自然段。

师：在刚才的视频中，你除了听到风声、水声外，你还听到了什么声音？

生：还有动物的声音。

师：你的小耳朵可真灵，善于倾听。是的，动物也是大自然的歌手。走在公园里时仔细听，你听到了什么样的声音？多么欢快的小鸟！坐在一棵树下，你听到了什么？在水塘边散步，你听到了什么？仔细地听一听，青蛙是什么样的声音？呱呱的声音。多么生动啊！

师：你听，这歌声里面传递着他们的——（板书：快乐）

师：是的，大自然的每个角落都充满了快乐的歌声，让我们配着欢快的音乐，再把这个自然段美美地读一遍。

动物也是大自然的歌手。走在公园里，听听树上叽叽喳喳的鸟叫；

坐在一棵树下,听听唧哩哩唧哩哩的虫鸣;在水塘边散步,听听青蛙的歌唱。你知道他们唱的是什么吗? 他们的歌声好像告诉我们:"我在歌唱,我很快乐! "

四、总结全文,拓展阅读

(一)拓展阅读链接《瀑布》

师:这节课我们抓住了课文生动的语言,运用感悟朗读、联系生活、展开想象、营造情境的方法一起聆听了大自然美妙的声音。其实还有许多作家也描写了大自然的声音,请同学们课后读一读叶圣陶的《瀑布》,进一步感受水声的丰富和语言的生动,并仿照课文,写一写你听到过的美妙的声音,和同学们交流一下。

(二)拓展小久保隆的音乐作品

师:同学们,你知道我们在课前和视频中听到的音乐是谁的作品吗? 那是著名环境音乐制作人、日本的小久保隆的作品。我们听到的是《早春之声》,他还有很多这样的乐曲。课下,同学们可以找来听一听,也可以伴着音乐把这篇课文读给爸爸妈妈听。

五、巩固练习,迁移运用

1. 背诵课文第 2 ~ 3 自然段。

2. 小练笔:你听到过哪些"美妙的声音"? 试着写几句话和同学交流,如:"鸟儿是大自然的歌手……""厨房是一个音乐厅……"。

六、板书设计

```
         21    大自然的声音

                      感悟朗读
              风
                      联系生活
      美妙    水
                      展开想象
              动物
                      营造情境
```

【评析】

以读为本 学用结合 丰富语言积累
——《大自然的声音》课例点评

众所周知,统编小学语文教材中以人文主题和语文要素双线组织单元结构,充分体现了工具性与人文性相统一的语文课程特点。语文要素是指基本的语文知识、必备的语文能力、适当的学习策略和学习习惯等。这些语文要素以若干知识点的形式,按照学段目标以及学生特点,以由浅入深、由易到难的形式渗透在教材中。

《大自然的声音》是一篇段落结构简单明了,语言描写轻快活泼、温柔细腻、粗犷雄厚、富有韵味的优美散文。这样的美是要用心灵去感受的。本单元阅读层面的语文要素是"感受课文生动的语言,积累喜欢的语句"。这是对 2022 版课标第二学段阅读目标与内容中提出的"初步感受作品中生动的形象和优美的语言"的细化与呈现。基于三年级学生的特点,教师在认真把握本单元教材编排特点的基础上,充分调动学生已有的生活经验和语文学习经验,关注生动的语言,以读为基础,以读为核心,在读中理解、读中想象、读中积累。每一步语言文字的实践活动都指向单元语文要素的落实,最终一步步达成了学习目标。

本节课,教师主要运用了"以读为本,学用结合,丰富语言积累"的阅读策略。

一、领会编排意图,优化课时目标

法国思想家卢梭说,教育要适应儿童天性的发展。学生是教育教学过程中的主体,学生的学情是教育教学的起点。教师的这节课能够站在学生的角度,研究学生学习的起点是什么,已有知识水平如何,发展点在哪里……并能在语文基本能力培养过程中始终遵循学生的认知,注重学生的发展,有针对性地落实语文要素。

同时,在对课文内容解读的前提下,还对课后题等文本资源进行了细致的解读,用心揣摩编者的编写意图。

本节课教师设立了以下教学目标:

(1)认识9个生字,读准多音字"呢",会写13个字,会写22个词语。

(2)能找到第2~4自然段中描写声音的关键词句,借助情境营造、生活联想、感悟朗读的方法,感受大自然声音的美妙,体会课文语言的生动。

(3)正确、流利、有感情地朗读课文,背诵第2~3自然段,积累自己喜欢的语句。

(4)能仿照课文,围绕一种听到过的声音写几句话。

教学目标(2)和(3)关注了单元语文要素落实的方法与过程:借助情境营造、生活联想、感悟朗读的方法,感受大自然声音的美妙,体会课文语言的生动,主动内化积累生动的语言。

二、情境营造,内化语言,感受、积累相结合

1. 读中理解

"能联系上下文,理解词句的意思,体会课文中关键词句表情达意的作用。"这是2022版课标第二学段阅读教学的要求。本课的教学定位在"感受和积累"。要感受生动的语言,对三年级的学生来说,最有效的方法就是"读"。通过课堂中的朗读,建立文本与学生之间的联系,让文本在学生头脑中形成感性认知,使学生外化对文本的理解。例如,品读"风声之美"时,引导学生抓住"轻轻柔柔""呢喃细语"来体会微风的温柔;抓住"激动""力量""雄伟"等词体会狂风的雄壮;通过男女生对比朗读,品味语言的生动,感受风的美妙和"不一样的风有不一样声音"。

2. 读中想象

小学生感性思维比较活跃,情境有利于学生打开思维,快速摄取信息。教师在课堂中创设出有声有色的情境,巧妙地把学生带入文本中,

体验文中对风声、水声以及各种动物声音的描写。引导学生边读边想象，在文字与画面的相互转化中感受语言的生动优美，品味细腻优美而又富于变化的表达。教师通过视频、音乐营造情境，化身指挥家，指导学生分层次、分阶段合作朗读，语速由快到慢，音量由大到小，从而体会水声的不同特点。在读中想象小水滴的美妙经历，在想象中感受水之声的美妙，在感受中积累丰富的语言。总之，在这一环节中，教师引领学生有层次地读，读出意思，读出想象，读出感受，将单元语文要素落实得扎实有效。

3. 读中积累

课文第 2～4 自然段采用总分式，分别围绕段落的第一句话来写，结构清晰，语言丰富，富于想象，易于模仿，符合三年级学生的语言认知水平。这也是对第六单元"习作的时候，试着围绕一个意思写"的延伸。教师抓住了"读"，在多种形式的朗读实践中引导学生重点关注有新鲜感的词句，既可读出韵味，培养语感，又可主动内化积累优美生动的语言。

三、迁移运用，拓展阅读，课内、课外相结合

合作探究式的学习方式是体现学生主体性的主要方式之一。学生通过在学习共同体内的合作探究，发表自己的看法，听取他人的意见，经过分析思考获得符合自己成长规律的信息。教师在课堂中十分注重学生迁移运用能力的发展。在学习中运用感悟朗读、生活联想的方法感受到"风声之美"后，开展小组合作学习，通过学生之间的探究、对话，引导抓住关键词，在组内交流这些声音美妙在何处。这不仅让学生将学到的方法进行了实际操作体验，更让学生体会了文本遣词造句的妙处，进而激发学生积累自己喜欢的语句。

此外，教师依据"涟漪型"拓展阅读策略，推荐阅读叶圣陶的《瀑布》。通过不同文本的比较阅读，引导学生进一步感受大自然中水声的丰富，领略生动语言的魅力所在。还推荐了环境音乐制作人小久保隆的音乐作品，引导学生多感官、多元素地体验大自然声音的无尽乐趣。

总之，本节课教师能够依据课程标准，潜心钻研教材，领会编写意

图,聚焦语文要素,紧扣"美妙",实现声音、画面、文字、感觉的融合,助力学生在实践中不断构建自己的语言图式,提升了学生的语文素养,落实了本单元"感受课文生动的语言,积累喜欢的语句"的语文要素。

第六章
文体单元训练体系
单元语文要素落实策略例举

第一节　体系解读

2022 版课标在第一学段提出"阅读浅近的童话、寓言、故事,向往美好的情境,关心自然和生命,对感兴趣的人物和事件有自己的感受和想法,并乐于与人交流",在第二学段提出"能复述叙事性作品的大意,初步感受作品中生动的形象和优美的语言,关心作品中人物的命运和喜怒哀乐,与他人交流自己的阅读感受"。可见,新课标指出了不同文体的阅读方向和要求。

文体不仅是一种外在形式,也是写作者感受、观察、表现生活的思维方式。如果缺乏文体意识,在理解文本时就容易出现障碍,甚至会与文本产生严重的隔阂。三年级下册第二单元专门编排了寓言故事单元。寓言故事本身是一种超现实、虚构性的文本类型,作者以传达道理为主要目的。如果在阅读寓言时总是"质问"和"拷问"故事的真实性,甚至因此轻视文本的价值和意义,则未免显得有些舍本逐末。因此,应鼓励学生在阅读中积极思考,对文本有质疑分析的能力,但也应帮助学生树立基本的文体意识。

　　教材主要通过设置文体单元,根据各种文体特征分别确定语文教学基本目标,安排具体教学内容,引导学生掌握阅读不同文体内容的思维方法,增强对教学实践指导运用的针对性,丰富学生阅读与教学互动的面貌,引导学生从中感受不同文体语言的优美韵味和语言文化表达艺术的鲜明独特性。

　　文体特征本身是相当丰富的、立体的、多元的,一些重要文体的基本特征可能会有交叉重合的情况。在组织教学设计时,准确把握它们相互之间有机的逻辑联系和主次区别,才能有效抓住各类文体的主要特征,从而提高教学环节的针对性和实效性。教学时应该本着一课一得的原则,落实单元的语文要素,有选择地进行训练。

　　文体单元训练体系语文要素见表6-1。

表6-1　文体单元训练体系语文要素

年　级	单　元	语文要素
三年级上册	第三单元 童话世界	感受童话丰富的想象。
三年级下册	第二单元 寓言故事	读寓言故事,明白其中的道理。
四年级上册	第四单元 神话故事	感受神话中神奇的想象和鲜明的人物形象。
四年级下册	第三单元 现代诗	初步了解现代诗的一些特点,体会诗歌表达的情感。 根据需要收集资料,初步学会整理资料的方法。
	第八单元 中外经典童话	感受童话的奇妙,体会人物真善美的形象。
五年级上册	第三单元 民间故事	了解课文内容,创造性地复述故事。
五年级下册	第二单元 古典名著	初步学习阅读古典名著的方法。
六年级上册	第四单元 儿童小说	读小说,关注情节、环境,感受人物形象。
六年级下册	第二单元 外国文学	借助作品梗概,了解名著的主要内容。 就印象深刻的人物和情节交流感受。

本章例举的三年级下册第二单元的语文要素是"读寓言故事,明白其中的道理"和"把图画的内容写清楚"。

第二节　课例与评析
群文阅读　构建三位一体的阅读体系
——统编小学语文三年级下册第二单元《陶罐和铁罐》

【课例】

一、单元解读

(一)教材编排

1.人文主题概说

本单元的人文主题是"寓言故事"。《守株待兔》揭示了不努力而抱侥幸心理,指望靠好运气过日子,是不会有好结果的道理。《陶罐和铁罐》告诉我们每个人都有长处和短处,要善于看到别人的长处,正视自己的短处,相互尊重。《鹿角和鹿腿》通过一只鹿狮口逃生的故事,告诉我们事物各有自己的价值,不能只凭外表去判断事物的好坏。《池子与河流》通过池子和河流的对话,表达了两者对人生的不同态度。这四篇寓言故事涵盖古今中外,丰富多样的学习材料为学生认识、了解寓言打开了一扇窗。

2.语文要素解析

1)概念界定

本单元的两个语文要素是"读寓言故事,明白其中的道理"和"把图画的内容写清楚"。前者侧重积累与感悟、习得方法,后者则侧重迁移和运用,形成能力。

什么是寓言故事？寓言是一种古老的文学体裁,有着五千多年的发展历史。在西方,《伊索寓言》的出现奠定了寓言作为一种文学体裁的基石。在中国,早在先秦时期便出现了很多富有哲理的短篇故事,预示着我国古代寓言的出现和发展。到底什么是寓言呢？很多工具书对寓言的定义做出了解释。

《现代汉语词典》(第7版):寓言是用假托的故事或自然物的拟人手法来说明某个道理或教训的文学作品,常带有讽刺或劝诫的性质。

《教育大词典》:寓言是明显隐含讽刺意味的简短故事,每个故事都有鲜明的寓意。

《辞海》:寓言是一种文学体裁,具有鲜明的劝诫性和讽刺性。其结构大多精短,主人公可以是人,可以是生物,也可以是无生物。

综上所述,寓言本身就是一个巧用看似简短或平凡的哲理小故事,来蕴寓并寄托一种有深刻人生思想的道理,启发他人的特殊文学体裁。主人公有很多,可能是一个真人,也可能是一些经过拟人化修饰后的动植物,或者是人造事物。

寓言故事具有寓教于乐的主要特点。故事情节设计生动、有趣,富有想象力,能够极大激发小学生积累优秀寓言故事的强烈兴趣。鲜明有力的、富有讽刺性和教育性的话,能熏陶学生品性。因此,寓言故事教学时应在培养学生抽象思维的同时,进行人格培养和道德培养的提升,塑造正确的三观。

2）对应的学段目标发展变化

本单元的语文要素是对2022版课标第二学段"能复述叙事性作品的大意,初步感受作品中生动的形象和优美的语言,关心作品中人物的命运和喜怒哀乐,与他人交流自己的阅读感受"的目标要求的具体表现。

2022版课标中对"体会作品中人物的思想感情,关心人物命运"的目标要求呈现出一定的发展变化,见表6-2。

表6-2　课程标准中对"体会作品中人物的思想感情,关心人物命运"
的目标要求的学段变化

学　段	目标要求
第一学段	阅读浅近的童话、寓言、故事,向往美好的情境,关心自然和生命,对感兴趣的人物和事件有自己的感受和想法,并乐于与人交流。
第二学段	能复述叙事性作品的大意,初步感受作品中生动的形象和优美的语言,关心作品中人物的命运和喜怒哀乐,与他人交流自己的阅读感受。
第三学段	阅读叙事性作品,了解事件梗概,能简单描述自己印象最深的场景、人物、细节,说出自己的喜爱、憎恶、崇敬、向往、同情等感受。受到优秀作品的感染和激励,向往和追求美好的理想。

可以看出,第一学段侧重于通过读书唤起学生对"美"的向往;第二学段要求学生在阅读叙事性作品时能把自己的心放在文中,贴近主要人物,感受他们的感情;第三学段要求学生对作品内容的理解更具体,对自己的感受更明晰,如喜欢、憎恶、崇敬、同情等。

基于这一语文能力的发展脉络,"读寓言故事,明白其中的道理"的语文要素同样呈现了一定的发展变化:

第一学段,阅读浅近的寓言故事,向往美好情感,乐于交流阅读感受和想法。

第二学段,初步感受形象和语言,关心人物命运,交流阅读感受。

第三学段,说出自己的喜爱、憎恶等感受,受到感染和激励。

对比可以发现,同样是读寓言故事,第一学段侧重对寓言故事的感性认识。第二学段是在第一学段基础上提高要求,由感性认识过渡到初步认识。例如,本单元是以一组寓言故事单元的形式来做整体编排,不但寓言故事内涵深刻丰富,而且能在巩固第一学段的基础上,引导学生形成对各种寓言及其新兴文学体裁形式的初步认识,进而关注寓言中蕴含的道理。第三学段重点引导学生通过阅读学习中外名著,了解中国五千年传统经典文化知识,感受世界的多元思想文化理念。语文要素要求循序渐进,逐渐提高,因此本单元语文要素的达成起到了承上启下的重要作用。

3）基于语文要素的单元编排特点

教材围绕这一语文要素，编排了单元导语（点明要素）、课文（方法指导）、交流平台（提炼总结）、词句段运用（引导表达）、习作（迁移运用）等板块，构成了一个整体，贯穿着方法的学习与运用。

为落实语文要素，教材编排了四篇课文。三篇精读课文落实了语文要素"读寓言故事，明白其中的道理"在表达方式上的异同，既让学生掌握学习方法，又能迁移运用，感悟其中道理。《守株待兔》是一篇中国儿童熟知的寓言故事，本课以文言文的形式出现，既需要学生能借助注释理解文意，又借助课后第2题"说那个农夫为什么会被宋国人笑话"，引导学生懂得要付出个人努力，不能不劳而获的道理。结合课后"阅读链接"《南辕北辙》的寓言故事，再次体悟文言文所蕴含的道理。《陶罐和铁罐》通过对话展开情节，推动故事的发展，充分展现铁罐的傲慢、蛮横和陶罐的谦虚、友善、克制。悟出每个人都有长处和短处，要善于看到别人的长处，正视自己的短处，相互尊重、和睦相处的道理。结合课后"阅读链接"发现与课本表达内容的相似之处。《鹿角和鹿腿》是一篇国外寓言故事，选自《伊索寓言》。课后第3题学生各抒己见，在交流中探索寓言故事要传达的道理。

略读课文的学习强调自学为主和学法迁移。《池子与河流》的作者是俄国的克雷洛夫，通过池子和河流的对话，学习提示部分引导学生结合生活实际进行审辩式思考，表达了两者对人生的不同态度。这四篇寓言故事涵盖古今中外，丰富多样的学习材料有助于开阔学生视野。

本单元的课文、交流平台、词句段运用都指向语文阅读要素的达成，呈现层层递进的特点，按"学习、总结、迁移与运用"的方式进行贯通设计，形成单元阅读要素模块。

（二）单元学习目标

单元学习目标为：

（1）认识27个生字，读准3个多音字，会写32个字，会写29个词语。

（2）能正确、流利、有感情地朗读课文。背诵《守株待兔》。

（3）能结合相关语句,体会人物不同的性格特点。读懂故事,明白道理。

（4）能借助注释读懂文言文。

（5）能结合生活实际对故事发表自己的看法。

（三）单元重难点

单元重难点为:

（1）结合相关语句,体会人物不同的性格特点。读懂故事,明白道理。

（2）能结合生活实际对故事发表自己的看法。

（四）学情分析

在一、二年级的语文学习中,学生已经接触过许多童话故事类课文,但是比较分散,如《坐井观天》《亡羊补牢》等,因此学生对于"寓言"这一文学体裁仅仅停留在感性认识上。本单元以寓言故事来单独编排,故事内涵更加丰富,这是学生第一次接触寓言故事单元。本单元的寓言故事,有的学生读过,如《守株待兔》,但是对于寓言故事这种体裁以及如何结合相关语句体会人物不同的性格特点,读懂故事,明白道理却是未知或难知领域。本单元的学习目的是在第一学段基础上引导学生继续阅读中外优秀寓言故事,进一步感受、体会寓言故事蕴含的道理,加深对寓言故事这一文学体裁的认识,形成初步了解,并在此基础上初步学会按照顺序观察图画,根据图画展开想象,把自己看到的、想到的写清楚,由读到写,循序渐进,为第三学段阅读中外名著,受到中国传统文化和世界多元文化的影响做准备。

（五）单元整体教学策略

策略一:借助关键词句,引导学生朗读、想象、感悟。

在教学中,教师引导学生抓住关键语句,感悟寓言故事所折射的深刻道理。比如《守株待兔》一课,借助注释理解"因释其耒而守株,冀复得兔",从而进一步理解农夫为什么被宋国人笑话,懂得要靠自身努力获得好结果的道理。《陶罐和铁罐》一文同样也要抓住表示陶罐、铁罐人物特点的关键词句,体会课文要讲述的道理。学会借助关键词句,锻炼学生提取信息的能力,进而在朗读中想象、感悟。

策略二:创设情境,分角色朗读。

以读为本,有感情地朗读课文,这是本学段的目标要求。《陶罐和铁罐》中两个主人公有大量的对话,而陶罐的谦虚和铁罐的骄傲自大正体现在这些语言描写中,因此应引导学生分角色朗读陶罐和铁罐的对话,在读中体悟思想内涵,感受语言丰富的想象,体会人物的特点,感悟寓言故事的魅力。

策略三:"涟漪型"拓展阅读。

小学语文的拓展阅读不仅能增加学生的课外知识量,丰富学生的思想,还可以对课文进行提示、引导、延伸、拓展,起到补充、诠释、融合的作用。在教学《守株待兔》一课时,结合课后"阅读链接"的中国古代寓言《南辕北辙》,交流故事中的坐车人错在哪里,明白做事方向正确才能达到想要的结果,并为学生推荐《中国古代寓言故事》,让学生继续感受寓言故事中的生活哲思。《陶罐和铁罐》课后"阅读链接"为《北风和太阳》,让学生在对比阅读中找到铁罐和北风的相似之处,深化学生认知。在此基础上,推荐《伊索寓言》一书,增加阅读量,开阔学生视野。

二、《陶罐和铁罐》教学设计

(一)课文编排特点

《陶罐和铁罐》是三年级下册第二单元中的一篇精读课文。这篇寓言故事讲的是国王橱柜里的铁罐自恃坚硬,瞧不起陶罐。埋在土里许多年以后,陶罐出土成为文物,铁罐却化为泥土,不复存在。故事告诉我们,每个人都有长处和短处,要善于看到别人的长处,正视自己的短处,保持谦虚,尊重他人,和睦相处。

故事主要通过对话展开并推动故事的发展,这是本课文在表达上的特点。铁罐的傲慢、蛮横和陶罐的谦虚、友善、克制都在人物的对话中充分展现。此外,具体、生动的神态和动作描写,使铁罐、陶罐的形象更加鲜明突出。课文的重点是第2~9自然段,引导学生借助陶罐和铁罐的对话描写,体会它们不同的特点,从中明白正确看待人和事物的方法。

课后题第2题、第3题的编排紧扣本单元语文要素"读寓言故事,明白其中的道理"。第2题引导学生借助描写陶罐、铁罐神态和语言的语句,在朗读中体会铁罐的傲慢、轻蔑、恼怒和陶罐的谦虚、友善的性格特点。第3题让学生在知晓结局的基础上,领会寓意,从而落实本单元语文要素。

"阅读链接"安排了寓言故事《北风和太阳》,可与课文进行对比阅读。从两个问题入手:北风和太阳之间发生了什么故事? 故事最后,北风为什么悄悄溜走了? 注意引导学生读懂故事。两篇寓言故事在结局上的相似之处是两个人物最后都以失败告终,再次让学生认识到要全面看待自己和他人,树立正确的价值观。

(二)学习目标及重难点

学习目标及重难点为:

(1)会认"陶、罐"等11个生字,会写"骄、谦、虚"等12个生字。能正确读写"骄傲、国王"等15个词语,运用查工具书、联系上下文等多种方法理解词语。

(2)抓住陶罐和铁罐的对话,通过它们说话时的不同神态、语气描写,体会铁罐的傲慢无礼和陶罐的谦虚而不懦弱,并分角色有感情地朗读课文。(重点)

(3)感受故事告诉的每个人都有长处和短处,要善于看到别人的长处、正视自己的短处,学习正确看待人和事物的道理。(难点)

(4)通过阅读《北风和太阳》体会北风和铁罐的相似之处。

(三)语文要素落实策略

策略一:创设情境,分角色朗读,体会人物性格。

以读促讲,让学生在体会人物心情、分角色朗读中感悟人物性格特点。可引导学生关注提示语,圈画出描写铁罐、陶罐神态的词语,如"傲慢、谦虚",尝试读出人物各自不同的语气。在此基础上,进一步体会两个罐子神态、语气的不同,从而理解铁罐的傲慢无礼和陶罐的谦虚宽容。

策略二:巧抓情节,理解寓意。

寓言故事往往借助故事情节的矛盾处和反转处来揭示寓意。课文第二部分交代了故事的结局,后来傲慢自大的铁罐化为乌有,而谦虚的陶罐却依旧光洁。故事情节发生了巨大反转。在教学本部分时,应引导学生关注这样的故事设置,进而理解寓言故事所折射的深刻寓意。

策略三:启发联系生活,领悟寓意。

在读懂故事的基础上,结合两个人物的结局,让学生谈一谈从中明白了什么道理,还可以联系生活实际谈一谈这则寓言带来的启示。要引导学生正确认识陶罐和铁罐的优缺点,帮助学生明白每个人都有自己的长处和短处,懂得生活中要善于看到别人的长处、正视自己的短处的道理。

策略四:"涟漪型"拓展阅读。

课后"阅读链接"选自《伊索寓言》中的《北风和太阳》,引导学生进行对比阅读,使课文思想内容、表达方式学习能够有效延伸。

依据"涟漪型"拓展阅读策略,第一层次,推荐学生阅读《伊索寓言》,继续群文阅读,通过阅读国外寓言故事,感受其中蕴含的道理,树立正确的观念。第二层次,继续拓展有关寓言故事的文学作品,如《拉封丹寓言》《克雷洛夫寓言》,让学生在寓言故事王国遨游,读各国寓言故事,悟深刻道理,继而影响学生的生活态度,培养健全人格。

(四) 教学设计

一、激发兴趣,导入新课

师:同学们,今天我们学习一个有趣的寓言故事。请同学们看黑板,齐读课题。

师:通过课题你知道了什么?

生：课文主要写了陶罐和铁罐。

师：寓言的主人公是两只罐子，今天老师把陶罐和铁罐请到了我们的课堂上，请同学们看一看并谈一谈对陶罐和铁罐的了解。

生：铁罐是用铁做的罐子，比较结实；陶罐是用陶土做成的，容易碎。

师：那么两只罐子之间会发生什么故事呢？我们还是一起走进这个寓言故事吧。

二、初读课文，整体感知

（一）预习检查，学习词语

师：课前我们已经借助自主学习单自学了课文，相信你一定有了许多收获。先来看看词语，可以吗？我要来考考你。

（1）出示词语，自由读。

宫殿　轻蔑　住嘴　神奇　奚落　谦虚

价值　光洁　懦弱　骄傲　美观　看不起

（2）找四位小老师读。师相机指导并评价。

（3）全班一起读。

（4）师：这些词语里含有一组反义词，请同学们快速找一找，看看谁找得又准又快。

生：骄傲和谦虚。

师：你找的不但快而且准，真棒！

（二）概括课文的主要内容

师：同学们，在这些词语中还有几个词"神通广大"，只要抓住这些词语就能概括出课文的主要内容（出示4个词语）。谁来读一读？（找学生读）

骄傲　谦虚　看不起　光洁

师：现在请你放开声音自由读课文，然后试着用这些词语来说一说课文讲了一个什么故事？

生：骄傲的铁罐看不起谦虚的陶罐，多年以后被挖掘出来，陶罐依然光洁美观,但铁罐已经消失不见了。

师:看,同学们,今后我们就可以这样,抓住课文中的重点词语来把握课文的主要内容。这不失为一个学习的好方法。

三、走进文本,重点研读

(一)借助"奚落"这个关键词,引导学生运用合适的方法理解词语"奚落",并抓住此重点词语层层递进地展开教学

1. 出示第一段。

师引读,并将"奚落"一词变红。

师:请同学们齐读这个词。(生:奚落)奚落是什么意思呢?

生:用尖刻的话数说别人的短处,使人难堪。

师:那你通过什么方式理解的这个词语的意思?

生:我是用查字典的方法理解的。

2. 师(总结):很好,这位同学通过借助工具书(或查字典)的方式理解了词语意思,这是一种方法。那铁罐到底是怎样奚落陶罐的呢?相信学习了下文,同学们会对"奚落"这个词有更深的体会和理解。

(二)通过陶罐和铁罐的对话以及表示神态的词句,体会铁罐的傲慢无礼和陶罐谦虚而不柔弱的特点

1. 师:铁罐是如何奚落陶罐的呢?请同学们默读课文第2~9自然段,用"—"划出铁罐奚落陶罐的话,用"～"划出陶罐回答的话,并想想这是什么样的铁罐和陶罐。

2. 师:同学们对照着大屏幕看看你划对了吗?谁来说一说这是一个什么样的铁罐?又是一个怎样的陶罐呢?

生:这是一个傲慢的铁罐。(板书:傲慢)

陶罐非常谦虚。(板书:谦虚)

师:你真会读书,一下子就抓住了各自的特点。

3. 出示铁罐和陶罐的四次对话。

173

师：傲慢的铁罐是如何奚落陶罐的？让我们一起去看一看吧。

（1）出示第一句话。

"你敢碰我吗，陶罐子！"

师：谁来读一读？（师相机评价）

师：下面老师想和同学们比比赛，看看谁读的这句话更好。你们敢不敢？

师与学生读。（师相机评价，调动学生积极性，活跃课堂气氛）

（2）出示第二句话。

"我就知道你不敢，懦弱的东西！"

师：铁罐又说了什么呢？谁来读一读？（请一学生读）

师：什么是"懦弱"？

生：软弱无能。

师：是的，因此铁罐更加轻蔑了。同学们看插图，铁罐在说这句话的时候是什么样子的？

生：铁罐是轻蔑的。你看它叉着腰，闭着眼，张着嘴，鼻子高高地撅着，一副嫌弃看不起的样子。

师：你观察得可真仔细！谁能像铁罐似的这样来轻蔑地读一读？（师请两学生读，然后全班一起读，并相机评价）

（3）出示句子。

"住嘴！""你怎么敢和我相提并论！你等着吧，要不了几天，你就会破成碎片，我却永远在这里，什么也不怕。"

师：同学们看，铁罐恼怒了，请男生齐读。（师相机评价）

师：同学们，什么是"相提并论"？

生：把不用的人或事物不加区别地混在一起来讨论。

师：那在课本中铁罐不想和谁在一起被讨论啊？

生：陶罐。

师：你看，这样都不行，多么傲慢的铁罐啊！

（4）出示句子。

"和你在一起,我感到羞耻,你算什么东西!"

"走着瞧吧,总有一天,我要把你碰成碎片!"

师:最后铁罐连和陶罐在一起都觉得是羞耻了! 全班一起读!

（5）出示铁罐和陶罐的对话并红蓝分明,总结铁罐的特点。

"你敢碰我吗,陶罐子!"铁罐傲慢地问。

"不敢,铁罐兄弟。"陶罐谦虚地回答。

"我就知道你不敢,懦弱的东西!"铁罐说,带着更加轻蔑的神气。

"我确实不敢碰你,但并不是懦弱。"陶罐争辩说,"我们生来就是盛东西的,并不是来互相碰撞的。说到盛东西,我不见得就比你差。再说……"

"住嘴!"铁罐恼怒了,"你怎么敢和我相提并论!你等着吧,要不了几天,你就会破成碎片,我却永远在这里,什么也不怕。"

"何必这样说呢?"陶罐说,"我们还是和睦相处吧,有什么可吵的呢!"

"和你在一起,我感到羞耻,你算什么东西!"铁罐说,"走着瞧吧,总有一天,我要把你碰成碎片!"

陶罐不再理会铁罐。

师:同学们,放开声音去读一读铁罐说的话,看看你发现了什么。

生 1:都有感叹号。

师:你的眼睛真闪亮啊! 一个感叹号就说明了铁罐的语气多强烈,就看出了铁罐有多傲慢,多么看不起陶罐!

生 2:铁罐说的话越来越长。

师:你可真会观察! 和陶罐在一起铁罐越来越埋怨,越来越不满,语言越来越尖酸刻薄!

生 3:铁罐说话的态度一次比一次恶劣。

师:它的态度有哪些变化,你能找出关键词来说一说吗?

生：傲慢、轻蔑、恼怒、羞耻。（标红）

师：同学们，铁罐的语言越来越尖酸刻薄，态度越来越恶劣，原来铁罐就是这样奚落陶罐的啊！你看，我们通过朗读，借助插图，联系上下文，就更好地理解了奚落的意思，这都是非常好的学习方法。

师：那为什么铁罐会如此奚落陶罐呢？

生：因为看不起。

师：为什么看不起呢？

生：因为陶罐容易碎。

师：陶罐易碎。（板书：易碎）那铁罐呢？

生：坚硬。（板书：坚硬）

师：所以傲慢的铁罐才多次提到要把陶罐碰成碎片。在铁罐的眼里，陶罐的易碎就是它最大的缺点，可以说是一无是处、毫无作用。

（6）出示铁罐和陶罐的对话并红蓝分明，总结陶罐的特点。

师：如果你是陶罐，面对铁罐的奚落，你会怎么说？（学生答，师相机评价）

师：那课本中的陶罐是如何说的呢？请学生读第一句。（师相机评价：真是谦虚又有礼貌的陶罐啊！）

出示：

"我确实不敢碰你，但并不是懦弱。""我们生来就是盛东西的，并不是来互相碰撞的。说到盛东西，我不见得就比你差。再说……"

师：同学们来读一读陶罐的这句话，你读懂了什么？

生1：陶罐和铁罐的用处都是盛东西的。

生2：陶罐并不懦弱。

师：是的，面对铁罐的奚落，陶罐在据理力争。

生3：陶罐盛东西不比铁罐差。

师：是的，它们的作用都是盛东西的，陶罐不比铁罐差。

师：那陶罐还会再说什么呢？现在请同学们在书上省略号的地

方,把它写下来。

（学生配乐写,师巡视,完成后配乐合作读）

师（总结）：同学们说得太好了,这就是陶罐的心里话。看,陶罐也有陶罐的长处啊！面对铁罐的奚落,陶罐在不卑不亢地给铁罐摆事实、讲道理呢。一直想跟铁罐和睦相处,可是铁罐却什么也听不进去。

（7）分角色饰演,加深学生对课文内容的理解。

师：来,让我们戴头饰分角色演一演吧。再一次体会铁罐的傲慢无礼和陶罐的谦虚克制。其他同学坐好,看看谁是认真倾听的文明小观众。（选角色饰演并相机进行评价）

四、总结全文,拓展阅读

（一）配乐范读

师配乐范读第 9 ～ 11 自然段。

（二）总结延伸

师：许多年后的陶罐怎么样了？请同学们自由读课文的第 12 ～ 17 段。

生：多年以后,陶罐依然光洁美观。（板书：光洁美观）

师：陶罐成了光洁美观有价值的古董,而那个说永远存在的铁罐呢？

生：消失不见了。（板书：消失不见）

（三）补充科学小知识

铁罐为什么会消失不见？

（四）问题回答,总结全文

1.师：读了这个故事,你想对铁罐说点什么呢？

出示：我想对铁罐说："＿＿＿＿＿＿＿＿＿。"

（指学生回答,师相机评价）

2.师：通过学习课文你懂得了什么道理？

（指学生回答,师相机评价）

3.师（总结全文）：我们不能只看到自己的长处,拿自己的长处和别人的短处来比是不对的。要谦虚,正视自己也正视他人（善于发现别人的长处,正确看待自己的短处)。看待任何事物,都不要目光短浅。让我们大家学会相互尊重、取长补短、和睦相处吧!

　　4.师(拓展阅读):像这样的寓言故事还有很多,老师给同学们推荐《伊索寓言》这本书。另外请同学们读一读《北风和太阳》这篇文章,课下相互说一说北风和铁罐的相似之处。

　　五、巩固练习,迁移运用

　　1.阅读课后"阅读链接",和同学交流北风和铁罐的相似之处。
　　2.阅读更多的寓言故事,体会其中所蕴含的道理。

　　六、板书设计

> ## 27　陶罐和铁罐
>
> 谦 虚　　　傲 慢
> 易 碎　　　坚 硬
> 光洁美观　消失不见
> 正视自己　正视他人

【评析】

关注文体　聚焦表达

——《陶罐和铁罐》课例点评

　　文体是一种思维方式,从文体的角度来说,借助短小、精悍、浅显的故事,传递深刻而富有指导性的道理或教训,启发人们对生活进行思考是寓言的价值所在。寓言的阅读需要从基本的故事入手,初步感知故事的情节和人物在故事中的言行,从人物的经验和教训中获得思考。因此,本节课教师对寓言故事《陶罐和铁罐》的解读,努力遵循了以下四个层次。

一、读懂故事，厘清情节发展

解读寓言故事很重要的一条是让学生在仔细梳理故事情节和发展变化的逻辑过程中，感知寓言文本内含的一些主要内容，从而为把握故事中蕴含的深刻哲理做铺垫。正如严文井曾经说的："寓言是一个怪物，当它朝你走来时，分明是一个故事，生动活泼；而当它转身要走开的时候，却突然变成了一个哲理，严肃认真。"

本课文故事情节相对较简单，分为两个主要部分：其一，国王橱柜里的两只罐子之间进行着一组对话，铁罐不断奚落和讥讽陶罐，体现了铁罐的自以为是；其二，多年过去了，随着王朝的覆灭、宫殿的倒塌，陶罐被人重新挖掘出来，它光彩依旧，铁罐子却不见了踪影。三年级的学生能较容易梳理出故事包含的这两个部分，但这两部分间所蕴含的内在联系容易忽略。比如从最后结局上看，陶罐被人发现，从地下泥土坑中挖出来后"还是那样光洁、朴素、美观"，而铁罐最终的结果却是"连影子也没看到"。将前后两个部分进行对比，不难发现作者在前一部分着力描写铁罐奚落、嘲笑陶罐的价值，就在于凸显后部分所形成的巨大差异：骄傲自满、自以为是的铁罐不见了踪影；而谦虚谨慎的陶罐却能一直保持着自己一贯的光洁美观。

在课堂上，教师不仅关注了故事情节层面的发展，更强调了情节与最终结果之间的联系，让学生知其然又知其所以然，厘清了起因、经过和结果之间的联系。这样的解读不仅帮助学生读懂了故事内容，更让学生明白了其中的联系，可为学生后续感悟道理的深度学习奠定基础。

二、感受形象，体悟人物特点

寓言文本有劝说、告诫的作用，很多故事是虚构的，同时对故事中人物形象和特点的刻画都运用了夸张的手法，旨在进一步放大作者想要呈现的人物形象。因此，在理解内容的基础上，接下来要聚焦人物言行细节，把握人物特点，提升学生对故事哲理的内在认知。

在教学《陶罐和铁罐》时教师对文本的解读关注角色的具体行为。

比如,铁罐分别以"傲慢""轻蔑""恼怒"的态度,呈现出情感的变化,因此就需要借助铁罐的语言描写,走进人物内心,感受铁罐的傲慢和高高在上;而对陶罐形象的学习,则要关注陶罐在面对铁罐奚落时的态度,抓住关键词"谦虚""争辩""诚恳"等,体会陶罐的谦虚、礼貌等特点。与此同时,还需要抓住课文第二部分,从陶罐被人挖出来后仍旧没忘曾经奚落和嘲笑自己的铁罐,感受陶罐的宽容大度。寓言故事所反映的深刻道理是借助具体人物形象来展现的。

三、领悟道理,把握文本主旨

本节课教师引导学生关注文本中的价值和情感,从故事中的情节发展和人物的言行中关注寓言故事这一文本所表达的内在价值。

如何解读《陶罐和铁罐》这篇课文所蕴含的道理呢?可以再从一个故事结局入手。比如一个陶罐在被一个人无意从泥土裂缝中偷挖了出来后变成"还是那样光洁、朴素、美观",而铁罐最终的结果却是连一个影子也都没有见到。两者结局形成反差。寓言故事的结尾绝不是随便设置的,而是作者独具匠心的体现,不仅是故事情节发展的必然趋势,也是人物言行推动其形成这样的结果,更是编者想揭示的道理。

聚焦《陶罐和铁罐》故事结局,教师从三个方面引领学生展开探究:

(1)情节发展方面。原本在国王橱柜中的两个罐子,因为自身材质的不同而发生了争执。随着时间的推移和消逝,陶罐和铁罐的角色已经注定了不同的结局。

(2)人物内在言行方面。铁罐咄咄逼人,一副高高在上、不可一世的样子,必然有不好的结局,而陶罐为人谦虚,顺理成章地保持了原有的价值。

(3)认识事物本质层面。陶罐和铁罐的鲜明特点也更容易唤起读者的内在警觉:同样都是罐子,为什么会存在这么大的差异呢?

最后引导学生认识到:所有人都有自己的特点,要全面地认识自己和他人。原本高高在上的铁罐,在若干年后消失得无影无踪。这种巨大的落差有助于引发学生发自内心的思考。因此,只有融入故事情境,才能真正推动学生内在认知能力意识的不断发展。

四、链接生活，启发学以致用

著名教育家陶行知曾说：语文的外延即生活。因此，解读寓言类文本，既不能停留在故事层面，也不能止步于对哲理的提炼和感知，更重要的是能与自身生活进行关联，这才是解读寓言类文本的最高境界。

就本文而言也有障碍点。作者完全是以入情入境的方式描述故事，与生活资源的联系并不鲜明。为此，教师鼓励学生从文本表达的信息中找出文本与生活的链接点。从寓言拟人化的特征看，作者赋予了陶罐和铁罐生命价值，并具备鲜明的生活气息。教师在导入环节说："今天老师把陶罐和铁罐请到了我们的课堂上。"总结全文时说："你想对铁罐说点什么呢？"与生活中的人事和现象进行关联，从而使学生更好地关注文本中的角色体验。

本节课教师能够依据课程标准，潜心钻研教材，领会编写意图，深刻解读寓言故事这一文体特征，从情节、人物、主题和生活四个方面入手，助推学生综合性语文能力的提升，有效落实了"读寓言故事，明白其中的道理"这一语文要素。

第七章
体会情感训练体系
单元语文要素落实策略例举

第一节 体系解读

关于"体会作者描写的场景、细节中蕴含的感情"的要求，2022版课标指出了明确的方向。小学语文阅读教学应重视对文本的情感体验，教师在阅读教学中要抓住文本所表达的思想感情，使学生获得情感体验，以便更好地体会课文的思想内容，抓住作者的写作目的。文本中流露的情感是通过语言文字表达的，因而语言文字的训练也不能离开情感体验。小学阶段学生对情感体会的学习是递进式的，从有较为丰富的积累和良好的语感，注重情感体验，发展感受和理解能力，到能初步把握文章的主要内容，体会文章表达的思想感情，最后在阅读中了解文章的表达顺序，体会作者的思想感情，初步领悟文章的基本表达方法。

情感不仅可以在语言对话中直接表达，还可以在作者不同场景的细节描写中呈现。教师在引导学生研究"细节"和"场景"描写对表现人物情感的作用时，对文本中典型的"细节"和"场景"进行"增删调改"，然后引导学生对比原文阅读，体会作者写法的精妙所在，深入体会文本的情感，并从中学习写作。

　　本单元的语文要素是"体会作者描写的场景、细节中蕴含的感情"。单元文本的选择和阅读要素的选择基本是一致的,同时可以相应提取统一的人文主题。即使有些文章与人文主题的关联不是特别大,其与语言要素也是高度契合的。

　　体会情感训练体系语文要素见表 7-1。

表 7-1　体会情感训练体系语文要素

年　　级	单　　元	语文要素
一年级下册	第二单元 心愿	读好带感叹号的句子。
	第三单元 伙伴	读好对话。
	第七单元 好习惯	读出疑问句和祈使句的语气。
	第八单元 问号	分角色读好课文。
二年级上册	第五单元 思维方法	初步体会课文讲述的道理。 读出不同句子的语气。
	第七单元 想象	展开想象,获得初步的情感体验。
二年级下册	第一单元 春天	朗读课文,注意语气和重音。
	第二单元 关爱	试着有感情地朗读课文。
三年级上册	第三单元 童话世界	感受童话丰富的想象。
三年级下册	第五单元 习作单元 大胆想象	走进想象的世界,感受想象的神奇。
四年级上册	第一单元 自然之美	边读边想象画面,感受自然之美。
	第四单元 神话故事	感受神话中神奇的想象和鲜明的人物形象。

年　级	单　元	语文要素
四年级上册	第六单元 童年生活	通过人物的动作、语言、神态体会人物的心情。
四年级下册	第一单元 乡村生活	抓住关键语句,初步体会课文表达的思想感情。
	第三单元 现代诗	初步了解现代诗的一些特点,体会诗歌表达的情感。
	第七单元 人物品质	从人物的语言、动作等描写中感受人物的品质。
	第八单元 中外经典童话	感受童话的奇妙,体会人物真善美的形象。
五年级上册	第四单元 爱国情怀	结合资料,体会课文表达的思想感情。
	第六单元 舐犊情深	体会作者描写的场景、细节中蕴含的感情。
五年级下册	第一单元 童年往事	体会课文表达的思想感情。
	第四单元 责任	通过课文中动作、语言、神态的描写,体会人物的内心。
六年级上册	第四单元 小说	读小说,关注情节、环境,感受人物形象。
	第七单元 艺术之美	借助语言文字展开想象,体会艺术之美。
六年级下册	第四单元 理想和信念	关注外貌、神态、言行的描写,体会人物品质。

　　三个学段在学习体会感情方面给学生提出了不同的要求,随着学段的升高,体会感情的方法也更加具体、深入。第三学段注重学生从具体表达方法的角度体会文章的情感和作者的写作方法。

　　本章例举的五年级上册第六单元的语文要素是"体会作者描写的场景、细节中蕴含的感情"。

第二节　课例与评析
体会朗读　品悟情感　联系生活　融情于景
——统编小学语文五年级上册第六单元《慈母情深》

【课例】

一、单元解读

（一）教材编排

1.人文主题概说

《慈母情深》选自统编小学语文五年级上册语文教材第六单元。本单元以"舐犊情深"为主题,编排了精读课文《慈母情深》《父爱之舟》和略读课文《"精彩极了"和"糟糕透了"》。这些课文有的写了无私的母爱,有的写了深沉的父爱,还有的写了父母对孩子不同的爱的方式,展现了父母与孩子之间的点点滴滴,字里行间蕴含着真挚的情感,能引起读者的共鸣和思考。

2.语文要素解析

1）概念界定

本单元的语文要素是"体会作者描写的场景、细节中蕴含的感情"。

什么是场景描写?场景描写就是对一个特定的时间与地点内许多人物活动的总体情况的描写。它往往是叙述、描写、抒情等表述方法的综合运用,是自然景色、社会环境、人物活动等描写对象的集中表现,能够起到刻画人物的作用,能够渲染气氛。场景描写深刻、具体、翔实,才能使人物的形象更完善、情节更深入、主题更深化。

就本单元课文编排来说,场景主要指对人们在特定时空做事情的情形的描写。

185

什么是细节描写？细节描写是指抓住生活中的细微而又具体的典型情节，加以生动细致地描绘。它渗透在对人物、景物或场面描写之中，具体包括环境细节描写、外貌细节描写、语言细节描写、动作细节描写、心理细节描写。

细节描写是刻画人物性格，揭示人物内心世界，表现人物细微复杂感情，点化人物关系，暗示人物身份、处境等最重要的方法。可以说，没有细节描写，就没有活生生的、有血有肉有个性的人物形象。一篇文章，恰到好处地运用细节描写，能起到烘托环境气氛、刻画人物性格和揭示主题思想的作用。

2）对应的学段目标发展变化

培养学生体会感情的能力是长期性的，结合每个学段语文要素的安排（表 7-2），可知是由浅到深、由易到难的过程。

表 7-2　各学段的"体会作者描写的场景、细节中蕴含的感情"语文要素

学　　段	目标要求
第一学段	阅读浅近的童话、寓言、故事，向往美好的情境，关心自然和生命，对感兴趣的人物和事件有自己的感受和想法，并乐于与人交流。
第二学段	能初步把握文章的主要内容，体会文章表达的思想感情。能对课文中不理解的地方提出疑问，乐于与他人讨论交流。
第三学段	在阅读中了解文章的表达顺序，体会作者的思想感情，初步领悟文章的基本表达方法。

本单元语文要素是 2022 版课标中第三学段"在阅读中了解文章的表达顺序，体会作者的思想感情，初步领悟文章的基本表达方法"这一目标要求的具体表现。在四年级的学习中，开始引导学生借助简单的抓关键词句的方法初步体会课文的思想感情，在五年级上册第一单元中，继续给予学生方法指导，借助具体事物体会情感是如何表达的。在本单元的学习中，新增了结合资料的方法，引导学生在原有的学习基础上，对课文表达的情感产生多方面、多角度的体会。

3）基于语文要素的单元编排特点

本单元教材紧紧围绕人文主题和语文要素进行编排,遵循"学习理解—巩固运用—迁移创新"的学习模式。

三篇选文都通过一定场景和细节描写来表现父母之爱。《慈母情深》要求学生边读边想象描写的场景、细节,体会字里行间蕴含的母爱;《父爱之舟》让学生说出作者梦中出现的难忘的场景,体会深切的父爱;《"精彩极了"和"糟糕透了"》记叙父母对一个七八岁孩子写的一首诗的不同评价,以及对孩子成长的影响,让学生学会理解父母不同方式的爱。

语文园地由交流平台、词句段运用以及日积月累三部分组成。交流平台围绕本单元课文中描写的场景、细节,引导学生展开交流,梳理和总结作者表达感情的方法,引导学生在阅读时注意品味印象深刻的场景、细节,更好地体会作者表达的思想感情,在教学中可灵活使用。词句段运用安排了3项内容。第2题让学生阅读《慈母情深》《父爱之舟》中两个场景描写,想象画面,进一步体会场景描写在课文中的作用。第1段描写了母亲工作的场景,体现了环境的恶劣,衬托出母亲的辛劳和挣钱的不易,为情节发展营造氛围。第2段描写了"我"和父亲逛庙会的场景,庙会的热闹和物质的丰富衬托了父亲和"我"的困窘,为下文父亲给"我"买热豆腐脑和做万花筒作铺垫,也表达了"我"迷恋庙会上玩的和吃的,却不忍心叫父亲买的心情。这是对课文学习的进一步回顾、梳理,更是对所学方法的巩固与运用。

本单元的习作话题是"我想对您说",与单元主题以及口语交际的内容紧密关联,贴近生活,让学生以写信的方式向父母表达自己的爱,说说自己的心里话,促进学生更好地和父母沟通、相处,意在通过读写结合,促进课内所学方法的迁移创新。

（二）单元学习目标

单元学习目标为:

（1）认识31个生字,读准1个多音字,会写26个字,会写37个词语。

（2）默读课文，能通过课文描写的场景、细节，体会其中蕴含的情感，感受父母和子女之间的爱。

（3）理解题目和句子的含义，体会文中反复出现的词语的表达效果。

（4）通过交流，总结体会作者表达的感情的方法。

（5）想象画面，能体会场景描写在课文中的作用。

（6）能写出自己成长中新的认识和感受。

（7）背诵有关勤俭节约的名句。

（三）单元重难点

单元重难点为：

（1）能通过课文描写的场景、细节，体会其中蕴含的情感，感受父母和子女之间的爱。

（2）给父母写一封信，用恰当的语言表达自己的看法和感受以及自己成长中新的认识和体会。

（四）学情分析

本单元人文主题贴近学生生活实际，父母之爱对学生来说并不陌生，容易与作者产生共鸣，站在作者的角度进行思考和理解。这一阶段的学生思维活跃，求知欲强，乐于表达，对于父母的深情和关爱，教师只要把握生活本色，稍加点拨，学生便会感受深刻。学生在学习本单元之前已经具备了借助具体事物和资料等从不同角度体会情感的能力，但是学生还没有掌握从场景和细节方面体会情感的方法。在学习过程中，学生欠缺对场景和细节品味的能力，这需要在本单元的学习中解决。

（五）单元教学策略

策略一：情境营造，以读为本，读中悟情。

教师在教学中可以将情景教学的方法贯穿教学始终，以激发学生对生活的体验、对真情的感悟。引导学生在理解课文内容的基础上，采用多种方式进行朗读，在读中再现情境，在读中体会感情。

策略二：引导想象，丰富画面，还原场景。

本单元课文内容贴近生活，浅显易懂，情感线明显，可指导学生关注能够表达作者情感的场景描写。课文极具画面感，字里行间都流露出父母之爱，教学时宜让学生边读边想象课文中描写的画面，品味感触最深的地方，体会作者与父母之间浓浓的情谊。

策略三：品味细节，读写结合，促进表达。

本单元课文中很多句子都具有极强的表达效果，可由点带面引导学生关注对话和词语的反复对情感表达的效果，关注标点符号在文中起到的作用。用对比、换词等方式，在不断品读交流中体会作者的用意，关注表达效果，加深对文本的领悟，从而构建属于自己的语言。

策略四："涟漪型"拓展阅读。

在学习《慈母情深》时，可引导学生阅读《慈母情深》原文以及文章《母亲的怀念》，体会能够表现母爱的其他场景和细节。在学习《父爱之舟》时，可引导学生阅读朱自清表达父爱的名作《背影》，可让学生阅读体会不同作家笔下不同风格的父母之爱。还可以推荐学生阅读美国作家艾尔玛·邦贝克的作品《父亲的爱》，体会文化背景不同却同样深沉感人的父爱。

二、《慈母情深》教学设计

（一）课文编排特点

本单元的语文要素是"体会作者描写的场景、细节中蕴含的感情"。本单元的课文对故事中的场景、人物言行举止中的细节都有具体的描述，学生通过品读交流印象深刻的场景、细节，可以更深入地把握内容，更细致地体会蕴含在其中的人物情感。

《慈母情深》要求学生边读边想象描写的场景、细节，体会字里行间蕴含的母爱。

《慈母情深》一文配有一幅插图，生动再现了"我"在工厂找母亲的场景。

《慈母情深》课后第 1 题是引导学生边读边想象课文中的场景,感受"慈母情深"。第 2 题是引导学生抓住两处细节描写体会作者对母亲的敬意和热爱。这两个题目都是在落实单元语文要素。课后还安排了"小练笔",目的是引导学生结合生活经历,学习在真实的语境中用真实的语言表达真实的感情,为单元习作表达自己的感受进行初步尝试,与本单元习作要素相呼应。

○ 默读课文,边读边想象课文中的场景,把你感触最深的地方画出来,说说哪些地方体现了"慈母情深"。

○ 读下面的句子,注意反复出现的部分,想想它们的表达效果。文中还有一些这样的语句,画出来和同学交流。

◇ 背直起来了,我的母亲。转过身来了,我的母亲。褐色的口罩上方,一对眼神疲惫的眼睛吃惊地望着我,我的母亲的眼睛……

◇ 母亲说完,立刻又坐了下去,立刻又弯曲了背,立刻又将头俯在缝纫机板上了,立刻又陷入手脚并用的机械忙碌状态……

小练笔

联系上下文,说说为什么"我"拿到钱时"鼻子一酸"。你有过"鼻子一酸"的生活经历吗?试着写一写。

○ 默读课文,说说在"我"的梦中出现了哪些难忘的场景,哪个场景给你的印象最深。

(二)学习目标及重难点

学习目标及重难点:

(1)认识"魄、抑"等 10 个生字,读准多音字"龟"。

(2)默读课文,想象描写的场景、细节,体会慈母情深。

(3)体会文中反复出现的词语的表达效果。通过想象文中对作者"进工厂找母亲"和"向母亲要钱买书"两个场景的描写,抓住对环境与细节的描写,体会母亲工作的辛劳,感受母亲宁愿劳苦、宁愿贫穷,也要让孩子读书的胸怀和远见。(重点)

(4)通过抓住课文中的细节描写,感受作者情感的变化,进而体会作者对母亲的感激。(难点)

（三）语文要素落实策略

策略一：抓住场景，创造情境，读中悟情。

文中有 3 处细节描写："母亲掏衣兜，掏出一卷揉得皱皱的毛票，用龟裂的手指数着。""母亲却已将钱塞在我手里了……""数落完，又给我凑足了买《青年近卫军》的钱。"在引导学生画出这 3 处句子后，重点要放在文字的品读上：从这些场景的细节中你感受到了什么？"掏"说明母亲已经倾尽所有；"揉得皱皱的"是说这些钱母亲已经攒了很久，放在衣兜里一直舍不得用；"毛票"是零钱的意思，用"龟裂"的手指数着"毛票"，足见母亲的辛劳，家庭的困顿。然而，面对孩子买书的愿望，母亲却毫不犹豫地"塞"。这个"塞"字用得好：一方面，通过写动作很快，表现母亲的毫不犹豫；另一方面，她不愿意边上的女人拦着她给孩子钱买书，也不愿意听到女人责备"我"不懂事，所以要偷偷地"塞"。这些细节都需要抓住重点词品读才能够读出真实的感受。

策略二：聚焦词句，品味细节，感悟深情。

视角切换到"我"的角度。"我"去厂里要钱时，文中几次写看到母亲的样子呢？引导学生发现 3 处句段，并且发现"我"目光中蕴含的感情。第一处描写是远镜头，看到的母亲是这样的："我穿过一排排缝纫机，走到那个角落，看见一个极其瘦弱的脊背弯曲着，头凑到缝纫机板上。"作者在这里没有直接交代这就是"我"的母亲。如果直接交代，应该是这样来写："我穿过一排排缝纫机，走到那个角落，看见了我的母亲。她极其瘦弱的脊背弯曲着，头凑到缝纫机板上。"这里可以引导学生在比较中了解作者这样表达的用意："我"一下子认不出母亲，不敢相信这就是母亲。第二处描写是"褐色的口罩上方，一对眼神疲惫的眼睛吃惊地望着我，我的母亲……"这一处是慢动作的描写，我的心中充满辛酸，如果有面部表情特写，我的脸上一定满是泪水。这样疲惫、这样弯曲着背的母亲就是平日里为我们操劳的母亲，为我们带来快乐的母亲吗？第三处描写是"母亲说完，立刻又坐了下去，立刻又弯曲了背，立刻又将头俯在缝纫机板上了,立刻又陷入了忙碌……"母亲辛苦工作、争分夺秒挣钱养家糊口的形象变得高大起来。生活的窘迫没有让母亲变得吝啬。

策略三:启发想象,真情对话,感悟成长。

学到此处,学生对文中母亲的形象已经有了一个较清晰的认识。"我鼻子一酸,攥着钱跑了出去……"行文至此,似乎可以结束了,但课文并没有结束,而是又加了4个自然段。文字简短,但其中的转折却是攥着钱跑出去没买让自己失魂落魄的书,而是给母亲买了水果罐头。这出乎意料,是一次转折。按理说,母亲看到孩子孝敬自己的水果罐头,应该高兴才对,但文中母亲却是"数落了我一顿"。这又出乎意料,是第二次转折。被数落后,拿着母亲凑来的钱又买了书。这更出乎意料,毕竟家境如此贫困,母亲挣钱如此艰辛,怎会再花"巨资"来买书呢?这是第三次转折。这"一波三折"就是作者梁晓声的匠心独到之处了。通过这一次次的转折,作者其实是在呼应文中的"那一天我第一次觉得自己长大了,应该是一个大人了"这句话。

在"一波三折"中,"长大"的真正内涵也被揭示出来了。长大不仅是身体的成长,更是精神的成长:知道要孝敬母亲,这是一层"长大",更深层次的"长大"其实是理解母亲、懂得母亲、体谅母亲。

策略四:"1+X"拓展阅读。

依据"1+X"("涟漪型")拓展阅读策略,第一层次,首先推荐作者梁晓声的原著《母亲》。学生从结构、内容方面了解作者是怎样表达情感的,体会慈母情深。然后继续群文阅读,以体会感情的语文要素为依托,通过不同形式的阅读,进一步走进文本,感悟作者的情感表达。推荐阅读文章《秋天的怀念》,感悟细节描写的动人之处。第二层次,继续拓展有关体会情感的相关文学作品,如朱自清的《背影》《我的父亲》。这些文章都是表达父母之爱的。类似结构和题材文章的推荐,意在夯实学生对语文要素的理解,为以后的迁移运用、灵活表达做准备。

（四）教学过程

一、激发兴趣，导入新课

师：（出示课题）今天我们来学习著名作家梁晓声的一篇文章《慈母情深》。谁来读课题？我听出来了，你把重音放到了"情"上。这篇文章选自梁晓声的短篇小说集《母亲》，记录了他和母亲之间平凡的小事，却向我们展示了母亲对孩子真挚而深沉的感情。

二、初读课文，整体感知

1.出示本课生词。

落魄　怂恿　压抑　颓败　褐色　疲惫

龟裂　缝纫机　失魂落魄　震耳欲聋

（1）学生读生词，根据学生情况随机纠正并巩固读音。

（2）认识多音字"龟"，借助课文中的句子理解"龟裂"的意思。

（3）师（小结）：同学们看，这就是一双龟裂的手。龟裂就是指因为辛苦的劳动，手变得的干燥并且出现了裂纹。

2.师：生词大家都掌握了，我们进入课文的学习。课前同学们都预习了课文，谁能用自己的话说一说这篇课文主要讲了一件什么事。

师（小结）：听了你的概括，我知道了故事的起因——我想买书。（板书：想买书）

想得失魂落魄，于是我到工厂找母亲，跟母亲要钱买书。（板书：要钱买书）

最后母亲给了我一元五角钱，我拥有了自己的第一本长篇小说。（板书：拥有书）

同学们看，对于叙事性的文章，我们只要抓住事情起因、经过和结果，然后用自己的话将它们联系起来，就掌握了文章的主要内容。

谁再来用这个方法说一说课文的主要内容。

三、走进文本，重点研读

师：在我们看来，这就是一件买书的平凡小事，但是却让作者的情感发生了如此大的变化。下面请大家用心地读一读课文，看一看是哪些段落、语句写出了作者的感情发生了变化的。

1. 品读环境描写。

师：下面我们来交流一下是什么让作者的情感发生了如此大的变化？你都画出了哪些段落或语句。

（1）抓住细节体会母亲工作环境的恶劣。

师：呈现在作者眼前的是一个怎样的地方？引导学生抓住关键词体会母亲工作环境的特点：低矮、颓败、闷热、阴暗、拥挤、嘈杂。

A. 重点处理：拥挤。

哪里看出拥挤？引导学生关注反复出现的数字"七八十"，同时联系实际生活经验，感受母亲工作环境的拥挤。

B. 重点处理：嘈杂。

感受：母亲工作的地方还有什么特点？借助音频让学生感受七八十台缝纫机一起工作的那种刺耳的声音，感受母亲工作环境的嘈杂。

找证据：文中有很多地方体现了这个地方的嘈杂、声音大、快速找一找。

谈感受并朗读：刚才我们说了这么多，感受到了作者第一次来到母亲工作的地方。看到一个低矮、颓败、阴暗、闷热、拥挤的厂房，听到震耳欲聋的嘈杂声，感受到如身在蒸笼一样的闷热。想到母亲在这样的环境下工作不只是一天两天、一年两年，而将一直在这样的环境中工作！母亲为他们挣钱是如此不易！

作者的心情是怎样的？——惊讶、震惊、心疼！

大家说得真好，能把这种感觉读出来吗？自己试着读一读吧！

（2）谁来试着读一读。能把这份震惊与心疼读出来吗？

师：这就是母亲为他们挣钱的地方呀！让我们带着这份惊讶、心疼一起读。

2. 品读反复出现"我的母亲"慢镜头。

（引入"三个描写母亲的慢镜头"）

师：还有哪些地方的描写触动了作者，让他的情感发生了变化。

引导学生说出第 19 自然段并进行分析感悟与朗读。

（1）明确句子特点。

一起来看一看这个句子。它在表达上有什么特点？与我们平时说话有什么不同？

特点：出现三次"我的母亲"；动作在前，人物在后。

（2）对比朗读，体会作者为什么这样写。

出示修改后的第 19 自然段，与原文中第 19 自然段进行对比，通过对比朗读感受作者为什么这样写。

原因："慢"镜头，感受作者的震惊与心疼；感受母亲工作的辛苦。

（3）镜头回放，品味动作。

作者站在这满耳充斥着震耳欲聋的一排排缝纫机中看到母亲：

背直起来了——这是一个怎样的脊背？——这就是我的母亲！

转过神来了——出现在你的眼前的是一个怎样的面孔？——这就是我的母亲！

褐色口罩下方一对眼神疲惫的眼睛——这又是一双怎样的眼睛？——这就是我的母亲！

（4）体会作者心情。

此时，如果你就是作者，当你看到这样一位母亲时，你的心情是怎样的？带着这份感受读出来。

（5）创设情境引读。

如果今天不是我第一次来到这里，怎会看到母亲那憔悴的面庞！

如果今天不是我第一次来到这里，怎会体会到母亲工作是如此辛劳！

如果今天不是我第一次来到这里，又怎会懂得母亲挣钱的不易！

3.品读母亲的动作。

（1）小组合作,感受母亲动作"快"的句子,体会母亲争分夺秒工作的辛劳。

师：刚才通过一个慢镜头,将母亲的动作放慢,让我们感受到了作者的震惊与心疼。下面请同学们小组合作朗读,看一看哪些地方写出了母亲的"快",你又从中感受到了什么？

特点：语言简练,节奏快。

生：母亲掏衣兜,掏出一卷揉得皱皱的毛票,用龟裂的手指数着。

师：从这个"掏"字中你除了感受到母亲的动作快,还体会到了什么？

生：母亲却已将钱塞到我的手里了,大声回答那个女人。

（2）借助资料,体会一元五角的含义。

师：通过刚才的交流,让我们感觉到了母亲工作的分秒必争,还有毫不犹豫、不吝啬。有的同学或许会疑问不就是一元五角钱吗？不就是一本书吗？下面就让我们了解那个年代的一元五角钱。

补充材料：20世纪60年代的一元五角可以买到什么？

你是如何看待这一元五角钱的？在那个年代,一元五角是一笔金额很多的钱。

20世纪60年代一元五角能买什么？可以买2斤猪肉（1斤大约0.72元至0.73元）,另外加上1根冰棒；可以买10斤大米；可以买8.8斤食用盐；可以买2副扑克,这是那一代好多人的梦想；可以买红薯、土豆之类30斤以上；可以供农村一家人下一次馆子。

师：所以母亲还从来没有一次给过我这么多钱。我也从来没有向母亲一次要过这么多钱。

补充材料：梁晓声《母亲》原文节选。

结合这一段写作背景,这一元五角钱代表着什么？

《母亲》的原文中有这样一段描写："母亲是一位临时工,父亲去遥远的大西北工作,我们 5 个孩子,全凭母亲带养。母亲在一个街道小厂上班,每月工资 27 元。她每天不吃早饭,悄无声息地离开家,每天回家总在 7 点半左右。"

所以母亲身边的女工才会对母亲说:"大姐,别给!没你这么当妈的!供他们吃,供他们穿,供他们上学,还供他们看闲书哇!"

所以作者说:母亲还从来没有一次给过我这么多钱。我也从来没有向母亲一次要过这么多钱。

(3)结合交流体会作者的内心活动。

师:当作者手里拿着母亲塞过来的一元五角钱,看到母亲又立刻投入工作中,此时的他一定百感交集,请同学们拿起笔把作者的心理活动写下来吧!

那一天我第一次发现,母亲原来是那么瘦小!

那一天我第一次觉得自己长大了,应该是一个大人了!

那一天我懂得了感恩母亲!

那一天我给母亲买了一听水果罐头!

那一天我拥有了第一本长篇小说!

四、总结全文,拓展阅读

师:这件事情非常简单,但是作者通过场景的描写,抓住细节,刻画出了这份慈母情深。

师:同学们,学习完这篇课文,大家再回过头来读史铁生的《秋天的怀念》你一定会有更深刻的体会。下面就让我们读史铁生的《秋天的怀念》,画出触动你内心的场景,抓住细节,以标注的形式记录下你的感受。

五、巩固练习,迁移运用

1.搜集表现"母爱"的古诗句。

2.仿照本文的写法,用充满感情的文字来写写自己的母亲。

六、板书设计

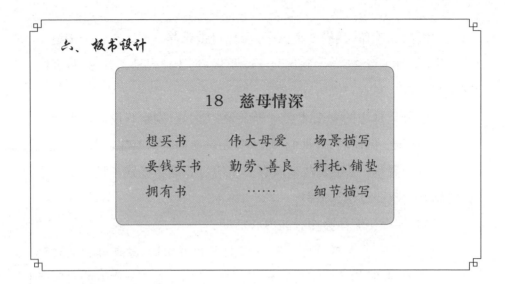

18 慈母情深

想买书	伟大母爱	场景描写
要钱买书	勤劳、善良	衬托、铺垫
拥有书	……	细节描写

【评析】

入场景 抓细节 悟情感
——《慈母情深》课例点评

《慈母情深》是五年级上册第六单元的一篇课文。《慈母情深》一文是梁晓声先生的同名小说《母亲》的一个片段。本单元的主题是"舐犊情深"。母爱从古至今就是永恒不变的主题,这一课是这个主题下非常典型的一种爱的表现形式。《慈母情深》讲述了"我"的母亲在十分艰难的生活条件下省吃俭用,并支持和鼓励"我"读课外书的故事经历,表现了母亲对儿女的舐犊情深,以及儿女们对无私奉献母亲的敬爱之情。本单元的语文要素是"体会作者描写的场景、细节中蕴含的感情"。

为了落实本单元的语文要素,教师主要采用了如下教学策略:

一、关注课文的语言,提高学生的语言鉴赏能力

1. 在文本赏析中提升学生的能力

在教师的课堂教学中,品析文本的语言教学做得比较扎实、深入,学

生能比较好地体会到场景和细节中蕴含的慈母情深,感悟到作者隐藏在文字背后浓浓的、无私的母爱。在语言品析中学生能够感受课文的内涵,感悟作者运用语言文字的巧妙,这其实就是学生的语言提升过程。教师在教学中要关注课文的字词、语句、段落、章节,通过文字的比较、迁移和创新等方法,帮助学生获得语言品析的能力和提升运用语文知识迁移的水平。课堂教学中,教师对"龟裂""掏""塞""极其瘦弱"等词语的感悟体会,没有停留在只"看一看图片""想一想意思"等层面上,而是在教师的带领下让学生更直观、更立体地感受并深深为之感动,从而促使学生更好地理解作者想要表达的思想感情,体会作者表达的慈母情深。

2.抓反复写法,感悟作者情感表达效果

在本课的教学中,教师借助课后练习第2题引导学生重点关注描写母亲"背"的两句话,关注课文中多处使用相同语句的写法。对学生来说,这可能是一种比较陌生的表达方式,但又是一种很好的教育资源。课堂中,教师引导学生产生疑问并质疑课文为什么不用简洁准确的语言写母亲的"背"。在学生的比较和讨论中,学生对这种语言表现形式和表达效果有了比较感性的认识。

二、搭建学习"支架",开展体验活动

学生的学习活动是不断突破的过程。在这个过程中,学生一定会遇到困难。教师需要帮助学生搭建从接受学习到灵活运用的学习"支架"。比如,学习"母亲掏衣兜,掏出一卷揉得皱皱的毛票,用龟裂的手指数着"这句话时,首先引导学生展开想象,想象"龟裂"的手是怎样的,再引导学生联系他们的生活实际,最后出示图片,直观呈现"龟裂",帮助学生感受作者笔下母亲的手的样子,从而体会母亲工作的艰辛以及母亲的不易,为下文母亲不惜借钱支持"我"读书做铺垫。教师借助课文的图示,引导学生梳理课文中的场景,将零碎化的信息串成一个整体,使抽象的内容变得更为具体化,更贴合学生的学习特点,从而能降低学生学习的难度。教学中,"支架"的搭设让学生经历了语文实践的完整过程,

这也是发现方法和应用方法的过程。

三、设置梯度,提升迁移运用的能力

从课堂教学实践活动来说,学生对语言的学习和内化是一个不断推进的过程。各个教学环节都要为学生搭设学习"支架",设置不同的梯度。例如,第一板块,梳理课文中的主要场景,看起来好像是为了贴合单元语文要素,实际上既能帮助学生把握课文内容,又能让学生经历运用语言进行提炼和概括的能力训练过程。第二板块,从感受"龟裂"到体会反复手法的表达效果,引导学生由感性走向理性。第三板块,引导学生书写自己生活中"鼻子一酸"的经历,综合运用本课学习的语文知识和能力。学生在整个学习过程中体验了品析语言的实践,其情感也逐步得到升华。

正如梁晓声本人在后来的《关于慈母情深》一文中阐述的那样:"如果我们的愿望是对于我们的成长有益的,哪怕仅仅是会带给我们快乐的,父母都会尽量地满足我们的愿望。即使因为家庭生活水平的限制,实现我们的愿望对父母来说不是一件轻而易举的事,父母也往往会无怨无悔地尽力去做。父母总是这样,将为难留给自己,将快乐给予孩子。"作者善于描写场景,刻画细节,融入感情。教师带领学生走进场景中,品析慈母情深的细节描写,感悟语言的博大精深,体会无私的慈母情深。

第八章
朗读训练体系
单元语文要素落实策略例举

第一节　体系解读

朗读教学是小学语文课程中十分重要的学习内容,也是一项重要的语文能力。通过朗读,学生可以更深切地感受祖国语言文字的魅力,品味汉字韵律美,感悟文字承载的传统文化和美德。

"文化自信、语言运用、思维能力、审美创造"是义务教育语文课程培养的核心素养。学生在内化知识、形成能力的推动下,能够以朗读为纽带,感悟语文知识背后更为深刻的丰富内涵,进而引导学生在阅读过程的展开与阅读知识技能的运用中获得真正的阅读能力,实现综合文化素养的提升。

古人云:"操千曲而后晓声,观千剑而后识器。"关于朗读,2022 版课标中有明确要求:第一学段提出"学习用普通话正确、流利、有感情地朗读课文。学习默读"。第二学段提出"用普通话正确、流利、有感情地朗读课文。初步学会默读,做到不出声不指读。学习略读,粗知文章大意"。第三学段提出"熟练地用普通话正确、流利、有感情地朗读课文"。2022 版课标在学业质量的描述中,又对朗读提出了进一步的要求:第一学段要求"愿意为他人朗读自己喜欢的语段；朗读时能使用普通话，注意发音；注意用语气、语调和节奏表现对文本的理解和感受；愿意和同学交流朗读体验，能简单评价他人的朗读"。第二学段要求"乐于参与读书交流活动，能诵读学过的优秀诗文，尝试用不同的语气、语调表达自己的理解与感受"。第三学段要求"独立阅读散文、小说、诗歌等文学作品，在阅读过程中能获取主要内容，用朗读、复述等自己擅长的方式呈现对作品内容的理解"。以语文课堂为实践基地，依据统编小学语文教材课后习题中的朗读序列练习，聚焦语文要素，探索朗读教学的有效方法，通过指导帮助学生掌握正确的朗读方法，养成良好的朗读习惯，从而更加深入地理解课文内容，体验朗读乐趣。

朗读训练体系语文要素见表 8-1。

表 8-1　朗读训练体系语文要素

年　级	单　元	语文要素
一年级上册	第四单元 自然四季	正确、流利地朗读课文，读准字音（音变）。
	第六单元 想象	认识逗号、句号。 学习分角色朗读课文。
一年级下册	第二单元 心愿	读好带感叹号的句子。
	第三单元 伙伴	读好对话。
	第四单元 家人	读好长句子。
	第七单元 好习惯	读出疑问句和祈使句的语气。
	第八单元 问号	分角色读好课文。
二年级上册	第五单元 思维方法	初步体会课文讲述的道理。 读出不同句子的语气。
二年级下册	第一单元 春天	朗读课文，注意语气和重音。
	第二单元 关爱	试着有感情地朗读课文。

运用联想的方法,激活学生的思维,再通过多种形式的朗读,引导学生感悟语言的表达,为讲故事奠定基础。在第一学段每一篇课文的学习中,都应该把朗读作为重要的学习活动加以落实。

本章主要对朗读训练体系进行阐述。

第二节　课例与评析

情境创设　朗读引领　品味语言　丰富想象

——统编小学语文二年级下册第七单元《大象的耳朵》

【课例】

一、单元解读

（一）教材编排

1. 人文主题概说

本单元围绕"改变"的主题选编了《大象的耳朵》《蜘蛛开店》《青蛙卖泥塘》《小毛虫》四篇课文。《大象的耳朵》《蜘蛛开店》围绕"改变",讲述了妙趣横生的故事;《青蛙卖泥塘》讲述了因为不断改变而变得越来越美好;《小毛虫》告诉学生不断努力、耐心等待,就会不断成长。四篇故事引人入胜,富有思维价值。

2. 语文要素解析

1）概念界定

对于低年级学生而言,朗读是一项重要的语文素养,是学习语言的重要途径之一。在朗读的过程中,需要充分调动学生的眼睛、嘴巴、耳朵和大脑等各部分机能共同运作,在朗读的时候还需要对文章进行深入理解,并适当融入自己的情感体验,运用各种朗读技巧完成语言艺术的深度加工。

什么是朗读？朗读是将文字转化为有声语言的一种创造性活动。朗读是一种大声的阅读方式,是小学生完成阅读教育任务的一项重要基本功。就语文学习而言,朗读是最重要的。朗读是阅读的起点,是理解课文的重要手段。朗读既有利于发展智力,获得思想熏陶,也有助于情感的传递。朱熹要求学生从小养成正确朗读的习惯,还要求读书必须逐字逐句透彻理解,进而深入体会,反复揣摩。朗读中,可以让某个字突出出来,让人更加能理解、体会文字的意思、情感、效果。

什么是疑问句？汉语疑问句是人们日常交流的常用句式之一,是汉语根据句子的语气划分出来的一种句子类型,是用来提出问题,表示询问、怀疑的句子。

读好疑问句有哪些方法？对于疑问句,教师应要求学生读好每一个字,读通每一个句子,发音要正确清楚,轻重、停顿要准确合理,还要读好标点符号和表达的意思。在理解问句所要表达的意思后,需特别关注的是句中的疑问词。比如,《大象的耳朵》中第3自然段"咦,大象啊,你的耳朵怎么耷拉下来了？"找出问句中要强调的重点词句,读出重音,在问句的末尾读出升调,语气语调要恰当,读出内心的情感。此外,结合二年级学生年龄小的特点,联系课文内容和自己已有的生活经历,也有助于读好疑问句所表达的情感。

2）对应的学段目标发展变化

二年级下册双线结构见表8-2,相关语文要素如图8-1所示。

表8-2　二年级下册双线结构

单　元	人文主题	语文要素
一	春　天	朗读课文,注意语气和重音。
二	关　爱	读句子,想象画面。
三	传统文化	识字、写字教学。
四	童　心	运用学到的词语把想象的内容写下来。

续表

单　元	人文主题	语文要素
五	办　法	能根据课文内容,说简单的看法。
六	自　然	提取主要信息,了解课文内容。
七	改　变	借助提示讲故事。
八	世界之初	根据课文内容展开想象。

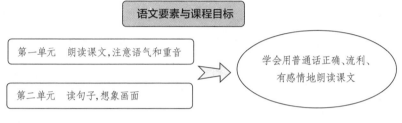

图 8-1　相关语文要素

　　从第一单元的语文要素看,"能正确、流利地朗读课文"是第一学段阅读教学的重要内容。一年级上册,学生能够借助拼音用普通话正确、流利地朗读课文。一年级下册提出了"读好长句子""读好对话"和"读出疑问句和感叹句的语气"的要求。二年级上册在此基础上又关注到了"说话时的语气"。到本册教材,第一单元的语文要素是"读出恰当的语气和重音",在继续落实上学期朗读要点的基础上,增加了"读出重音"这一要求。同时,本册教材还提出了"试着有感情地朗读课文",这对学生的朗读能力提出了进一步的要求,要在理解文本的基础上,灵活使用所学的朗读技巧,运用恰当的语气,重读关键的词语。

　　二年级下册的朗读要求见表8-3。各学段的朗读要求为:

　　第一学段:学习用普通话正确、流利、有感情地朗读课文。

　　第二学段:用普通话正确、流利、有感情地朗读课文。

　　第三学段:能用普通话正确、流利、有感情地朗读课文。

表8-3 二年级下册朗读要求

分角色朗读课文	3. 开满鲜花的小路	14. 小马过河
注意有问有答的特点	5. 雷锋叔叔,你在哪里	
试着有感情读课文	7. 一匹出色的马	
读好对话	10. 沙滩上的童话	13. 画杨桃
读好问句	19. 大象的耳朵	23. 祖先的摇篮

由此可见,各学段关于朗读的目标要求的核心都是"正确、流利、有感情"。所谓"正确",是要求朗读时用普通话读准每个字的字音,吐字清楚,声音响亮,尽可能没有错字、别字、添字、漏字,不重复,不唱读;所谓"流利",是要求朗读时语气比较连贯,能读出句逗和段落之间的停顿,节奏自然,速度适当。所谓"有感情",是要求朗读时通过轻重、抑扬、停顿等变化,把所阅读文本的感情传达出来,能读出陈述、感叹、疑问等不同语气,同时有主体的感情参与其中。各学段的阅读教学都要重视朗读和默读。各学段关于朗读的目标中都要求"有感情地朗读",这是指要让学生在朗读中通过品味语言体会作者及其作品中的情感态度,学习用恰当的语气语调朗读,表现自己对作者及其作品情感态度的理解。朗读要提倡自然,要摒弃矫情做作的腔调。以上三个要求不能分割,而是一体化的。相对而言,用普通话"正确"朗读是一种基础要求,而"流利"和"有感情"则是进一步的要求。

三个学段朗读的文本限于语文教材中的课文,这些课文往往都是在老师指导下精读的材料。朗读学习的机会多了,目标要求也容易达到。粗略地看,三个学段的朗读目标十分相似,但仔细推敲起来,要求还是有差别的。

第一学段:只提"学习用",是初步尝试学习用普通话朗读,强调的是老师的指导、示范,重视学习朗读的过程,这显然是起步阶段的要求。

第二学段:"用"强调的是使用普通话进行朗读的实践过程,其中已经含有培养相关习惯的意思。

第三学段:"能用"强调能力的达成度,要求基本达到用普通话正确、流利、有感情地朗读课文的水平。

课程标准十分注重语文学习过程与方法维度,并将其和知识与能力维度融为一体,这在阅读目标系列中体现得很明显。其主张让学生在阅读过程的展开与阅读方法技能的运用中获得真正的阅读能力,而有关阅读的知识则成为培养能力的支撑。

3）基于语文要素的单元编排特点

教材围绕"借助提示讲故事"的语文要素编排课文。《蜘蛛开店》引导学生借助示意图讲故事;《小毛虫》引导学生借助相关词句讲故事;《青蛙卖泥塘》引导学生在了解课文主要内容的基础上分角色演一演故事。在此安排基础上,每篇课文后面的习题均提出了"朗读课文"的提示,由此可以看出朗读训练在低年级学段中的重要性。教师应注意引导学生加深对文章的认识和理解,从而实现学生思维能力的有效发展,促进学生的语文素养和语言能力的高质量发展。

（二）单元学习目标

单元学习目标为:

（1）认识 60 个生字,读准 5 个多音字。会写 33 个字、35 个词语。

（2）正确、流利地朗读课文,能读好问句,能分角色表演《青蛙卖泥塘》。

（3）能画出大象的话,说出大象的想法是怎么改变的;能借助提示讲《蜘蛛开店》《小毛虫》的故事;能说出青蛙为卖泥塘做了哪些事,最后为什么又不卖泥塘了。

（4）能结合生活,说出对"人家是人家,我是我"的理解;能根据课文内容展开想象。

（三）单元重难点

单元重难点为：

（1）正确、流利、有感情地朗读课文，读好问句。

（2）让学生从这些小动物身上学到一些美好的品质和生活哲理，丰富自己的精神世界。

（四）学情分析

二年级下学期的学生已经具备一定的独立识字能力和阅读能力。借助标点，读好问句，读出语气的变化，感受人物的心情，对学生而言有一定的难度。因此，本篇课文的学习要在已有的基础上，通过自主识字、朗读感悟、迁移运用，在疑惑中提取信息，寻找答案，在阅读中探究大象的想法是怎么改变的，并逐步能够结合生活实际理解"人家是人家，我是我"的意思。

（五）单元教学策略

为把握文本的语言特点与教材编排意图，本课可以采用"有感情朗读，梳理课文内容—创设情境，理解课文内容—品读语言，抓住关键语句—借助关键语句，朗读感悟"的教学策略。

策略一：创设教学情境，调动学生的积极性。

创设语言情境，提高学生学习的积极性，调动课堂氛围。运用情境教学法，在讲解课文内容时，注重联系现实生活中的事物，便可创设生活化教学情境，使学生主动联系生活思考课文渗透的寓意以及传递的情感，并充分意识到语文知识来源于生活，更加清楚生活中处处存在语文内容，驱使学生在生活中主动观察身边的事物，积极总结语文知识，逐渐善于观察、善于发现生活中的语文知识，深刻感悟到语文就在身边，对语文课文的理解更透彻，有效提高学生的理解能力。

本课的教学中教师可以积极运用多媒体技术创设逼真的情境，播放图文并茂的图片、视频，展示出直观立体的教学内容，带给学生全新的感受，促使学生对学习语文感兴趣，进而消除厌烦感，激发学生产生学习热情和学习动力。让学生被生动形象的画面所吸引,感受到逼真的情境,形成身临其境的感觉,以便于学生深入理解课文内容。例如,在学习《大象的耳朵》时,可以运用多媒体制作教学课件,播放大象耳朵的作用,创设多媒体教学情境,增强教学内容的直观性。要发挥出多媒体的优势和作用,应注意根据不同的课文制作不同的课件,创设出多媒体情境,呈现逼真、立体的画面,吸引学生主动观看课件内容,积极学习语文知识,从而在不知不觉中理解和掌握课文内容,有效提高学习效率,构建高效的语文课堂。

创设语言情境,体会感悟优美的语言。为让学生感知课文语言活泼、用词准确生动,教师应留给学生充分的时间去朗读。可以采用不同的朗读形式,如自由读、小组读、同桌读、范读。品读文本,从字里行间体味语言的无穷魅力,使语文课充满浓浓书香。"要让学生充分地读,在读书中整体感知,在读中有所感悟,在读中培养语感,在读中受到情感的熏陶。"让学生读什么?如何充分地读才能让学生在读书中有所感悟呢?词是语言的基本单位,句是语言表达的基本形式,词和句组成了一篇篇的小学语文教材。因此,抓好词句教学是当前朗读教学最基本的特征。要用"读"掀起语文课堂情感的涟漪,就要从品词、品句、品读入手。

策略二：侧重品读词句,体味情感之美。

情感体会既依赖于反复诵读,又离不开品词品句,琢磨重点语句,体会作者所要表达的思想。叶圣陶先生指出：阅读要"一字未宜忽,语语悟其神"。细读文本就是沉入词语。在阅读教学中,教师要善于抓住重点词、句、段,引导学生反复品味、揣摩、领悟,感受作者的情感意境,揣摩语言的精准、生动和传神之感,与作者的情感对话、交流,真切地触摸作者的喜怒哀乐,从而加深对文本的理解,升华情感体验,体会语言中的情感之美。

策略三：加强朗读指导,升化情感体会。

小学阶段有感情地朗读课文,是体会课文思想感情的一种重要方法。教师在阅读教学中要强化学生有感情朗读的训练。在理解课文内容的基础上,教师营造情境,引导学生准确把握感情基调进行朗读,以达到情感体验的目的。

要采取灵活多样的朗读训练形式,如齐读、指读、分角色读、教师范读等。在具体的朗读实践中,应特别关注理解内容、体会情感与朗读相辅相成的关系,可以采用"初读,读准字音,读通句子,声音洪亮—再读,初步了解课文内容—精读,抓住重点词句理解课文内容—品读,通过有感情朗读,体会课文表达的思想感情—诵读,朗读成诵,升华情感体验"。

策略四:启发想象对话,丰富情感体验。

在学生对课文内容有所理解的基础上,引导学生抓住文中具体的语言文字"空白点",通过观察课文插图、情境渲染等方式,展开想象,走进文本,与文中人物的心情、内心、品质、精神对话,获得更加丰富的情感体验,进一步加深对课文内容的理解。

策略五:"涟漪型"拓展阅读。

"涟漪型"拓展阅读即一篇带多篇、一篇带整本(多本)、一篇带多种形式的阅读。统编小学语文教材力求体现"三位一体"的理念,也就是精读、略读、课外阅读。其中,精读课文积累语言、习得方法,略读课文迁移运用,从而带动课外阅读的拓展。

以教材为依托,整合使用"涟漪型"拓展阅读策略,整体规划单元教学内容、目标、教法、检测评价。教学中,要以教材的"一"为主,在读懂教材"这一篇"的基础上,带读课外的"一篇(段)"。第一层次,拓展同一对象的文章,目的是丰富内容,强化印象。如学习《大象的耳朵》时可拓展相同主题的绘本故事《小猪变形记》,引导低年级学生进一步理解"人家是人家,我是我"这句话的道理。第二层次,拓展阅读同一训练要素的文章,目的是延伸广度。如学习《蜘蛛开店》时可拓展阅读适合二年级学生年龄特点的童话故事《一只想飞的猫》《孤独的小螃蟹》《小猪变形记》等,理解童话故事的内容,感受故事的有趣。

二、《大象的耳朵》教学设计

（一）课文编排特点

《大象的耳朵》是第七单元的第一篇课文。这是一篇妙趣横生的童话故事，全文围绕大象的耳朵展开，通过有趣的语言、形象贴切的插图，讲述了大象耷拉着一对耳朵，小兔子、小鹿子、小马、小老鼠都认为它的耳朵有问题。见到别人都这么说，大象也开始动摇了，以为自己的耳朵真的有问题。于是，它用竹竿把耳朵撑起来，结果总有小虫子钻进它的耳朵里，吵得它头痛又心烦，于是它又把耳朵放下来。这个故事告诉我们，只要我们自己喜欢、自己舒服，与众不同也不是问题。

《大象的耳朵》全文围绕大象的"耳朵"展开，故事生动有趣，语言幽默，巧妙启迪学生悦纳自我、热爱生活。故事中的四个问句将小动物们的好奇、疑问表现得淋漓尽致。

课后练习第 1 题提出"朗读课文，注意读好问句"的学习要求，这是本课教学的重点之一，是非常明确的语文学习要素——指向朗读，特别应注意读好问句，这是很好的语言运用的载体。

（二）学习目标及重难点

学习目标及重难点为：

（1）认识 7 个生字，读准多音字"似、扇"，通过组词的方法加以区分。通过对比、做动作的方法了解词语"耷拉、竖着"的意思。

（2）能找到文中带有问号的关键词句，借助标点符号、疑问词、情境营造、小动物们的好奇与疑问，逐渐明白大象的想法是怎么改变的。（重点）

（3）结合生活实际，理解"人家是人家，我是我"的意思。（难点）

（4）拓展延伸，鼓励学生在课后继续阅读相关主题的书籍和故事。

（三）语文要素落实策略

策略一：创设情景，想象画面。

童话之所以深受学生的喜爱，是因为童话故事本身大多富有童趣。

教学中应激发学生阅读童话的兴趣,少讲解、少分析。可以引导学生想一想:小动物们看到大象耷拉着的耳朵时在想什么?当大象听到小动物们连连问"你的耳朵怎么是耷拉着的呢?"时它在想什么?语文课程标准倡导教学的个性化,要求教师在教学中尊重学生人格,张扬学生个性。少年儿童大都具有强烈的自我表现欲,教学中要多为学生创造自我表现的机会,构建自我实现的平台,尽情展现他们个性的光彩,使他们体验到成功的愉悦。

策略二:范读引路,感受韵律。

范读最好是教师本人,也可以借助多媒体。教师范读时,注意发音饱满、轻重分明,读好疑问的语句,让学生在学读、仿读和练读中体会文中小动物们的心情变化。

策略三:凭借画面,直观想象。

课本中的插图是课文的重要组成部分,与课文内容紧密联系。一幅幅色彩鲜艳、生动形象的插图不仅能起到装饰课文的作用,还有辅助教学的功效。教学中应图文结合,让学生展开丰富的想象,体会故事的生动有趣。

策略四:"1+X"拓展阅读。

依据"1+X"("涟漪型")阅读拓展策略,第一层次,为学生推荐有关改变的故事《小猪变形计》;第二层次,补充作者冰波写作的其他故事、作品,如《一只想飞的猫 》《孤独的小螃蟹 》《小猪变形记 》等,以饶有趣味性的故事拓展学生的阅读。积极开展课后阅读活动,采取班级共读、个人阅读等适合低年级学生年龄特点的阅读方式。注意正确朗读课文,读好问句,根据学生阅读情况开展故事分享会。

(四)教学过程

一、激发兴趣,导入新课

师:同学们,上课前我们先活动一下我们的小手,比一比谁的反应最灵敏。准备好了吗?出示律动《手指操》。

师：咱班同学不仅学得快，反应也灵敏，真了不起！

师：课前我们稍微放松了一下，现在要上课了，做好上课准备了吗？来，上课！

师：今天，我们来学习一篇童话故事，请同学们齐读课题。

二、初读课文，整体感知

1.师：请同学们打开语文书第86页，放开声音读一读课文。注意读准字音，读通句子，边读边思考：大象的耳朵是什么样子的？

预设生：大象有一对大耳朵，像扇子似的，耷拉着。

师：你真会读书！

2.师：在这句话中有两个要求会认的生字，也是多音字，谁发现了？

（1）师：谁能把这两个字音读正确？

师：翘舌音读得很准确，我们一起读。

（2）师："扇"还有一个读音，在课文中也出现了，认真预习的同学一定发现了。

预设生：shān。

（3）师：找个小老师领大家读一下，扇还能组什么词？

师：同学们的词汇量可真丰富！

3.师：看"似"这个读音，在比喻句中它读 shì 的，像什么似的。

（1）师：在课文中什么像什么似的？

预设生：大象的耳朵像扇子似的。

（2）师：大象的耳朵还像什么似的？

预设生：圆盘、大饼、叶子。

（3）师：我们知道它还有一个读音，一起说，可以组哪些词呢？

（4）师：我们一起来读读。

shàn   shì   dā
大象有一对大耳朵，像扇子似的，耷拉着。

$$扇\begin{cases} shàn（扇子）\\ shān（大耳朵一扇）\end{cases} \qquad 似\begin{cases} sì（相似）\\ shì（像什么似的）\end{cases}$$

4.师：大象有一对大耳朵，像扇子似的。大象的耳朵还有什么特点？

（1）师："耷"也是这节课要识记的一个生字，我们来读读这个词。

（2）师：课文中有一个词语正好和它相反，也是我们要认识的另一个生词。谁能快速找到？

预设生：竖着。

（3）师：你能用动作表示一下这对反义词吗？

5.师：你看，我们可以通过做动作了解词语的意思。再来读读这两个词。

6.师：课文中这几个词语相信你一定会读。

（1）师：借助拼音谁来读？正音。

（2）师：我们一起来读一读。

唛　竹竿　跳舞　头痛　心烦

三、走进文本，重点研读

1.师：词语同学们都掌握扎实了，相信课文也一定会学得很好。（指板书）大象的耳朵耷拉着,你有什么疑问吗?

预设生 1：大象的耳朵是不是出毛病了?

预设生 2：大象的耳朵不会出问题了吧?

2. 师：课文中有很多小动物也有这样的疑问,请同学们默读课文,边读边用横线画出文中带有问号的句子。

3. 师：谁把找的句子读给大家听?（出示句子）

小兔子说:"咦,大象啊,你的耳朵怎么耷拉下来了?"

小羊也说:"大象啊,你的耳朵怎么是耷拉着的呢?"

大象也不安起来,他自言自语地说:"他们都这么说,是不是我的耳朵真的有毛病啦?"

怎么才能让耳朵竖起来呢?

4. 师：这一天,大象正在路上慢慢地散步,遇到了小兔子。小兔子看到大象可有疑问了,它说了什么?

预设生：读得好。

（1）师：他读得真好啊!你听出他哪里读得好了吗?

①预设生：他读出了这个疑问句。

师评价：你真会倾听。我们在学习课文的时候就要把句子末尾的标点符号读好。

②预设生：他读出了小兔子的疑惑。

师评价：我们在学习课文的时候要关注到句子末尾的标点符号,把它读好。

（2）师：这个问句谁能再来读读?

师评价：是啊,你读得充满了疑问,真好!

预设生：读得不理想。

（3）师：你听,哪个词他读得特别好?

①师：你从"咦"听出了什么?

②师："咦"是个表示疑问的语气词,更加增强了小兔子对大象耳

朵的疑问、好奇。

③师：像这样表示疑问的词在这句话中还有，谁能体会着来读一读。

5.师：大象是怎么回答小兔子的？（2名学生）

①师：你能把"生来"换个词再来读一读吗？

预设生：天生、本来。

②师：让我们一起把大象的自信读出来！

③师：是啊，我一生下来就是这样啊！可小兔子不是这么想的。小兔子是怎么说的呢？谁来读？

④师：小兔子这样说，他心里是怎么想的呢？

⑤师：哪个词把想兔子的想法表达出来了？

预设生：怎么。

⑥师：让我们通过朗读把小兔子的想法表达出来吧！（自己读——个别生读）

师评价：

①小兔子确定大象一定生病了。

②你还读出小兔子对大象的关心呢！

6.师：小兔子这样说，后来大象又遇到了小羊（板书），小羊怎么说的？

①师：小羊也这样对大家说。（突出"也"）

②师：你能用我们刚才学过的方法读出小羊的疑问吗？

师评价：

①这个问句你读出了疑问的语气。

②语气词你读得很好。

③你读出了对大象的关心。

7.师：大象还遇到了小鹿、小马和小老鼠，他们也有相同的疑问。

8.师：小动物们见到大象都要说他的耳朵，他们为什么这样说？

9.师：听了他们的话,大象心里怎么想的?

① 师：大象就是这样不安起来,他自言自语地说——

② 师：自言自语是什么意思?

预设生：就是小声地自己跟自己说话。

③ 师：大象最初做出了什么决定,一起读。

怎么才能让耳朵竖起来呢?

10.师：大象的想法是怎么改变的呢?

11.小组合作学习：大象的耳朵为什么一定耷拉着呢?展示交流。

我们来看一个视频。

① 师：视频看完了,相信你一定明白了。打开书,我们一起读读课文的第12自然段。

② 师：大象终于解决了心中的疑惑。还是让耳朵耷拉着吧。人家是人家,我是我。

12.师：通过读这个故事,你有什么收获吗?

四、巩固练习,迁移运用

师：说到改变,《小猪变形记》中的一只小猪也不安起来,总觉得自己不幸福,认为做小猪很无聊。同学们想不想听一听这个有趣的绘本故事?

师：接下来小猪又经历了哪些改变?最后这只认为自己不幸福的小猪到底变成什么样了呢?请同学们课后找来这本书,继续读下去,看看你从这个故事中又有怎样的阅读感受。

五、板书设计

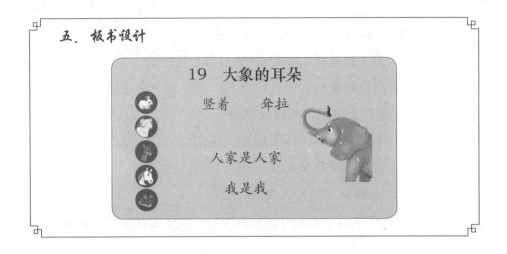

19　大象的耳朵

竖着　　耷拉

人家是人家

我是我

🔍【评析】

聚焦文本　搭建阶梯　展开想象　丰富朗读

——《大象的耳朵》课例点评

语文教学的主要阵地是课堂教学,而学好语文就是学生课内阅读能力的训练。语文课以读为本,朗读教学是语文教育"熟识字词句、感知课文、训练口才"的重要环节,不可忽视。阅读教学板块完整,在新课改背景下教师对学生"如何读、怎样读、读什么"应投入更多思考和设计。

一、在情景表演中理解词语

低年龄段学生特别喜欢模仿和表演。借助有效的表演可以使学生获得亲身体验,通过形象的动作神态理解抽象的词语含义,利用较简单的"说教"或借助工具书会有更深刻、灵动的效果。我们常说"看到的不易记,听到的容易忘,动手做才能学得会"。体验是学生在实际的生活情境中感知、理解、掌握知识的过程,而且在表演过程中,学生的心灵得到放飞,想象得到展现,创造力得到开发。

二、体验情感，注重读思结合

2022版课标第一学段目标要求中提出要引导学生"喜欢阅读，感受阅读的乐趣""阅读浅近的童话、寓言、故事，向往美好的情境，关心自然和生命，对感兴趣的人物和事件有自己的感受和想法，并乐于与他人交流。诵读儿歌、儿童诗和浅近的古诗，展开想象，获得初步的情感体验，感受语言的优美"。因此，阅读教学，特别是其中的朗读指导，尤其要珍视学生独特的感受、理解和体验。

教师在教学中引导学生体会感情，指导朗读。"读"是对信息的输入，而"说"应该是对信息的输出。培养学生的口头表达能力是一个长期训练的过程。把教学目标落实到"读一读"上，更能促进和加深学生对课文语言的品味和感悟。教学中，教师始终把读与说结合起来，并加强训练。

三、朗读策略清晰，聚焦语言表达特色

1. 抓关键词，创设情景，体会形象

引导学生抓住关键词语"天生、本来"，感知大象的自信。创设情景，引领学生体会与小动物们之间对话的层层递进、步步推升，并启发学生想象小兔子、小马的内心活动，从而体会大象的心情变化。

2. 联系上下文阅读，表达自己感受

课堂中教师让学生学习用恰当的语气语调朗读，来表达自己对文本的理解。在朗读中不仅要求学生的朗读貌似，更要求神似。需要学生不仅会读课文中的对话，还要学会联系上下文揣摩课文中人物的心情。应帮助学生更好地进入角色，了解课文内容，教师则起指导作用。例如，对"你的耳朵怎么耷拉下来了？"这句话的体会，教师先让学生结合理解和体会情感，想象大象当时从自信逐渐开始怀疑自己，让学生带入主人公的人物心情，对人物和事件有自己的见解和体会。

在教学过程中采用了多种朗读方式，如范读、听读、朗读、默读、分角色朗读等。在一次次的朗读中让学生设身处地地与主人公感同身受，初

步了解故事所表达的含义。

在教学中着力发挥学生的主体作用,以分角色朗读、配合动作读、开火车读等手段来激发学生参与学习的热情,努力让课堂洋溢情趣、生趣,并充满活力。

四、重视延伸,迁移补充,丰富感受

在使用统编小学语文教材过程中,教师对教材的新要求有了更深刻的领悟。比如,在课上着力体现的是对课外文本的拓展,通过"1+X",让学生将对课文文本的理解延展到课下,如推荐阅读绘本故事《小猪变形记》。教师通过创设情景、制造悬念,激发学生进一步的阅读兴趣,延续课堂的创造力和想象,让学生对"人家是人家,我是我"有更进一步的了解和认识,指导学生在日常生活中相信自己,做最好的自己。

总之,这节课教师在教学过程中创设出一种风趣幽默的情境,引发了学生的学习兴趣,积极参与到对文本的理解中。尤其是朗读环节,学生体验各种朗读形式,发挥想象,活跃思维,然后通过积极的评价手段,如生生互动、师生互动,对学生的朗读给予充分的肯定,让学生一次次从朗读中体验到成功的喜悦。

第九章
阅读方法训练体系
单元语文要素落实策略例举

第一节 体系解读

"一本好书可以影响人的一生。"有效的阅读不仅能够提高学生的语文兴趣、语文能力、认知能力，还能丰富语言积累、培养学习习惯，同时也在语文学科承担着传承与理解文化的重要使命。

2022版课标中对不同学段提出了明确的阅读要求：第一学段"阅读浅近的童话、寓言、故事，诵读儿歌、儿童诗和浅近的古诗，尝试阅读整本书，背诵优秀诗文50篇（段），课外阅读总量不少于5万字"。第二学段"阅读整本书，积累课文中的优美词语、精彩句段，以及在课外阅读和生活中获得语言材料。背诵优秀诗文50篇（段）。课外阅读总量不少于40万字"。第三学段"阅读叙事性作品，阅读说明性文章，阅读整本书，背诵优秀诗文60篇（段）。课外阅读总量不少于100万字"。

阅读是发展型学习任务群的核心和拓展型学习任务群的基础。在发展型学习任务群中，阅读有三个层次：一是实用性阅读与交流，二是文学阅读与创意表达，三是思辨性阅读与表达。2022版课标对三个层次分别提出了不同学段的具体学习内容。

在实用性阅读与交流方面的学习内容包括:

（1）第一学段:阅读有关个人生活、家庭生活的短文,认识图文中相关的汉字,感受美好亲情;学习运用文明礼貌语言,与家庭成员、亲朋好友交流沟通,学会感恩。阅读有关学校生活的短文,认识图文中相关的汉字;学习与同学、老师文明沟通;乐于分享学校生活中的见闻和感受,热爱学习,热爱学校。在革命遗址、博物馆、公园、剧场、车站、书店、超市、银行等社会场所中,学习认识有关标牌、图示、说明书等,了解公共生活规则,学会有礼貌地交流。学习有关中华优秀传统文化的短文,将读到、听到、看到的故事讲给他人听。

（2）第二学段:阅读有关家庭生活、学校生活、社会生活的短文,学习用口头和书面的方式,客观地表述生活中的见闻片段。学习写留言条、请假条、短信息、简单书信等日常应用文,注意称谓和基本格式,文明礼貌地进行交流。学习阅读说明、叙写大自然的短文,感受、欣赏大自然的奇妙与美好。学习用日记、观察手记等,展示自己观察自然、探索科学世界的收获。学习具体、清楚、生动地讲述有关老一辈无产阶级革命家和革命英雄、劳动模范、科学家的事迹,以及反映中华传统美德的故事。

（3）第三学段:观察、思考日常生活,阅读记人叙事的优秀文本,学习通过口头表达、书面叙写,与他人交流身边令人感动、难忘的人和事。走进大自然,走进科学世界,走进社会,阅读参观访问记、考察报告、科技说明文、科学家小传等文本;学习记笔记、列大纲、写脚本、画思维导图等整理和呈现信息的方法;学习通过口头表述和多种形式的书面表达,分享观察自然、探索科学世界的所见所闻、所思所感。能写日记,关注家庭、学校、社区生活中发生的新鲜事。学习革命英雄和劳动模范的事迹,尝试用多种媒介方式记录、展示、讲述他们的故事,表达自己的崇敬之情。

在文学阅读与创意表达方面的学习内容包括:

（1）第一学段:阅读并学习讲述革命领袖、革命英雄、爱国志士的童年故事,表达敬仰之情和向他们学习的愿望。诵读表现自然之美的短小诗文,感受大自然的美景与变化。学习儿歌、童话,阅读图画书,体会童真童趣,感受多姿多彩的生活,初步体验文学阅读的乐趣。

（2）第二学段:阅读并讲述革命故事、爱国故事、历史人物故事,感受幸福生活来之不易,表达自己对美好生活的向往,以及对革命英雄、仁人志士的崇敬之情。阅读描绘大自然、表现人类美好情感的诗歌、散文等文学作品,结合自己的生活体验,尝试用文学语言表达自己热爱自然、珍爱生命的情感。阅读富有想象力和表现力的儿童文学作品,欣赏富有童趣的语言与形象,感受纯真美好的童心,学习用口头或者图文结合的方式创编儿童诗和有趣的故事,发展想象力。

（3）第三学段:阅读、欣赏革命领袖、革命先烈创作的文学作品,以及表现他们事迹的诗歌、小说、影视作品等,感受革命领袖、革命先烈伟大的精神世界和人格力量,认识生命的价值;运用讲述、评析等方式,交流自己的情感体验。阅读表现人与自然的诗歌、散文等优秀文学作品,感受大自然的奇妙,体会人与自然和谐相处的意义;用口头或者书面的方式表达对自然的观察与体验,抒发自己的情感。阅读表现人与社会的优秀文学作品,走进广阔的文学艺术世界,学习品味作品语言、欣赏艺术形象,复述印象深刻的故事情节,积累多样的情感体验,学习联想与想象,尝试富有创意地表达。阅读反映少年成长的故事、小说、传记等,交流自己获得的启示;学习运用细节描写等文学表现手法,描述自己成长中的故事。

思辨性阅读与表达方面的学习内容包括:

（1）第一学段:阅读有趣的短文,发现、思考身边的鸟兽虫鱼、花草树木、家用电器等日常事物的奇妙之处,说出自己的想法。大胆提出生活和学习中遇到的问题,通过阅读、观察、请教、讨论等方式,积极思考、探究,乐于分享自己解决问题的办法,说出一两个理由。

（2）第二学段:阅读有关科学的短文,尝试发现日月星辰、风雨雷电、山川草木等大自然的奥秘,依据事实和细节,运用口头和图文结合的方式,表达自己的观点和思考。阅读解决生活问题的故事,尤其是中华智慧故事,结合自己在生活中遇到的问题学习思考的方法,尝试运用列提纲、画思维导图等方式，表达故事中的道理。在日常学习和生活中，主动记录、整理、交流自己发现的问题和思考，学习辨析、质疑、提问等方法。

（3）第三学段：阅读关于中华传统美德、社会公德等方面的短论、简评，结合校园或社会生活中的实际事例，学习有理有据地口头或书面表达自己的观点。在日常生活和学习中，发现并思考成语、对联、谚语、绕口令等多种语言现象的特点，体会不同的表达效果。阅读有关科学发现、技术发明的故事，用画思维导图等方式辅助，简洁清楚地表述科学家发现、发明的过程，学习科学家的创造精神，体会猜想、验证、推理等思维方法。阅读哲人故事、寓言故事、成语故事等，感受其中的智慧，学习其中的思维方法。

统编小学语文教材编排上的一个重要特点就是关注阅读方法和阅读策略的学习，强调语文学习要使学生"具有独立阅读的能力，学会运用多种阅读方法读书"。在普通单元，通过单元语文要素、课后习题、交流平台，教给学生具体、细致的语文学习方法，渗透语文学习的策略。从低年级开始，引导学生一边读一边想象画面（图像化策略），借助提示复述课文（复述策略）；到中高年级，关于策略的学习更加丰富多样，如概括、批注、联结等策略，将有关策略的学习渗透到教材的方方面面。在此基础上，为强化策略的学习，统编小学语文教材提供了基本阅读策略和方法。引导学生运用阅读方法的过程，不仅是阅读书籍的过程，更是在潜移默化中传承运用传统阅读方法的过程。学生在具体的语言情境中进行表达和交流，从而深化对传统文化的理解。

教师要充分利用教材资源，以课文为载体，紧扣语文要素，进行经典阅读的拓展延伸，满足学生对经典阅读的需求，促进传统文化的传承。学生只有在自我感悟和深入思考的基础上，才能将传统文化的内涵和自己体认的价值相融合，才能真正实现文化的理解与传承。

统编小学语文教材语文要素"八个指向维度"框架体系依据语文要素对应的语文关键能力，抽取出前后联系比较紧密或特点突出的单元语文要素进行系统梳理，前后勾连，形成了"语文能力训练体系"下的语文要素序列化体系。

阅读方法训练体系语文要素见表9-1。

表9-1　阅读方法训练体系语文要素

年　级	单　元	语文要素
一年级上册	第七单元 儿童生活	联系生活实际,读懂课文。
一年级下册	第八单元 问号	借助图画阅读。
二年级上册	第六单元 伟人	运用多种方法了解词语的意思。 借助词句,了解课文内容。
二年级下册	第二单元 关爱	读句子,想象画面。
三年级上册	第六单元 祖国河山	借助关键语句理解一段话的意思。
	第八单元 美好品质	学习带着问题默读,理解课文的意思。
三年级下册	第一单元 可爱的生灵	试着一边读一边想象画面。
四年级上册	第一单元 自然之美	边读边想象画面,感受自然之美。
	第四单元 神话故事	了解故事的起因、经过、结果,学习把握文章的主要内容。
	第五单元 习作单元 写一件事	了解作者是怎样把事情写清楚的。 写一件事,把事情写清楚。
	第六单元 童年生活	学习用批注的方法阅读。 通过人物的动作、语言、神态体会人物的心情。
	第七单元 家国情怀	关注主要人物和事件,学习把握文章的主要内容。
四年级下册	第一单元 乡村生活	抓住关键语句,初步体会课文表达的思想感情。
	第二单元 科普文	阅读时能提出不懂的问题,并试着解决。
	第六单元 儿童成长	学习把握长文章的主要内容。
	第七单元 人物品质	从人物的语言、动作等描写中感受人物的品质。

年 级	单 元	语文要素
五年级上册	第四单元 爱国情怀	结合资料,体会课文表达的思想感情。
五年级下册	第二单元 走近中国 古典名著	初步学习阅读古典名著的方法。
	第三单元 综合性学习 遨游汉字王国	学习搜集资料的基本方法。
	第四单元 责任	通过课文中动作、语言、神态的描写,体会人物的内心。
六年级上册	第一单元 触摸自然	阅读时能从所读的内容想开去。
	第四单元 小说	读小说,关注情节、环境,感受人物形象。
	第六单元 保护环境	抓住关键句,把握文章的主要观点。
	第七单元 艺术之美	借助语言文字展开想象,体会艺术之美。
	第八单元 走近鲁迅	借助相关资料,理解课文主要内容。
六年级下册	第二单元 外国文学名著	借助作品梗概,了解名著的主要内容。 就印象深刻的人物和情节交流感受。
	第四单元 理想和信念	关注外貌、神态、言行的描写,体会人物品质。 查阅相关资料,加深对课文的理解。
	第六单元 综合性学习 难忘小学生活	运用学过的方法整理资料。 策划简单的校园活动,学习策划书。

　　本章例举的四年级上册第六单元的语文要素是"学习用批注的方法阅读"。

第二节　课例与评析
有效融合　突出重点　以生为本　关注生成
——统编小学语文四年级上册第六单元《牛和鹅》

【课例】

一、单元解读

（一）教材编排

1.人文主题概说

本单元以"成长故事"为主题,编排了《牛和鹅》《一只窝囊的大老虎》《陀螺》三篇精读课文。这是继三年级下册第六单元后,第二次安排与童年生活有关的主题。与第一次不同的是,本单元编排的课文中不仅有童年的欢乐,更有经历挫折带来的经验。《牛和鹅》记叙了"我"对待牛和鹅态度的变化,《一只窝囊的大老虎》记叙了扮演老虎给"我"带来的困惑,《陀螺》讲述了"我"玩陀螺的烦恼与欢乐。

2.语文要素解析

1）概念界定

本单元有两个语文要素,第一个是"学习用批注的方法阅读",第二个是"通过人物的动作、语言、神态体会人物的心情"。前者侧重让学生养成"不动笔墨不读书"的习惯,后者侧重习得体会人物心情的方法。

什么是批注?批注是加批语和注解,也指批评和注解的文字。

什么是用批注的方法阅读?也就是采用批注的阅读方法。在阅读时,把自己读书的感想、疑难的问题随手批写在书中的空白地方,以帮助自己理解文章,深入思考。批注可以是批语、注释,也可以是自己的心得体会。

根据批注的位置不同,可分为眉批、旁批和尾批。根据批注采用形式的不同,可分为文字批注和符号批注。根据批注的内容、角度的不同,可将批注式阅读大致分为阐释型批注、赏析型批注、质疑式批注、评价式批注、补充式批注、感受式批注和联想式批注七种类型。

什么是通过?《现代汉语词典》(第 7 版)的解释为"以人或事物为媒介或手段达到某种目的"。在阅读中"通过人物的动作、语言、神态",就是以人物的动作、语言、神态为媒介,达到体会人物心情的目的。

什么是体会?《现代汉语词典》(第 7 版)的解释为"体验领会"。

什么是通过人物的动作、语言、神态体会人物的心情?也就是以人物的动作、语言、神态为媒介,体验、领会人物的心情。

2）对应的学段目标发展变化

2022 版课标的内容整合程度不断提升,其中对发展型任务群提出了明确的要求:实用性阅读与交流,旨在引导学生在语文实践活动中,通过倾听、阅读、观察,获取和整合有价值的信息,并根据具体交际情境和交流对象,清楚得体地表达、有效地传递信息,满足家庭生活、学校生活和社会生活交流沟通的需要。文学阅读与创意表达任务群中,明确指出了教学主旨:引导学生在语文实践活动中,通过整体感知、联想想象,感受文学语言和形象的独特魅力,获得个性化的审美体验;了解文学作品的基本特点,欣赏和评价语言文字作品,提高审美品味;观察、感受自然与社会,表达自己独特的体验与思考,尝试创作文学作品。思辨性学习任务群旨在引导学生在语文实践活动中,通过阅读、比较、推断、质疑、讨论等方式,梳理观点、事实与材料及其关系;辨析态度与立场,辨别是非、善恶、美丑,保持好奇心和求知欲,养成勤学好问的习惯;培养学生负责任、有中心、有条理、重证据地表达,培养理性思维和理性精神。在现代"以人为本"思想和对话理论的基础上,应对学生和教师重新定位,即重视学生在阅读过程中的主体地位,重视学生在阅读中的独特感受和体验。批注式阅读已成为这一思想最主要的载体。

"学习用批注的方法阅读"的语文要素,是达成 2022 版课标中第二学段"能复述叙事性作品的大意,初步感受作品中生动的形象和优美的语言,关心作品中人物的命运和喜怒哀乐,与他人交流自己的阅读感受"的目标所使用的一种阅读方法。

表 9-2 为各学段的阅读目标要求,可以发现:

表 9-2　各学段的阅读目标要求

学　段	目标要求
第一学段	对感兴趣的人物和事件有自己的感受和想法,并乐于与人交流。
第二学段	初步感受作品中生动的形象和优美的语言,关心作品中人物的命运和喜怒哀乐,与他人交流自己的阅读感受。
第三学段	在阅读中了解文章的表达顺序,体会作者的思想感情,初步领悟文章的基本表达方法。在交流和讨论中,敢于提出看法,做出自己的判断。

第一学段侧重学生有自己的阅读感受,乐于与人交流,以说的形式初步了解批注的含义。交流自己的阅读感受,在一定形式上也是对批注做准备。这一学段以符号批注为主,借助各种符号加深对课文内容的理解以及对字词的掌握。

第二学段从符号批注过渡到符号和文字批注并重,开始让学生对课文内容部分进行质疑,并记录下自己的感受。这是文字批注的初探。

第三学段开始注重学生的多角度阅读,并记录自己独特的阅读体验和感受,让批注成为学生个性化阅读的有力助手。

本单元第一次明确提到了体会人物心情的方法——通过人物的动作、语言、神态。这可为五、六年级继续学习并综合运用多种方法体会情感做铺垫,起到承上启下的重要作用。

3)基于语文要素的单元编排特点

本单元教材紧紧围绕人文主题和语文要素,设计了单元导语部分,明确语文要素;编排了 3 篇精读课文,落实语文要素,贯穿方法的学习与运用;编排了习作部分,融合人文主题。整个单元体现了"学习理解—巩固运用—迁移创新"的学习模式。

本单元精心选取了三篇精读课文《牛和鹅》《一只窝囊的大老虎》

和《陀螺》。其中,《陀螺》选择一个展现作者和小伙伴们玩陀螺时的插图,将作者玩陀螺时的喜悦心情展现得淋漓尽致。语文园地的交流平台部分总结和梳理了批注的角度和方法,并引导学生在交流中体会用批注的方法阅读的好处。

(二)单元学习目标

单元学习目标为:

(1)用批注的方法阅读。

(2)能通过人物的动作、语言、神态体会人物心情。

(3)能理解关键句的意思。

(4)能梳理、总结批注的方法及意义。

(5)能仿照例子,用动作描写来表现人的心情。

(三)学情分析

对于批注,学生并不是零起点,在以往的阅读中学生已认识且尝试过这种学习方式。比如,低年级时圈画生字生词,给自然段标序号;三年级圈画有新鲜感的词句和关键语句;本学期第二单元学习"提问策略",在读到有疑问的地方写下问题;在常态阅读教学或训练中遇到关键词句时教师会让学生圈画写体会。这些阅读经验其实就是在进行批注。

但是,学生以往的批注是一种随机、随性的零散练习。教材将"批注"作为一个单元编排在四年级上学期,是对批注方法进行专项的、系统的训练,进而促进学生思维和阅读能力的提升。

(四)单元重难点

单元重难点为:

(1)用批注的方法阅读。

(2)能通过人物的动作、语言、神态体会人物心情。

(五)单元教学策略

策略一:准确把握课文着力点,前后衔接有层次。

对于阅读方法的训练,从一年级开始就已渗透在单元的学习中。虽然各单元的侧重点不尽相同,但是学生的学习过程并不是零起点。

准确定位单元内每篇课文的意图、作用。作为单元的起始课文(第一篇课文),侧重激发兴趣、渗透方法,要充分发挥其引路、示范的作用。对于单元内其他几篇课文的学习,教师要半扶半放,引导学生将学到的阅读方法进行迁移运用,达到巩固、创新的目的。要通过分析课文资源编排、课后题设计、阅读提示设计、交流平台设计,正确解读单元中每篇课文的编排意图,明确其在单元中角色定位与所承载的任务。

策略二:多线融合,一举多得,方法能力有发展。

落实语文课程工具性和人文性的统一,即实现"一举多得"(理解内容、体会情感、习得方法、德育渗透、培养能力的有机融合),引导学生借助具体的语言文字,在理解内容、体会情感的过程中逐渐习得阅读方法,并进行德育渗透,达成人文主题和语文要素的有效融合。阅读方法的习得不是孤立的,必须以言语实践为载体,因此阅读方法训练体系中大部分单元的语文要素都是将理解内容、体会情感与阅读方法的习得融为一体。教师引导学生在理解课文中直观感受某一阅读方法,进而学习这一阅读方法;同时又在运用方法的过程中进一步理解内容,深化情感体会,最终实现多个要素目标的共同达成。

策略三:以生为本,有效指导,学法迁移有章法。

范例引领,学法迁移,有效落实"双重点"。有效发挥教材助学系统的功能,充分发掘课文泡泡语、课后练习题、交流平台等资源的"支架"作用,以"范例"引领学生的自主学习活动,启发学生更加形象、直观、明确地了解、认识并充分感知"方法"是什么、有何作用、怎么运用。再通过创设"合作、探究的学习活动",促进学生在具体的语言实践活动中运用方法、巩固方法、熟练方法、内化方法,有效突出并落实语文课程语言学习和能力培养的重点。

策略四:"涟漪型"拓展阅读。

内外结合,适度拓展,撬动课外阅读方法的习得,是为了帮助学生进行更丰富的阅读实践活动。因此,一节课的学习不应成为终点。教师要依据"1+X"("涟漪型")拓展阅读理念,从"主题 + 要素"维度为学生精心筛选课外阅读内容,准确设计阅读目标,细化丰富阅读活动,引导学生在课外阅读中丰富语言积累,进一步巩固课内所学阅读方法。比如,《牛和鹅》可以拓展任大霖的短篇小说《蟋蟀》,继续进行对比阅读,真正实现"课内得法,课外运用;课外阅读,课内落实"。

二、《牛和鹅》教学设计

(一)课文编排特点

教材围绕本单元语文要素选编的第一篇课文是《牛和鹅》。为落实"学习用批注的方法阅读"的语文要素,课文用旁批和留白的形式呈现学习伙伴作的 5 个批注,告诉学生作批注的角度,即有疑问的地方、写得好的地方、体会深的地方、有启发的地方等。

> ◎ 结合课文中的批注,想想可以从哪些角度给文章作批注,和同学交流。

> ◎ 一边默读一边画出相关词句,体会"我"见到鹅和被鹅袭击时的心情。

> ◎ 说说为什么"直到现在,我还记着金奎叔的话"。

课后练习题第 1 题旨在让学生根据学习伙伴 5 处批注的提示,了解进行批注的角度,初步学习用批注的方法阅读。

课后练习题第 2 题是为了落实第二个语文要素"通过人物的动作、语言、神态体会人物的心情"。通过抓住"我们马上都不说话了,贴着墙壁,悄悄地走过去。我的心里很害怕,怕它们看见了会追过来"这些描写人物动作、神态、心理的词语,体会"我"见到鹅时害怕恐惧的心情。再如抓住"我吓得脚也软了,更跑不快……在忙乱中,我的书包掉了,鞋子也弄脱了。我想,它一定要把我咬死了。我就又哭又叫,可是叫些什么,当时自己也不知道,大概就是这样叫吧:'鹅要吃我了!鹅要咬死我了!'"这些描写人物动作、语言、神态、心理的句子,体会"我"见到鹅时的惊慌失措。

课后练习题第 3 题旨在引导学生根据自己的阅读体验,从启发的角度写下自己的批注。

（二）学习目标及重难点

学习目标及重难点为:

（1）认识"谓、拳"等 10 个生字,读准多音字"吁",会写"摸、甚"等 15 个字,会写"甚至、顽皮"等 14 个词语。

（2）知道可以从哪些角度给文章作批注。（重点）

（3）能借助相关词句,体会"我"见到鹅,被鹅袭击时的心情。（难点）

（4）能说出"直到现在,我还记着金奎叔的话"的原因。

（三）语文要素落实策略

策略一:启发回顾,多角度了解批注。

与四年级上册第二单元"提问策略"进行比较,在对比中了解批注的位置。导入同学们用一些喜欢的符号做标记的课文图片,了解批注的方法。在回顾中打消学生的顾虑,原来批注已在平时的阅读和学习中经常使用。

策略二:借助阅读小伙伴,了解批注的角度。

课文出现了 5 处阅读小伙伴的温馨提示,可以借助阅读小伙伴的提示,让学生明白批注的角度。例如,在第 1 自然段教学时,让学生读完第 1 自然段后顺势提出"事情真的是这样吗?"然后让学生回答自己的看法,从而很简单直接地了解到可以从有疑问的角度给文章作批注。

策略三:引导圈画关键语句,想象画面,体会"我"的心情变化。

引导学生带着问题思考,圈画关键词句。例如,默读课文第 5 ～ 12 自然段时,边读边画出"我"见到鹅和被鹅袭击时的相关词句。通过圈画关键词句,引导学生展开联想,想象"我"当时看到了一幅怎样的画面,从而通过人物动作、神态、心理的句子体会"我"见到鹅时害怕恐惧的心情。

策略四:"1+X"拓展阅读。

依据"1+X"("涟漪型")拓展阅读策略,第一层次,为学生拓展课文作者的相关作品,如任大霖的《芦鸡》《白石榴花》《戏迷四太婆》等。第二层次,拓展与课文主题相似的文章,如同为写动物的《牛的写意》等,可以在对比阅读中体会不同作者笔下牛的相同和不同之处。第三层次,拓展作者任大霖的短篇小说《蟋蟀》《秀娟姑娘》。

(四)教学过程

一、激发兴趣,导入新课

(一)处理单元导语,了解本单元的人文主题和学习要求

1.师:今天,我们进行第六单元的学习,请同学们放开声音读一读单元导语。你知道了什么?

生:本单元讲的都是童年的故事。

师:你概括出了本单元的单元主题。

师:是的,童年是五彩缤纷的,不仅有欢笑,还有经历挫折带来的成长。这个单元还有3个学习要求,我们一起读一下。

2.师:(变红前两个)请一位同学读一下这两个学习要求。让我们带着这两个学习要求进入本单元的第一课,请同学们齐读课题。

(二)回顾旧知,加深对批注的理解

1.师:什么是批注的阅读方法呢?其实同学们对这种方法并不陌生,在我们以前的课文学习过程当中就曾经运用过这样的阅读方法。

师:我们在学习第7课的时候,课文提出了很多问题。像这样,在阅读过程中记录下自己的问题、思考、感悟,就是批注。我们把它简称为文字批注。

2.师:再看,还有呢!你有什么发现?

师:是的,像我们在阅读过程中运用符号,圈圈画画重点词句的阅读方法,也是批注。我们把它称为符号批注。同学们,你们是不是在阅读和学习中经常用到啊？这节课我们就运用这两种批注来学习课文。

二、初读课文，整体感知

（一）发现批注的特点、

1. 师：请同学们打开课本，看看这篇课文有几处批注？分别在哪里？

生：这篇课文一共有5处批注。第1处批注在课文的第1自然段，第2处批注在课文的第6自然段，第3处批注在课文的8自然段，第4处批注在课文的第9自然段，第5处批注在课文的第13自然段。

师：这是小读者读到这些自然段的时候，把自己的所思、所想、所感、所悟记录下来了，这就是小读者的批注。

2. 师：同学们，看看课文内容和旁边的批注，对比着看一看，你还有什么发现？（发现批注和课文的不同，表格总结）

用批注的方法阅读

什么是批注？	把阅读过程中的所疑、所感、所悟写下来就是批注
批注的类型	1. 文字批注 2. 符号批注　—～～△☆○？！……
批注的用笔	用不同颜色的笔更醒目
批注的位置	写在有感触的词句旁边的空白处

（二）了解课文主要内容

师：结合预习，再读读课文，想一想这篇课文讲了一件什么事？（两名学生）

师：你真善于概括，你概括出了"我"对牛和鹅前后态度的变化。（板书：欺牛、不欺牛、怕鹅、不怕鹅）

三、走进文本,重点研读

（一）学习第1～4自然段,了解从有疑问的地方进行批注的方法

1.师:多么有趣的童年故事啊！我为什么一开始欺牛、怕鹅呢？请同学们小声读一读课文的第1～4自然段。

师:同意吗？很好,答案就在课文的第1自然段。我们一起读一读。

师:事情真的是这样吗？小读者读到这里不禁产生了疑问。这是从什么角度作批注?

生:从提问题的角度作批注。

师:是的。我们也可以说,可以在有疑问的地方作批注。（板书:有疑问的地方）

2.师:读到这里,你有什么疑问吗？（让学生质疑）

师:你想知道问题的答案吗？老师给大家推荐一本书,一起来读一下书名《动物眼中的世界》。课后你们可以运用今天学习的批注的方法读一读这本书,相信你们会有很多的收获。

（二）学习第5～11自然段,学习从写得好的地方作批注的方法

出示学习要求:

默读课文第5～12自然段,边读边画出"我"见到鹅和被鹅袭击时的相关句子。

1.画出我见到鹅的句子。

师:我们先看第一个问题,"我"见到鹅时是怎样的情景,你画了哪些句子?

2.结合句子谈体会。

师:再读读这两句话,你能体会到"我"见到鹅时是怎样的心情吗?

师:你能把这种体会、这种心情读出来吗?

3.圈画词语,通过人物动作、语言、神态体会人物的心情。

师:同学们,再看看这两句话,你从其中的哪些词句体会到"我"

这种心情？

师：一连串的动作描写和心理描写,形象地刻画了"我"见到鹅时极度恐惧的心情。写得怎么样啊？

师：看,老师把咱们的阅读感受写下来了,这就是我们的批注！读到这里你发现了吗,我们还可以从什么角度作批注？

生：从写法角度。（板书：写得好的地方）

（三）学习第6自然段,了解批注的作用

1. 画出描写"我"被鹅袭击时的句子。

2. 师：我们一起来看看这几个句子,先来看第1句话。借助批注想一想,这几句话写的是"我"被鹅袭击时什么情况下的画面？

生：第1句话写的是"我"逃跑时的画面。第2～3句话写的是"我"被鹅咬住的画面。第4句话写的是"我"呼救的画面。

3. 圈画出体现"我"惊慌失措的词语。

师：这3幅画面把"我"被鹅袭击时的那种惊慌失措写得很真实,你从哪些词语体会到体会"我"的惊慌失措啊？

生："脚也软了""更跑不快""书包掉了""鞋子也弄脱了""又哭又叫""鹅要吃我了！鹅要咬死我了！"

师：再读读这些词语,联系我们刚才的学习,这是对"我"的什么描写？

生：这是对我动作、语言、神态和心情的描写。

4. 结合圈画词句体会人物心情。

师：从这些词语中你体会到了什么？

生：我体会到了,"我"都要被鹅吓死了。

师：带着这种感受,自己读一读。

师：同学们,我们不仅可以在文章有感触的重点词句处谈感受、作批注,还可以借助批注更好地理解课文内容。同学们,回顾一下我们刚才在学习第5～6自然段的时候都用了什么方法进行批注呢？

（四）学习第 8～11 自然段，了解从体会深的地方作批注的方法

1.师：读读第 8～11 自然段和课文旁边的批注，想想这两处批注是从什么角度作的？

生：有感受、体会心情。（板书：体会深的地方）

2.师：这又是结合课文的哪些词句作的批注呢？

生：他一把握住了鹅的长脖子。鹅用脚爪划他，用嘴啄他。可是金奎叔的力气是那么大，他轻轻地把鹅提了起来，然后就像摔了一个酒瓶似的，呼的一下，把这只老公鹅甩到了半空中。它张开翅膀，啪啪啪地落到了池塘中。这一下，其余三只鹅也怕了，纷纷张开翅膀，跳进池塘里向远处游去。

（五）学习第 12～15 自然段，了解从有启发的地方作批注

1.师（过渡）：金奎叔的话让我转变了对牛和鹅的态度。让我们一起读一读金奎叔说的话。

师：听了金奎叔的话，我明白了。而且直到现在，我还记着金奎叔的话。我明白了什么，你们知道吗？同学们，你又明白了什么？好，先自己说一说。

生：听了金奎叔的话我明白了不要怕鹅，更不要欺负牛。

师：这篇课文引发了你的思考，获得了启示，你真善于思考。这就是你的感悟。写下来就是你的批注。

2.写批注。

师：我相信全班同学都有了自己的收获，现在把你的思考用批注的方法写下来。

3.分享批注。

师：来吧，谁愿意把你的批注分享给大家？（投影两学生批注）

师：结合刚才同学们的批注，这是从什么角度作批注？

生：有启发的地方。（板书：有启发的地方）

师：希望同学们也能记住金奎叔说的话。

四、总结全文,拓展阅读

师:今天我们学习了用批注的方法阅读课文。批注是一种很好的阅读方法,可以加深我们对课文的理解,帮助我们更好地体会文章表达的思想感情。

下面让我们一起回顾一下批注的阅读方法。

五、巩固练习,迁移运用

1.用批注的四种角度在课文旁边作批注。

2.阅读课后阅读链接,写下自己的批注。

六、板书设计

18 牛和鹅

欺牛　　不欺牛　　　有疑问的地方

金奎叔　　　　写得好的地方

怕鹅　　不怕鹅　　　体会深的地方

有启发的地方

【评析】

有效融合　突出重点　以生为本　关注生成

—— 《牛和鹅》课例点评

本单元侧重让学生用文字批注自己阅读时的收获、困惑、见解。教学时,不必对批注的符号或眉批、旁批、尾批等术语进行过多的训练与强调,而要重视引导学生从多个角度对课文进行文字批注,并利用这些批注进一步理解课文。

为落实本单元的语文要素,教师主要采用了如下教学策略:

一、把握编写意图,精准定位学习目标

对于批注,学生并不是零起点。在以往的阅读中,学生已认识并尝试过这种学习方式。例如,低年级时圈画生字生词,给自然段标序号;三年级时圈画有新鲜感的词句和关键语句;本学期第二单元学习"提问策略",在读到有疑问的地方写下问题;在常态的阅读教学或训练中,遇到关键词句时教师会让学生圈画写体会。这些阅读经验其实就是在作批注。

但是,学生以往的批注是一种随机、随性的零散练习。教材将"批注"作为一个单元,编排在四年级上学期,是对批注方法进行专项的、系统的训练,进而促进学生思维、阅读能力的提升。对于《牛和鹅》这篇课文,编者利用"旁批"和"留白"的方式示例了 5 处"批语式批注",包括从疑问处、写得好的地方、获得启示处以及针对内容理解写下的批语。教师要让学生结合示例认识批注的这几个角度。

作为本单元的第一篇课文,侧重教学方法,充分发挥其教学价值,起到示范批注的作用。因此,在这一课要对文章进行全面、细致的剖析。例如,在学习第一部分时,首先引导学生就文章内容产生疑问,"为什么鹅的眼睛看人小,牛的眼睛看人大呢?",从而让学生知道可以在有疑问的地方作批注,明确批注的角度,自然达成学习目标。

本单元第 19 课和第 20 课两篇课文,通过"页面留白"的方式编排,旨在引导学生学习"批注式阅读"。第 19 课《一只窝囊的大老虎》,教师可以半扶半放,是对批注这一阅读方法的实操、训练。第 20 课《陀螺》,教师全部放手,让学生自由阅读,训练批注的阅读方法。

二、有效融合,得意得法,语言思维共生长

1. 双线融合

本单元以"成长故事"为主题,这是继三年级下册第六单元后,第二次安排与童年生活有关的主题。本单元的课文不仅有童年的快乐,更有经历挫折带来的成长。

本单元包含两个语文要素。第一个语文要素是"学习用批注的方法

阅读"，旨在让学生养成"不动笔墨不读书"的习惯，学习用批注的方法加深、丰富对文章的理解。第二个语文要素是"通过人物的动作、语言、神态体会人物的心情"。第18课《牛和鹅》引导学生通过勾画描写人物动作、神态等方面的语句，体会"我"见到鹅和被鹅袭击时的心情，从而感受主人公的成长故事。

例如，在学习第5自然段时，教师启发学生勾画描写人物动作、神态等方面的语句，如"马上都不说话了，贴着墙壁，悄悄地走过去"等，让学生体会到"我"见到鹅和被鹅袭击时无比恐惧的心情。学生在批注的过程中，既学会了批注的角度，又体会了童年历经挫折带来的成长，达成人文主题和语文要素的有效融合。

2. 要素融合

本节课教师引导学生在理解课文中关注课文中的批注，进而认识批注，学习批注的方法，了解批注的角度；同时又在作批注的过程中，让学生透过人物的动作、语言、神态等感受人物心情的变化。

在教学第5自然段时，围绕"画句子—谈体会—画词语"三个层次展开。教师首先引导学生圈画"我"见到鹅和被鹅袭击时的句子，进而让学生体会"我"见到鹅时极度的恐惧心情，并通过朗读感悟。在此基础上，再让学生圈画能体现"我"心情的词语。这一教学环节让学生明白把阅读感受写下来就是批注。可以在写得好的地方作批注，习得作批注的角度，同时又恰到好处地体会了课文内容。第6自然段内容非常精彩，这一段的学习将上述方法迁移运用，实现双要素的有效融合。

三、学为中心，层层递进，先扶后放有章法

1. 范例引领，学法迁移，有效落实"双重点"

学生明确批注的方法后，在学习第6自然段时进行批注方法的迁移运用。本段围绕"画句子—画词语—谈体会"三个层次展开。首先画出"我"被鹅袭击时惊慌失措的句子，教师巧妙地引出"逃跑—被鹅咬住—呼救"的三幅画面，然后圈画"我"被鹅袭击时动作、语言、神态、心理的

词语。学生的学习能力由此循环上升。学生谈体会后,通过师生合作朗读,感受"我"被鹅袭击时的惊慌失措,培养语言学习能力。

通过以上的学习,学生已经慢慢认识了批注,说感受,了解了批注的方法,并学会了如何多角度作批注。最后迁移学法,小组合作学习第8～15自然段,巩固这一学习能力。先让学生思考作批注的角度,体会"鹅"的狼狈,金奎叔的厉害,引导学生认识到也可以从体会深的角度作批注,从而发散学生思维,拓宽学生的视野。

总结全文时,再次出示表格,把全文批注的方法进行完整归纳,将批注这种阅读方法非常直观地呈现给学生,让学生更加形象、直观、明确地了解、认识、掌握批注的阅读方法。

2. 内外结合,适度拓展,撬动课外阅读

在学习第1自然段批注时,教师从内容入手,既自然而然地引出了批注,又让学生经历了像"学习小伙伴"一样的学习过程。这样的设计基于学情,让批注方法与内容学习有机融合,引导学生学习从"有疑问"的角度作批注。

小读者作出了这样的批注:事情真的是这样吗?牛那么大却怕人,鹅那么小却欺人,一下就引起了读者的阅读兴趣。

事实上这个问题通过这节课的学习是解决不了的。对于学生在学习过程中产生的疑惑,教师进行适度拓展,推荐课外阅读《动物眼中的世界》,给学生提供解决途径,丰富学生课外阅读感受。

在阅读链接的课后作业中,引导学生比较不同作家笔下的牛有什么不同特点,尝试运用批注。学生可以再次梳理作批注的角度,复习巩固批注方法。鼓励学生在课内外阅读中用批注的方法阅读,有意识地引导学生生成主动运用批注的方法学习的意识。

总之,本节课教师能准确把握教材编写意图,达到双线、双要素有效融合,着力突出重点,巧妙化解难点,同时尊重课堂中学生的主体地位,关注学生的能力生成。

第十章
领会表达训练体系
单元语文要素落实策略例举

第一节　体系解读

　　语文课程是一门学习国家通用语言文字运用的综合性、实践性课程。内容和表达是语文的两个方面,语文学科的学习既要理解内容,也要领悟文章的表达方法。由此可见,阅读教学必须立足文本的语言形式,关注表达方法,在语言实践中不断提升学生的语文核心素养。

　　"在阅读中了解文章的表达顺序,体会作者的思想感情,初步领悟文章的基本表达方法。在交流和讨论中,敢于提出看法,作出自己的判断。"2022版课标指出了明确的教学方向。"领会表达"解决的是"怎样写"的问题,也对阅读过程提出了具体的要求,使教学有了明确的目标。

　　小学语文"领会表达"的主要任务是学习语言材料,感受语言特点,发现语言规律,学习表达方法,在阅读的过程中感受作者是怎样把句子、段落、文章写准确、写清楚、写具体、写生动的,然后引导学生学会运用多种常见的语言表达方法把文章写得生动形象,提高语言表达能力。

　　领会文章的表达方法是学生从阅读过渡到写作的必经之路。教材中对领会表达特点的引导涉及诸多方面。在每篇课文中,表达方法可能表现在多个角度,教学时应该本着一课一得的原则,落实单元的语文要素,有选择地进行训练。

　　领会表达训练体系语文要素见表 10-1。

表 10-1　领会表达训练体系语文要素、

年　　级	单　　元	语文要素
二年级上册	第四单元 家乡	学习课文的语言表达,积累语言。
	第五单元 思维方法	感受和体会课文语言表达的多样性,学习表达。
二年级下册	第四单元 童心	根据课文有关的情境,运用学到的词语把想象的内容写下来。
	第五单元 办法	能根据课文内容,说简单的看法。
三年级上册	第三单元 童话世界	感受童话丰富的想象。
	第五单元 习作单元 观察	体会作者是怎样留心观察周围事物的。 仔细观察,把观察所得写下来。
三年级下册	第三单元 综合性学习 中华传统文化	了解课文是怎么围绕一个意思把一段话写清楚的。
	第四单元 观察与发现	借助关键语句概括一段话的大意。
	第五单元 习作单元 大胆想象	走进想象的世界,感受想象的神奇。 发挥想象写故事,创造自己的想象世界。
	第七单元 奇妙的世界	了解课文是从哪几个方面把事物写清楚的。
四年级上册	第三单元 留心观察	体会文章准确生动的表达,感受作者连续细致的观察。
四年级下册	第三单元 现代诗	初步了解现代诗的一些特点,体会诗歌表达的情感。
	第四单元 作家笔下的动物	体会作家是如何表达对动物的感情的。
	第五单元 习作单元 学习按游览的顺序写景物	了解课文按一定顺序写景物的方法。 学习按游览的顺序写景物。

年　级	单　元	语文要素
四年级下册	第八单元 中外经典童话	感受童话的奇妙,体会人物真善美的形象。
五年级上册	第一单元 万物有灵	初步了解课文借助具体事物抒发感情的方法。
	第五单元 习作单元 介绍一种事物	阅读简单的说明性文章,了解基本的说明方法。 搜集资料,用恰当的说明方法把某一种事物介绍清楚。
	第六单元 舐犊情深	体会作者描写的场景、细节中蕴含的感情。
	第七单元 自然之趣	初步体会课文中的静态描写和动态描写。
五年级下册	第四单元 责任	通过课文中动作、语言、神态的描写,体会人物的内心。
	第五单元 习作单元 具体地表现一个人的特点	学习描写人物的基本方法。 初步运用描写人物的基本方法,具体地表现一个人的特点。
	第七单元 世界各地	体会静态描写和动态描写的表达效果。
	第八单元 风趣与幽默	感受课文风趣的语言。
六年级上册	第二单元 革命岁月	了解文章是怎样点面结合写场面的。
	第五单元 习作单元 围绕中心意思写	体会文章是怎样围绕中心意思来写的。 从不同方面或选取不同事例,表达中心意思。
六年级下册	第一单元 民风民俗	分清内容的主次,体会作者是如何详写主要部分的。
	第三单元 习作单元 表达真情实感	体会作者是怎样表达情感的。 选择合适的内容写出真情实感。
	第五单元 科学精神	体会文章是怎样用具体事例说明观点的。

　　本章例举的五年级下册第七单元的语文要素是"体会静态描写和动态描写的表达效果"。

第二节 课例与评析

发掘素材 读悟结合 注重表达实践

——统编小学语文五年级下册第七单元《威尼斯的小艇》

【课例】

一、单元解读

（一）教材编排

1.人文主题概说

五年级下册第七单元的主题是"异域风情"，编排了《威尼斯的小艇》《牧场之国》和《金字塔》三篇课文。《威尼斯的小艇》布局精巧，以小艇为主线，展现了水上名城威尼斯的异域风光；《牧场之国》描写了荷兰美丽的田园风光，展现了蓝天白云、牛羊成群的优美迷人以及自然和谐的景观；《金字塔》由两篇短文组成，散文《金字塔夕照》描绘了金字塔在夕阳照耀下的雄浑之美，非连续性文本《不可思议的金字塔》则描写了金字塔的不可思议之处。

2.语文要素解析

1）概念界定

本单元语文要素是"体会静态描写和动态描写的表达效果"。

什么是体会？"体会"一词在《现代汉语词典》（第7版）中的解释是"体验领会"，也就是人对某种境界或事物的感受。

什么是表达效果？"表达效果"在百度汉语中的解释是"文章的语言，在介绍对象中所产生的影响、作用和心中的想法。"将"表达效果"一词放到"体会静态描写和动态描写的表达效果"中，应该包含以下三层意思：

第一层,静态描写和动态描写是什么。"静态描写"是指记叙文中对人物、景物进行静止状态下的描摹状写,是创造生动具体的感人形象的一种写作方法。"动态描写"是指记叙文中对人物、景物进行运动状态的描摹状写,是创造具体的、栩栩如生的感人形象的一种描写方法。

第二层,两种描写方法是如何落实到具体的语言文字之中的。以《威尼斯的小艇》为例,将文本与描写方法相结合,威尼斯的白天是喧闹的,也是动态的;夜晚是静谧的,也是静态的。这座城或"静"或"动"都是因为小艇,动与静形成鲜明的对比,从而真正表现出威尼斯的小艇与人们的生活紧紧联系在一起。

第三层,两种描写在表达上起到怎样的效果。在阅读时,通过静态描写和动态描写,可以充分体会到人和物的不同特点,仿佛身临其境。在一动一静中、动静结合中,体会语言不同的表现力以及语言本身的张力。本单元中"体会静态描写和动态描写的表达效果",就是引导学生在阅读过程中感受作者是怎样把文章写具体、写生动的,进而感受异国风光的动静之美,形成语文素养,乃至聚力于语文核心素养。

2）对应的学段目标发展变化

本单元语文要素是 2022 版课标第三学段"在阅读中了解文章的表达顺序,体会作者的思想感情,初步领悟文章的基本表达方法"的目标要求的具体表现。这一目标要求呈现了一定的发展变化,见表 10-2。

表 10-2　课程标准中对"阅读"目标要求的学段变化

学　段	目标要求
第一学段	阅读浅近的童话、寓言、故事,向往美好的情境,关心自然和生命,对感兴趣的人物和事件有自己的感受和想法,并乐于与他人交流。
第二学段	能初步把握文章的主要内容,体会文章表达的思想感情。学习圈点、批注等阅读方法。能对课文中不理解的地方提出疑问,乐于与他人讨论交流。
第三学段	在阅读中了解文章的表达顺序,体会作者的思想感情,初步领悟文章的基本表达方法。在交流和讨论中,敢于提出看法,作出自己的判断。

由表 10-2 可以看出,第二学段阅读的主要任务是把握内容、体验情

感,主要解决的是"写什么"的问题;第三学段提出了解"表达顺序"、领悟"表达方法",解决的问题是"怎样写"的问题。从阅读理解的层次上讲,第三学段已经从思想内容深入到了表达特点,是在弄懂"写什么"的基础上进一步思考"怎样写"。"初步领悟"既对难度要求准确定位,又强调了学生的主体意识,强调学生的自读自悟。

基于这一语文能力的发展脉络,"体会静态描写和动态描写的表达效果"语文要素在教材编排中同样呈现了一定的发展变化,见表10-3。

表10-3 "体会静态描写和动态描写的表达效果"语文要素的发展变化

年级及单元	阅读训练要素
三年级上册第五单元	体会作者是怎样留心观察周围事物的。
三年级下册第七单元	了解课文是从哪几个方面把事物写清楚的。
四年级下册第五单元	了解课文按一定顺序写景物的方法。
五年级上册第七单元	初步体会课文中的静态描写和动态描写。
五年级下册第七单元	体会静态描写和动态描写的表达效果。

纵观统编教材中的写景文章,五年级上册第七单元要求学生"初步体会课文中的静态描写和动态描写",而五年级下册第七单元则在此基础上提升到体会其表达效果,逐步培养学生的文学品鉴能力。要体会表达效果,须建立在理解内容的基础上,在相应的精读课文、略读课文、习作以及语文园地中加以逐步、持续、深入的落实及贯穿,进而体会文字背后要表达的内涵。可见,语文要素不是孤立的,而是单元板块各自承担一定"任务",又相互联系、相辅相成,形成一个整体,共同使语文要素"落地",促进学生发展。

3)基于语文要素的单元编排特点

教材围绕这一语文要素,编排了单元导语(点明要素)、课文(方法指导）、交流平台（提炼总结）、词句段运用（引导表达）、习作（迁移运用）等板块，构成了一个整体，贯穿着方法的学习与运用。

为落实语文要素，教材编排了三篇课文。两篇精读课文的静态描写和动态描写在表达方式上有所不同，但有迹可循，能学习和迁移，这恰好是学生学习的链接点。《威尼斯的小艇》可结合课后第 2 题与"阅读链接"，引导学生有感情地朗读课文，体会作家笔下威尼斯的动静之美。散文《牧场之国》语言优美，课后第 1 题"有感情地朗读课文"指出落实语文要素学习的路径和手段，同时与课本泡泡语提出的"读了课文，我体会到了荷兰牧场的宁静之美"紧密联系，引导学生想象画面，有感情地朗读课文，体会牧场之国的宁静之美。

略读课文的学习强调自学为主和学法迁移。《金字塔夕照》引导学生聚焦语句，迁移读、想、品、仿的学法，体会金字塔的静态之美。《不可思议的金字塔》后面紧接着编排的是口语交际、习作，重点培养学生从中获取、整合金字塔相关信息的能力。

本单元的课文、交流平台、词句段运用都指向语文阅读要素的达成，呈现层层递进的特点，按照"学习、总结、迁移与运用"的方式进行贯通设计，形成单元阅读要素模块，如图 10-1 所示。

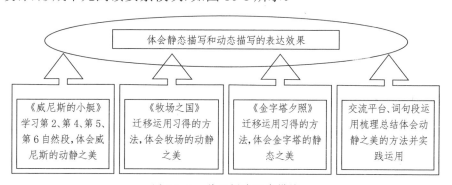

图 10-1　单元阅读要素模块

（二）单元学习目标

单元学习目标为：

（1）会认 27 个字，掌握 2 个多音字，会写 30 个字，正确读写 28 个词语。

（2）正确、流利、有感情地朗读课文，说说课文围绕小艇写了哪几方面的内容，并体会作家笔下威尼斯的动静之美。和同学交流：如果你生活在威尼斯，结合课文内容，想象你一天中生活的情景。

（3）有感情地朗读课文，边读边体会荷兰牧场风光的动静之美。理解作者眼中"真正的荷兰"的样子，感悟作者反复强调"这就是真正的荷兰"的原因。

（4）感受金字塔在夕阳照耀下的美，了解金字塔的不可思议之处。

（5）学会选择一个情境，做一名小讲解员。学会列提纲，按照一定顺序讲述。学会根据听众的反应，对讲解的内容做调整。

（6）学会根据一个情景写出景物的动静之美。学会选择一处自己感兴趣的中国世界文化遗产来写一篇习作。学会查阅资料、整理资料，根据整理后的材料用自己的话写下来。

（7）积累记背古诗《乡村四月》。

（三）单元重难点

单元重难点为：

（1）正确、流利地朗读课文，感受世界各地的风情文化，体会静态描写和动态描写的表达效果。

（2）借助课后"阅读链接"片段和名篇拓展，运用静态描写和动态描写的方法写一个场景。

（3）借助信息整理，运用静态描写和动态描写展现中国的世界文化遗产。

（四）学情分析

五年级上学期，学生已经初步体会了课文中的静态描写和动态描写，能找出课文中静态描写和动态描写的句子，并根据描写想象出具体、丰富的画面。五年级下学期则明确提出"体会静态描写和动态描写的表达效果"的要求。相比于"初步体会"，体会"表达效果"显然有了更进一步的提升和推进,也对学生的语文学习提出了更高的要求。从辨识和判断(初步体会静态、动态描写)到理解和鉴赏(体会表达效果)再到运用和表达(尝试运用两种方法来描写景物),这与课程标准的高段要求"初步领悟文章的基本表达方法"也是契合的。

(五)单元整体教学策略

策略一:朗读想象,读悟结合,感受动静之美。

教学时,教师引导学生边读边想象画面,读悟结合,体会动静之美。动态之美是相对静态之美而言的,指物体在动态时呈现的美。在《威尼斯的小艇》一文中,动态之美集中体现在第 4 自然段。在引导学生体会时,可以让学生想象船夫驾驶小艇的画面,通过文字体会动态的画面感,并移情体验坐船的感觉,借助朗读体会动态感。第二篇课文《牧场之国》语言优美,同样适合朗读教学。通过朗读想象,体会荷兰牧场的宁静之美,以很好地对接单元语文要素。

策略二:关注描写,对比品味,体会表达效果。

教学中,教师抓住重点词句,让学生初步体会静态描写和动态描写的表达效果。《威尼斯的小艇》这一课,可以抓住动词"挤过、穿过",形容词"操纵自如、拥挤、极窄、平稳、非常快、急转弯、飞一般",关联词"不管……总能、总能……而且……还能",引起学生对语言表达特点的注意,体会动词运用之准、形容词运用之精、关联词运用之妙。在《牧场之国》这一课,静态描写细腻动人,既有直接描写静景的句子,也有静态美中对声音、动作、色彩的描写。品味这些句子的表达效果就是上一课学习后的深入和强化,也可为"语文园地"的学习打下基础。

同时,引导学生比较两篇精读课文动静之美写法的不同。《威尼斯的小艇》重点写动,以静写动,体现"人动则艇动、人歇则艇歇"的特点。《牧场之国》重点是静态描写,以动写静,体现牧场之国的宁静之美。

策略三:"涟漪型"拓展阅读。

小学语文的拓展阅读不仅能增加学生的课外知识量,丰富学生的思想,还可以对课文进行提示、引导、延伸、拓展,起到补充、诠释、融合的作用。因此,要以教材为依托,整合使用"涟漪型"拓展阅读策略,整体规划单元教学内容、目标、教法、检测评价。例如,教学《威尼斯的小艇》一课时,可以将课后"阅读链接"中的两篇文章进行对比阅读,使课文思想内容、表达方式的学习能够有效延伸。教学《牧场之国》一课时,可以推荐朱自清《欧游杂记》中的《荷兰》,引导学生对比阅读两篇文章在内容和描写方法上的异同。同时,也可有意识地引导学生继续运用这样的方法,将本单元的三篇文章进行群文阅读,感受世界各地丰富多彩的美丽画卷,体会静态描写和动态描写的表达效果。

二、《威尼斯的小艇》教学设计

(一)课文编排特点

围绕本单元语文要素,选编的例举课文为《威尼斯的小艇》。这篇文章布局精巧,以小艇为主线,展现了水上名城威尼斯的异域风光。

课文描写了小艇在水面上灵活穿梭的样子,描写了日常生活中游客、居民乘坐小艇的情形,描写了半夜戏院散场后小艇散去的场面,表现了威尼斯的动态美。课文也描写了水城沉沉睡去后的寂静,表现了威尼斯的静态美。《威尼斯的小艇》重在体会这些静态描写和动态描写的表达效果。

课后练习题第 1～2 题引导学生朗读体会课文围绕小艇介绍了哪几方面的内容,在朗读中体会动态描写和静态描写的表达效果,体会威尼斯的动静之美。

⊚ **默读课文,说说课文围绕小艇写了哪几方面的内容。**

⊚ **体会作家笔下威尼斯的动、静之美,再有感情地朗读课文。**

课后练习题第 3 题引导学生想象"像挂在天边的新月"和"仿佛田沟里的水蛇"所描写出的小艇的样子,并交流课文这么写的好处,体会表达效果。

◎ 读下面这段话，说说小艇有哪些特点，再体会加点部分的表达效果。

　　　威尼斯的小艇有二三十英尺长，又窄又深，有点儿像独木舟。船头和船艄向上翘起，像挂在天边的新月；行动轻快灵活，仿佛田沟里的水蛇。

　　课后练习题第 4 题引导学生通过对比阅读，加深对威尼斯的了解，进一步感受这座水上名城的魅力，并体会文本的表达方法。

◎ 读下面的"阅读链接"，想想在描写威尼斯时，三位作家的表达方法有什么相似之处。

（二）学习目标及重难点

学习目标及重难点：

（1）会认"尼、艄、翘"等 6 个生字，读准 1 个多音字"哗"，会写"尼、斯、艇"等 15 个字，正确读写"纵横、窗帘、手忙脚乱"等 11 个词语。

（2）默读课文，概括课文的主要内容。（重点）

（3）通过学习课文，了解威尼斯独特的风情、小艇的特点、船夫的驾驶技术及小艇与威尼斯的关系。（重点）

（4）领会作者描写小艇在水面上灵活穿梭的样子和夜晚戏院散场后的静寂，体会景物的静态美和动态美。（难点）

（三）语文要素落实策略

策略一：群文聚合，对比阅读，理解课文内容。

"阅读链接"编排的是我国作家朱自清的《威尼斯》片段和法国作家乔治·桑的《威尼斯之夜》片段。这样的内容可以帮助学生进一步了解小艇在威尼斯的发展变化以及水城威尼斯的全貌。例如，在学习课文第 1 自然段的"小艇成了主要的交通工具，等于大街上的汽车"时，可以链接朱自清《威尼斯》中相似的表达："这里没有汽车，要到哪儿，不是搭小火轮，便是雇'刚朵拉'……轮船像公共汽车，在大街上走；'刚朵拉'是一种摇橹的小船，威尼斯所特有，它哪儿都去。"这样可让学生理解小艇作为主要的交通工具随着时代的发展而有了新的变化。

同样，在学习课文第 3 自然段中的"小艇穿过一座座形式不同的石桥"时,可以延伸阅读朱自清《威尼斯》片段中关于桥的描写:"威尼斯并非没有桥,三百七十八座,有的是。只要不怕转弯抹角,哪儿都走得到,用不着下河去。"这里介绍桥也是水城威尼斯的一道风景。这从侧面说明了小艇给威尼斯人的生活带来了便捷,从而加深学生对小艇重要性的认识。

课文的最后一个自然段,作者写了半夜戏院散场时的喧闹和随后的寂静。学习时可链接乔治·桑《威尼斯之夜》片段中关于威尼斯夜色的描绘。作者将夜色和星空进行对比描写,让人觉得水城的美妙不可言,尤其是所乘坐的小艇"缓缓荡去。到那夕阳的余温尚未散尽的石板小路旁,那里就不再会有人来打扰你的宁静"。这里与课文描写的"小艇十分快捷"形成鲜明的对比,而且对夕阳的描写填补了课文内容上的空白。

策略二:关注描写,想象朗读,体会表达效果。

文中对小艇静态和动态的刻画精准贴切。小艇静时如新月,动时如水蛇。"挂在天边的新月"写出了小艇靠岸时的静态美;小艇身形轻巧,水中航行又快又灵活,用"田沟里的水蛇"比喻行动中的小艇,生动地写出了小艇行动时轻快灵活的特点,描绘了小艇的动态美。教学时,可引导学生想象画面,运用多种朗读方式,体会作者表达的动静之美。

小艇的行动轻快灵活,体现了船夫高超的驾驶技术。在教学第4自然段时,可以抓住中心句,引导学生找一找船夫是如何做到驾驶小艇时"操纵自如"的,引导学生找出船夫驾驶小艇的几种情况:"不管怎么拥挤,他总能左拐右拐地挤过去。遇到极窄的地方,他总能平稳地穿过,而且速度非常快,还能急转弯。"同时,引导学生抓住动词、形容词、关联词等,体会船夫驾驶小艇时的动态之美。

策略三:以生为本,合作探究,拓展思维能力。

在核心素养视域之下,阅读教学要注重学生语言积累能力的培养,更要帮助学生开拓思维。就阅读教学活动的开展而言,合作也是增强学生动力的有效途径。

教学中,可以指导学生合作学习第5~6自然段,通过自主阅读,合作探究,围绕关键词"小艇"进行设问,引导学生展开想象,深入理解小艇与威尼斯人之间密切的关系。

策略四:"1+X"拓展阅读。

依据"1+X"("涟漪型")拓展阅读策略,第一层次,推荐学生阅读朱自清的《欧游杂记》,继续群文阅读,以"世界各地"主题为依托,通过不同形式的阅读,进一步感受欧洲多个国家和地区独特的魅力。第二层次,继续拓展有关世界各地的文学作品。

(四)教学过程

一、激发兴趣,导入新课

(一)直接导入课题

师:同学们,今天我们来学习一篇新的课文,请大家齐读课题。

(二)学习生字词

1.师:课前大家都预习了生字词。谁来读一读?

船艄　船舱　翘起

簇拥　祷告　哗笑

操纵自如　手忙脚乱　左拐右拐

2.学习多音字"哗"。

师:声音洪亮,字音准确,让我们像他这样一起来读一读。其中"哗"是一个多音字,有两个读音。哪位同学来领读?

师:同学们,"哗笑"是什么意思?谁知道?请你说。

生:是"众人放声大笑"的意思。

师:你们同意吗?我们还可以用"哗"组什么词?

生:哗变、哗众取宠。

师:这个词不常用,你的积累真丰富。

(三)资源融合,了解威尼斯

1.交流威尼斯的资料。

师:课前我们预习了课文和两篇阅读链接,谁能说说哪三位作家

分别通过什么文章为我们介绍了威尼斯?

生:马克·吐温的《威尼斯的小艇》、朱自清的《威尼斯》和乔治·桑的《威尼斯之夜》这三篇文章为我们介绍了威尼斯。

师:你的回答完整又准确。今天我们将一起学习、感受这三位作家笔下的威尼斯。现在请大家再次快速默读这三篇文章,想想威尼斯在哪,是一座什么样的城市?

生:威尼斯是"海中的城",在意大利半岛的东北角上,是一群小岛,外面一道沙堤隔开亚得里亚海。从朱自清的《威尼斯》中知道的。

师:同学们,借助朱自清先生笔下的《威尼斯》,我们就了解了威尼斯的位置。威尼斯还是一座怎样的城市呢?

生:威尼斯是世界闻名的水上城市,河道纵横交错,小艇成了主要的交通工具,等于大街上的汽车。

2. 理解"纵横交错"。

师:"纵横交错"是什么意思,你知道吗?

生:河道非常多,交叉在一起。

师:河道多到什么程度,你从三篇文章中读出来了吗。

生:大运河穿过威尼斯,像反写的"S",这就是大街。另有小河道四百八十条,这些就是小胡同。

师:一条大运河,再加上480条小河道,读到这里我们不由得感叹,威尼斯是,(一起读)威尼斯是世界闻名的水上城市。

> 大运河穿过威尼斯,像反写的"S",这就是大街。另有小河道四百八十条,这些就是小胡同。

> 威尼斯是世界闻名的水上城市,河道纵横交错,小艇成了主要的交通工具,等于大街上的汽车。

> 威尼斯是"海中的城",在意大利半岛的东北角上,是一群小岛,外面一道沙堤隔开亚得里亚海。

3. 出示视频,感受威尼斯。

师:同学们想不想亲眼看一看这样的威尼斯。让我们一起看看。(播放视频)刚才的视频中给你留下印象最深刻的是什么?

生:小艇。

4. 交流小艇的名字——"刚朵拉"。

师:小艇不光给我们留下了深刻的印象,也给三位著名的作家留下了深刻的印象。你知道这样的小艇在威尼斯叫什么吗?你怎么知道的,读给大家听。

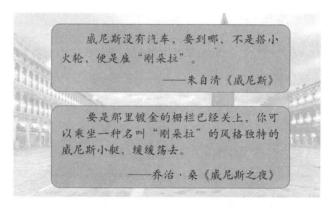

威尼斯没有汽车,要到哪,不是搭小火轮,便是雇"刚朵拉"。

——朱自清《威尼斯》

要是那里镀金的栅栏已经关上,你可以乘坐一种名叫"刚朵拉"的风格独特的威尼斯小艇,缓缓荡去。

——乔治·桑《威尼斯之夜》

生:刚朵拉。课后"阅读链接"中朱自清先生的《威尼斯》中说:威尼斯没有汽车,要到哪,不是搭小火轮,便是雇"刚朵拉"。

师:不仅如此,乔治·桑也写到了,请你读。

生:乔治·桑的《威尼斯之夜》中说:要是那里镀金的栅栏已经关上,你可以乘坐一种名叫"刚朵拉"的风格独特的威尼斯小艇,缓缓荡去。

5. 小结。

同学们,我们把三位作家的文章放在一起就了解了威尼斯这座城市,在接下来的学习中也会用上这样的学习方法。

二、初读课文,整体感知

(一)学习小艇的特点

师:这个叫做"刚朵拉"的小艇是什么样子?它有什么特点呢?

（板书：特点）哪位作家为我们介绍了？

生：马克·吐温在课文第2自然段为我们介绍了小艇的特点。

师：请一位同学读一读课文第2自然段，其他同学边听边想小艇有什么特点。

生：长、窄、深、翘。（板书：长窄深翘）

师：你的概括既精炼又准确，结合关键语句就概括出小艇的四个外形特点。再读一读还有什么特点，谁能给他补充？

生：小艇轻快灵活。这是小艇的行动特点。（板书：轻快灵活）

（二）重点研读比喻部分

师：请同学们再读一读这段话，重点读加点的部分，体会一下这样写有什么好处。出声读一读。

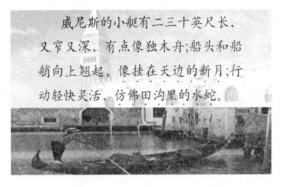

生：这里运用了比喻的修辞手法，把小艇比作新月和水蛇，生动形象地写出了小艇的样子。

师：大多数人没有真正见过威尼斯的小艇，作者把它比作我们熟悉的事物，能拉近小艇与读者的距离，让我们在朗读中就能想象小艇的样子，使我们——如见其艇。（板书：如见其艇）

三、走进文本，重点研读

（一）体会船夫的驾驶技术特别好

船夫的驾驶技术特别好。行船的速度极快，来往船只很多，他操纵自如，毫不手忙脚乱。不管怎么拥挤，他总能左拐右拐地挤过去。遇到极窄的地方，他总能平稳地穿过，而且速度非常快，还能作急转弯。两边的建筑飞一般地往后倒退，我们的眼睛忙极了，不知看哪一处好。

1. 抓中心句，理解段意。

师：造型如此独特的小艇，船夫是如何驾驶的呢？请同学们自由朗读第4自然段。这段话主要讲了什么？你能用其中一句话来概括吗？

生：船夫的驾驶技术特别好。

师：你真会学习，借助中心句就能概括一段话的意思。（板书：驾驶技术）

2. 抓关键句，体会船夫驾驶小艇时的动态美。

师：你从哪里看出船夫的驾驶技术特别好？

生：操纵自如、毫不手忙脚乱；不管怎么拥挤，他总能左拐右拐地挤过去。

师：这是什么描写呢？

生：动态描写。（板书：动态描写）

师：展开你的想象说一说船夫是怎么在拥挤的地方挤过去的？你感受到了什么？

生：遇到极窄的地方，他总能平稳地穿过，而且速度非常快，还能急转弯。我感受到了船夫特别厉害，驾驶技术非常高超，能够灵活自由地驾驶小艇。

师：能读出你的感受吗？（生读）谁还想说？

生：作者在这里为我们列举了船夫驾艇的三种情况，每一种都有惊无险、令人赞叹，小艇的外形和船夫的驾驶技术达到了完美的融合，让我感受到如临其境。

3. 小结。

通过动态描写，作者把船夫高超的驾驶技术淋漓尽致地展现在我们眼前，让我们身临其境，如见其人，这就是动态描写的表达效果。让我们带着体会一起读一读。（板书：如见其人）

（二）体会小艇与人们的密切关系

1. 小组合作。

师：课文中像这样的动态描写还有很多，请大家小组合作学习第5～6自然段。请一位同学读一读小组合作学习要求。（出示小组合作学习要求）

小组合作学习要求：

（1）读5～6自然段，用横线画出动态描写的句子，波浪线画出静态描写的句子。

（2）结合相关语句说说动态描写和静态描写的表达效果。

2. 小组展示。

（小组展示）

3. 补充交流动态描写，体会表达效果。

师：刚才这个小组提到了小艇和人们之间的关系密切，谁能具体说一说？

生：商人、妇女、孩子，各种各样的人都要坐小艇。做生意、谈笑、去郊外、做祷告，都得坐小艇。（板书：关系密切）

师：在威尼斯还可能有哪些人坐着小艇去干什么呢？你能仿照课文的句子，展开想象说一说吗？

生：老师可能坐小艇去上班，医生可能坐小艇去治病……

师：一幅又一幅生活场景的动态图让我们感受到了小艇与人们之间的密切关系，真可谓是如临——其境。（板书：如临其境）

师：在威尼斯人们如此依赖小艇，是因为威尼斯没有路吗？你怎么知道的？

生：威尼斯有路。"阅读链接"中写到"威尼斯并非没有桥，三百七十八座，有的是！只要不怕转弯抹角，哪儿都走得到，用不着下河去。"

师："阅读链接"又一次帮助我们理解了课文内容。让我们一起来读一读这句话。（生读）

师：威尼斯有这么多的路、这么多的桥，人们为什么还都去坐小艇呢？

生：方便。

师：是啊，如此便捷！还有更重要的原因吗？你能联系今天所学的内容来说一说吗？

生1：船夫的驾驶技术高超。

生2：河道多。河道遍布大街小巷，有河道的地方小艇一定能到达。

师：还有别的理解吗？

生：坐小艇有说不完的情趣。坐小艇是当地人们生活的文化、情怀。

师（小结）：同学们看，在威尼斯小艇与人们密不可分，已经成了人们生活的一部分，成了人们的生活习惯，更是寄托了当地人的文化和情怀，成为威尼斯这座城市的标志。

4.交流静态描写部分,体会表达效果。

师:刚才这个小组还通过静态的景物描写体会到了威尼斯的静谧之美。(板书:静态描写)

师:像这样的静态美,不仅马克·吐温写了,另外两位作家也写了。现在请你再读读"阅读链接",找出你认为特别美的静态描写,放开声音美美地读一读。(生交流)

师:一幅又一幅静谧的美丽画面展现在了我们面前,我们再来看这一处。来吧,谁想用最美的声音读给大家听。(配乐读)

> 威尼斯蓝天的妩媚和夜空的可爱是无法用语言来描绘的。在那明净的夜晚,湖面水平如镜,连星星的倒影也不会有丝毫的颤动。泛舟湖心,四周一片蔚蓝、宁静,真是水天一色,使人仿佛进入绮丽的梦境一般。
>
> ——选自法国乔治·桑的《威尼斯之夜》

(三) 交流表达方法

1.师:同学们,这节课我们一起学习了三篇文章,三位作家都为我们介绍了威尼斯。

师:你发现他们在表达方法上有什么相似之处?

生:都是按照一定的游览顺序写的。

2.师:你关注到了写作顺序,还有别的方面吗?

生:都表明了景物的静态美和动态美。

3.师:你真会总结,都运用了动静结合的表达方法。

生:都表达了对威尼斯的独特感受。作者在展示威尼斯风情的时候抒发了自己的独特感受。

4.师(小结):学习这三位作家的文章后,不但让我们进一步体会了动态描写和静态描写的表达效果,也更加全面立体地欣赏到了威尼斯独特的魅力与风情。以后遇到不同作家介绍同一种事物的文章，我们也可以像这节课一样放在一起进行群文阅读，这是一种很好的阅读方法。

四、总结全文，拓展阅读

师：欣赏了威尼斯的独特魅力，在本单元我们还将跟随不同作者笔下的文字移步换景，领略被称为牧场之国的荷兰、非洲神秘的金字塔，感受世界各地丰富多彩的美丽画卷。这正如单元导语所说的，一起读。

足下万里，移步换景，寰宇纷呈万花筒。

（一）拓展阅读朱自清的《欧游杂记》

师：因为疫情的原因，我们还不能走出国门真正去世界各地旅行。但是读书也是一种旅行。眼睛到达不了的地方，读书可以到达；脚步到达不了的地方，读书也可以到达。老师给大家推荐一本书，朱自清先生的《欧游杂记》。课后"阅读链接"的第一篇文章就出自这本书。这本书可以带领我们感受欧洲多国家和地区独特的魅力，也有对"牧场之国"荷兰的介绍。大家可以继续用群文阅读的方法学习第19课，相信你一定有很多收获。

（二）拓展阅读《写给儿童的世界地理》

世界之大，美不胜收。课下同学们还可以阅读图书《写给儿童的世界地理》，继续感受不同地理风貌的美丽。

五、巩固练习，迁移运用

1. 书写生字。

2. 继续群文阅读，搜集介绍威尼斯的文章，继续感受威尼斯的独特魅力，下一节课我们继续交流。

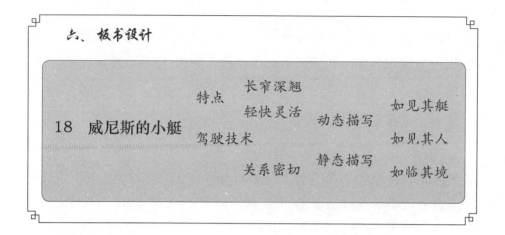

六、 板书设计

18　威尼斯的小艇

特点	长窄深翘		
轻快灵活	动态描写	如见其艇
驾驶技术		如见其人
关系密切	静态描写	如临其境

【评析】

聚焦要素　群文融合　体会表达效果

——《威尼斯的小艇》课例点评

《威尼斯的小艇》用简洁明快的语言为我们展示了威尼斯这座水上名城特有的风光。课后"阅读链接"安排了朱自清《威尼斯》的片段和乔治·桑《威尼斯之夜》的片段,分别描写了威尼斯的概况和威尼斯夜晚的风光。三篇文章不仅表达方法相似,还是文本内容上的相互补充,实现了主题、内容、表达方法的有效补充。

2022版新课标第三学段提出:扩展阅读面,课外阅读总量不少于100万字。要达到这样的学习目标,必须进行大量的阅读。因此,基于五年级学生的特点,教师在认真把握本单元教材编排特点的基础上,充分调动学生已有的语文学习经验,以生为本,群文阅读,学用结合,每一步语言文字的实践活动都指向单元语文要素的落实,最终一步步达成了学习目标。

本节课,教师主要运用了"聚焦要素,群文融合,体会表达效果"的阅读策略。

一、解读要素,把握内涵,领会编排意图

本单元阅读层面的语文要素是"体会静态描写和动态描写的表达效果",属于"领会表达"这一维度。五年级上册教材已经引导学生初步体会课文中的静态描写和动态描写,本单元在此基础上进一步引导学生体会其表达效果。

"体会"是指"体验领会",也就是人对某种境界或事物的感受。"表达效果"是指文章的语言,在介绍对象中所产生的影响、作用和心中的想法。实际上就是通过文章的语言,理解这么描写的作用是什么,带给我们什么样的感受,体会到作者怎样的情感。"体会静态描写和动态描写的表达效果",就是通过作者的静态描写和动态描写感受小艇为威尼斯这座城市的生活带来的无尽乐趣。

五年级下学期的学生已经认知了哪些是静态描写、哪些是动态描写,所以从课文中找到静态描写和动态描写的句子比较容易,而对于体会其表达效果,对学生来讲还比较困难。教师的这节课能够站在学生的角度,研究学生学习的起点是什么,已有知识水平如何,发展点在哪里……并能在语文基本能力培养过程中始终遵循学生的认知,注重学生的发展,有针对性地落实语文要素。

同时,在对课文内容解读的前提下,还对课后题等文本资源进行了细致解读,用心揣摩编者的编写意图。

二、群文融合,品读感悟,体会表达效果

1.群文阅读,资源融合,实现文本多元补充

本课的三篇文章在写法上有相似之处:都是按照一定的游览顺序写的,都提到了水城的标志——小艇,都表现出了景物的静态美和动态美,也都表达了对威尼斯的独特感受。另外,课后"阅读链接"的两篇文章能够帮助学生更好地理解课文内容,体会静态描写和动态描写的表达效果。

比如,在理解威尼斯的河道纵横交错时,借助"阅读链接"中"大运

河穿过威尼斯,像反写的'S',这就是大街。另有小河道四百八十条,这些就是小胡同"这样的句子,便于学生理解什么是"纵横交错"。

在理解小艇与人们的生活息息相关时,借助链接中"威尼斯并非没有桥,三百七十八座,有的是!只要不怕转弯抹角,哪儿都走得到,用不着下河去"的句子,学生就了解了小艇对威尼斯人来说,除比较方便外,更是他们生活的文化,也是一种情怀。

在语文基本能力培养过程中,这样的教法可将三篇文章融合,从一篇到多篇,开拓学生自主阅读的空间,使学生在阅读中体会,在欣赏中感悟,实现文本多元补充,使整堂课的知识容量得以增加,内涵得以加深。

2. 读悟结合,文意兼得,有效落实双重点

本单元的语文要素对应2022版课标第三学段目标任务中"初步领悟文章的基本表达方法"的要求。"表达方法"重在"领悟"。但目前有关表达方法的教学陷入了种种误区:有的空讲知识,偏离了"领悟"的目标;有的生硬求证,异化了"领悟"的过程;还有的人为拔高,迷失了"领悟"的主体。因此,在落实"体会静态描写和动态描写的表达效果"的语文要素时,要体现学生的学习主体,呈现"体会、领悟"的学习过程,立足理解内容、体会情感的学习活动,突出语言学习和能力培养的重点。

2022版课标注重读中理解、读中体会、读中感悟,让学生充分地读、扩展阅读面。在这节课中,教师采用默读、自由读、指生读、合作读、配乐读、齐读等多种形式的读,来感受船夫驾驶小艇时的动态美和威尼斯夜晚的静谧之美。比如,在讲解第4自然段时,让学生从文字出发,想象众多小艇灵活穿梭的样子,通过合作朗读船夫驾驶小艇的三种情况,体会这些动态描写所表现出来的小艇的生趣,从而感受到船夫驾驶技术的高超。

这样,让学生在读中有所感悟,在读中培养语感,在读中体会表达效果,把读层层引向深入。接着,让学生体验、探究,如在威尼斯还可能有哪些人坐着小艇去干什么?学生展开想象,从而理解人们与小艇之间密切的关系,感受到"人动则艇动,人歇则艇歇"的特点,实现了读与悟的结合。

三、以生为本,学用结合,提升语文能力

2022 版课标在"课程理念"中提出"增强课程实施的情境性和实践性,促进学习方式变革",即"从学生语文生活实际出发,创设丰富多样的学习情境,设计富有挑战性的学习任务,激发学生的好奇心、想象力、求知欲,促进学生自主、合作、探究学习……"教师在课堂中十分注重学生迁移运用能力的发展。在学生明确了体会动态描写的表达效果的方法后,学习第 5 ~ 6 段时开展小组合作学习,通过学生之间的探究、对话以及组内交流,体会威尼斯的动态美和静态美。不仅可让学生将学到的方法进行实际操作体验,更让学生体会课文在表达上的妙处,实现学用结合。

在交流静态美的部分时,教师不但关注到了马克·吐温笔下的静态之美,也引导学生关注朱自清和乔治·桑笔下不同的静态美。学生展开想象,配乐朗读,使文字和情感达到了高度融合。

此外,教师依据"涟漪型"拓展阅读策略,推荐朱自清的《欧游杂记》,引导学生继续群文阅读,以"世界各地"的主题为依托,通过不同形式的阅读,进一步感受欧洲多个国家和地区独特的魅力。同时,也有意识地引导学生继续运用这样的方法,领略被称为"牧场之国"的荷兰、非洲神秘的金字塔,感受世界各地丰富多彩的美丽画卷,体会静态描写和动态描写的表达效果。

本节课中教师依据课程标准,潜心钻研教材,领会编写意图,聚焦语文要素,打破单篇独进的教学模式,群文阅读,实现文本聚合,读悟结合,从而提升了学生的语文素养,有效落实了"体会静态描写和动态描写的表达效果"的语文要素。

参考文献

[1] 任桂平,倪文锦.国外语文能力的新视点 [J].全球教育展望,2005,34(12):42-47.

[2] 谭友利,申群友.落实初中语文学科核心素养培养的前提条件 [J].新课程,2016(4):6-7.

[3] 赵梦醒.国内"语文核心素养"研究综述 [J].七彩语文(中学语文论坛),2017(3):91-94.

[4] 李广,程丽丽,计宇.小学生语文核心素养调查研究:问题分析与改进建议——以吉林省 C 市五年级小学生为调查对象 [J].东北师范大学学报(哲学社会科学版),2016(2):219-223.

[5] 杨通知,田海洋.语文核心素养内涵及其课堂教学策略 [J].黑龙江科学,2017,8(23):178-180.

[6] 王宁.语文核心素养与语文课程的特质 [J].中学语文教学,2016(11):4-8.

[7] 倪文锦.语文核心素养视野中的群文阅读 [J].课程•教材•教法,2017,37(6):44-48.

[8] 徐林祥,郑昀.对语文核心素养四要素的再认识 [J].语文建设,2017(31):20-25.

[9] 黄晓琴.基于核心素养的小学语文微课程开发研究 [D].重庆:西南大学,2016.

[10] 姜树华.对语文核心素养认识有三 [J].七彩语文(教师论坛),2016(4):15-18.

[11] 刘美麟,步进.语文核心素养研究综述 [J].中小学教师培训,2019(1):36-40.

[12] 王云峰.语文素养及其培养 [J].中学语文教学,2016(11):9-12.

[13] 孙双金.指向核心素养的小学古诗词教学 [J].福建教育,2017(18):41-44.

[14] 顾之川.论语文学科核心素养 [J].中学语文教学,2016(3):15-17.

[15] 王本华.从八大关键词看"部编本"语文教材的编写理念 [J].课程教学研究,2017(5):31-35.

[16] 梅婷.部编本语文教科书比较研究的文献综述 [J].科技资讯,2019,17(29):191-192.

[17] 汪明华. 部编小学语文一年级上册汉语拼音教材解读与教学建议 [J]. 教育视界，2017（18）：7-10.

[18] 俞晓云. 发现课后习题的语言密码——小学语文部编新教材课后习题特征解读 [J]. 教育视界，2017（22）：22-24.

[19] 温小军. 基于中华优秀传统文化视角的"部编本"语文教材 [J]. 课程教学研究，2017（5）：35-39.

[20] 林乐珍. 形散神聚：统编教材单元学习任务的运用 [J]. 小学语文教师，2019（7-8）：40-42.

[21] 纪美松. 基于部编小学语文教材的拼音教学策略探讨 [J]. 西部素质教育，2017，3（22）：233-234.

[22] 张敏华. 谈统编教材中"提取信息"语文要素的落实 [J]. 小学教学参考，2018（19）：11-12.

[23] 刘荣华. 统编教材"语文要素"的编排价值及教学策略 [J]. 教学月刊·小学版（语文），2019（7-8）：35-38.

[24] 曹鸿飞. 统编教材中语文要素的理解与教学应对 [J]. 基础教育课程，2020（12）：33-41.

[25] 张华. 课程与教学论 [M]. 上海：上海教育出版社，2014.

[26] 谢利民，杨喜凤. 新课程改革：影响有效实施的因素透析 [J]. 河北师范大学学报（教育科学版），2005（2）：14-18.

[27] 徐谊. 中观课程设计：提升课程领导力的新视角 [J]. 教育研究与评论（小学教育教学），2010（11）：92.

[28] 杨舸. 中观课程设计与学科课程发展 [M]. 上海：华东师范大学出版社，2021.

[29] 韦钰. 以大概念的理念进行科学教育 [J]. 人民教育，2016（1）：41-45.

[30] 温儒敏. 如何用好"部编本"小学语文教材 [J]. 小学语文，2017（Z2）：25-31.

[31] 威金斯，麦克泰格. 追求理解的教学设计 [M]. 2版. 闫寒冰，宋雪莲，赖平，译. 上海：华东师范大学出版社，2017.

[32] 徐鹏. 语文学习任务群的学理探寻 [J]. 中学语文教学，2018（6）：4-7.

[33] 陆志平. 语文学习任务群的特点 [J]. 语文学习，2018（3）：4-9.

[34] 中华人民共和国教育部. 普通高中语文课程标准（2017年版）[M]. 北京：人民教育出版社，2018.

[35] 安德森. 布卢姆教育目标分类学：分类学视野下的学与教及其测评 [M]. 蒋小平，

张琴美 , 罗晶晶 , 译 . 北京 : 外语教学与研究出版社 , 2009.

[36] 《语文建设》编辑部 . 语文学习任务群的"是"与"非": 北京师范大学王宁教授访谈 [J]. 语文建设 , 2019（1）: 4-7.

[37] 温儒敏 . 统编高中语文教材的特色与使用建议 [J]. 语文学习 , 2019（9）: 4-10.